Überlegungen zu einem gemeinsamen Körperschaftsteuersystem für die Mitgliedstaaten der Europäischen Gemeinschaft

Dissertation

zur Erlangung des akademischen Grades eines

Doktors der Wirtschafts- und Sozialwissenschaften

des Fachbereichs Wirtschaftswissenschaften

der Universität Hamburg

von Dipl.-Kfm. Lutz Wisser, Hamburg

Vorsitzender der Prüfungskommission:	Prof. Dr. Gerold Krause-Junk
Erstgutachter:	Prof. Dr. Lutz Fischer
Zweitgutachter:	Prof. Dr. Lothar Haberstock

Tag des wissenschaftlichen Gesprächs:	3. Februar 1992

Überlegungen zu einem gemeinsamen Körperschaftsteuersystem für die Mitgliedstaaten der Europäischen Gemeinschaft

Europäische Hochschulschriften

Publications Universitaires Européennes
European University Studies

Reihe V

Volks- und Betriebswirtschaft

Série V Series V

Sciences économiques, gestion d'entreprise
Economics and Management

Bd./Vol. 1295

PETER LANG
Frankfurt am Main · Berlin · Bern · New York · Paris · Wien

Lutz Wisser

Überlegungen zu einem gemeinsamen Körperschaftsteuersystem für die Mitgliedstaaten der Europäischen Gemeinschaft

PETER LANG
Frankfurt am Main · Berlin · Bern · New York · Paris · Wien

- Europäische Gemeinschaft - Steuerharmonisierung
- Körperschaftsteuer

Die Deutsche Bibliothek – CIP-Einheitsaufnahme

Wisser, Lutz:

Überlegungen zu einem gemeinsamen
Körperschaftsteuersystem für die Mitgliedstaaten der
Europäischen Gemeinschaft / Lutz Wisser. - Frankfurt am Main ;
Berlin ; Bern ; New York ; Paris ; Wien : Lang, 1992
(Europäische Hochschulschriften : Reihe 5, Volks- und
Betriebswirtschaft ; Bd. 1295)
Zugl.: Hamburg, Univ., Diss., 1992
ISBN 3-631-44973-9

NE: Europäische Hochschulschriften / 05

D 830
ISSN 0531-7339
ISBN 3-631-44973-9

Printed in Germany 1 3 4 5 6 7

Meinen Eltern gewidmet

Vorwort

Diese Arbeit hat dem Fachbereich Wirtschaftswissenschaften der Universität Hamburg im Sommersemester 1991 als Dissertation vorgelegen. Sie ist im Wintersemester 1991/92 angenommen worden.

Mein besonderer Dank gilt meinem Doktorvater, Herrn Prof. Dr. Lutz Fischer, der die Arbeit betreut und mir während ihrer Entstehung jederzeit mit wertvollem Rat zur Verfügung gestanden hat. Ferner danke ich Herrn Prof. Dr. Lothar Haberstock für die Übernahme des Zweitgutachtens sowie Herrn Prof. Dr. Gerold Krause-Junk, der der Prüfungskommission vorgessen hat.

Hamburg, im Februar 1992 Lutz Wisser

Inhaltsverzeichnis Seite

Anhang

Tabellenverzeichnis

Abkürzungsverzeichnis

a.a.O.	am angeführten Ort
Abl. der EG	Amtsblatt der Europäischen Gemeinschaften
Abs.	Absatz
abzgl.	abzüglich
ACT	Advance Corporation Tax
a.G.	auf Gegenseitigkeit
Art.	Artikel
Aufl.	Auflage
AWD	Außenwirtschaftsdienst (Zeitschrift)
BB	Betriebs-Berater (Zeitschrift)
Bd.	Band
Bde.	Bände
bfr	belgische Francs
BGBl.	Bundesgesetzblatt
BMF	Bundesminister(-ium) der Finanzen
BStBl.	Bundessteuerblatt
BT	Bundestag
BT-Drucks.	Bundestagsdrucksache
Buchst.	Buchstabe
BVerfG	Bundesverfassungsgericht
BVerfGE	Entscheidungen des Bundesverfassungsgerichts (Zeitschrift)
CGI	Code General des Impôts
c.p.	ceteris paribus
CTA	Corporation Tax Act
DB	Der Betrieb (Zeitschrift)
DBA	Abkommen zur Vermeidung der Doppelbesteuerung
DBW	Die Betriebswirtschaft (Zeitschrift)
ders.	derselbe
d.h.	das heißt
d.i.	das ist
Diss.	Dissertation
dKr	dänische Kronen
DM	Deutsche Mark
Dok.	Dokument
Dr	Drachmen
DStR	Deutsches Steuerrecht (Zeitschrift)
DStZ A	Deutsche Steuer-Zeitung, Ausgabe A (Zeitschrift)
DW	Die Welt (Tageszeitung)
EEA	Einheitliche Europäische Akte
EEC	European Economic Community
EG	Europäische Gemeinschaft(en)
EK	Eigenkapital
Esc.	Escudos
EuR	Europarecht (Zeitschrift)
evtl.	eventuell
EWG	Europäische Wirtschaftsgemeinschaft
EWGV	Vertrag zur Gründung der Eurpoäischen Wirtschaftsgemeinschaft
EWIV	Europäische Wirtschaftliche Interessenvereinigung
EWIV-AG	Ausführungsgesetz zur EWIV

EWS	Europäisches Währungssystem
f.	und folgende
F.	Fach
FA	Finanzarchiv (Zeitschrift); Finance Act
ff.	und fortfolgende
FF	französische Francs
Fn.	Fußnote
FR	Finanz-Rundschau (Zeitschrift)
FT	Financial Times (Zeitung)
GATT	Allgemeines Zoll- und Handelsabkommen
gem.	gemäß
Ges.	Gesetz
GG	Grundgesetz für die Bundesrepublik Deutschland
GmbH	Gesellschaft mit beschränkter Haftung
Gr.	Gruppe
H.	Heft
HB	Handelsblatt (Zeitung)
hfl.	niederländische Gulden
Hrsg.	Herausgeber
ibs.	insbesondere
ICTA	Income and Corporation Taxes Act
i.d.F.	in der Fassung
i.d.R.	in der Regel
i.e.S.	im engeren Sinne
IFA	International Fiscal Asociation
i.H.v.	in Höhe von
ILOR	Imposta locale sui Redditti
IRC	Internal Revenue Code
IR £	irische Pfund
IRPEG	Imposta sul reddito delle Persone giuridiche
i.V.m.	in Verbindung mit
IWB	Internationale Wirtschaftsbriefe (Zeitschrift)
Jg.	Jahrgang
KESt	Kapitalertragsteuer
KGaA	Kommanditgesellschaft auf Aktien
KSt	Körperschaftsteuer
KStDV	Körperschaftsteuer-Durchführungsverordnung
KStG	Körperschaftsteuergesetz
lfr.	luxemburgische Francs
Lit.	italienische Lire
£	britische Pfund
Losebl.	Loseblattsammlung
m.a.W.	mit anderen Worten
MCT	Mainstream Corporation Tax
MDBA	Muster-Doppelbesteuerungsabkommen
Mio.	Million(en)
m.w.N.	mit weiteren Nachweisen
MWSt.	Mehrwertsteuer
NJW	Neue Juristische Wochenschrift (Zeitschrift)
Nr.	Nummer
Nrn.	Nummern
o.a.	oben angeführt
o.ä.	oder ähnlich

OECD	Organisation für wirtschaftliche Zusammenarbeit und Entwicklung
o.J.	ohne Jahresangabe
o.O.	ohne Ortsangabe
o.V.	ohne Angabe des Verfassers
p.a.	per anno
para.	paragraph
Ptas.	Peseten
Rdnr.	Randnummer
RIW	Recht der internationalen Wirtschaft (Zeitschrift)
s.	siehe
S.	Seite
sec.	section(-s)
SEL	Selskabskattelov
sog.	sogenannt
Sp.	Spalte
StabG	Gesetz zur Förderung der Stabilität und des Wachstums der Wirtschaft
StuW	Steuer und Wirtschaft (Zeitschrift)
TZ	Textziffer
u.a.	unter anderem, und andere
U.K.	United Kingdom
Urt.	Urteil
u.U.	unter Umständen
v.	von, vom
vgl.	vergleiche
Vol.	volume
WiSt	Wirtschaft und Studium (Zeitschrift)
WPg.	Die Wirtschaftsprüfung (Zeitschrift)
WSI	Wirtschafts- und Sozialwissenschaftliches Institut des Deutschen Gewerkschaftsbundes
z.B.	zum Beispiel
ZfB	Zeitschrift für Betriebswirtschaft
ZfbF	Schmalenbachs Zeitschrift für betriebswirtschaftliche Forschung
ZfgK	Zeitschrift für das gesamte Kreditwesen
z.T.	zum Teil
zzgl.	zuzüglich
z.Zt.	zur Zeit

Einleitung

A. Problemstellung

Die vorliegende Arbeit hat zum Ziel, Anhaltspunkte für ein gemeinsames System der Körperschaftsteuer in den Staaten der Europäischen Gemeinschaft zu geben.

Damit sollen Möglichkeiten aufgezeigt werden, die Wettbewerbschancen der Unternehmungen in der EG einander anzugleichen, indem ein wesentliches ertragsteuerliches Hindernis auf dem Weg zu mehr Transparenz der Märkte in einem geeinten Europa beseitigt wird.

Es soll dabei versucht werden, die in der öffentlichen Diskussion dieses Themas bestimmenden singulären Interessen weitgehend zu bündeln und so ein Körperschaftsteuersystem zu entwickeln, welches im Sinne des europäischen "Ganzen" und im Hinblick auf eine langfristige Nutzenmaximierung aller beteiligten Volkswirtschaften optimal ist. Es ist offensichtlich, daß dazu nicht das besondere Interesse jedes einzelnen Landes hinsichtlich bestimmter Details berücksichtigt werden kann.

Die Diskussion von Einzelheiten wird hierbei vielfach aus der Perspektive des deutschen Betrachters heraus erfolgen, jedoch ohne die subjektiven Belange der Partnerländer dabei zu vernachlässigen. Es wird davon ausgegangen, daß diese objektiven Belange sich nicht an den in irgendeinem Staat der Gemeinschaft herrschenden körperschaftsteuerlichen Verhältnissen zu orientieren haben, sondern von effizienter Ressourcenallokation, hoher Faktorproduktivität, möglichst niedrigem Verwaltungsaufwand und insofern dem gesamtwirtschaftlich Besten bestimmt sind.

Notwendigerweise muß eine Annäherung der Körperschaftsteuersysteme in der EG unvollständig bleiben, solange nicht mindestens die Ermittlung des zu versteuernden Einkommens in die Harmonisierungsbestrebungen mit einbezogen wird. Jedoch wäre auch ohnedies mit der Systemharmonisierung ein erster Schritt in Richtung auf eine Angleichung der Wettbewerbsbedingungen auf gesamteuropäischer Ebene getan. Eine fehlende Abstimmung der Bemessungsgrundlagen rechtfertigt keine Unterlassungen hinsichtlich der Systeme.

B. Gang der Untersuchung

Die Arbeit gliedert sich in sieben Teile mit jeweils einem Untersuchungsschwerpunkt.

Um das Verständnis für die mit der Harmonisierung der Körperschaftsteuersysteme in der Europäischen Gemeinschaft verbundene Problematik zu erleichtern, soll im ersten Teil der historische und rechtliche Hintergrund einer solchen Maßnahme erschlossen und im Rahmen des Gesamtkonzeptes der europäischen Integration ihre objektive Notwendigkeit begründet werden. Dieses erscheint nach dem vorläufigen Rückzug der EG-Kommission aus der Körperschaftsteuer-Harmonisierung[1] umso wichtiger.

Daß die vorhandenen Harmonisierungsbemühungen in vielerlei Hinsicht auf Schwierigkeiten stoßen, kann schon an der langen Dauer des Prozesses abgelesen werden - seit der Gründung der Europäischen Wirtschaftsgemeinschaft sind über 30, seit der Formulierung des ersten und bislang einzigen Richtlinienvorschlages für eine Körperschaftsteuer-Systemharmonisierung mehr als 15 Jahre vergangen. Eine Analyse dieser Hindernisse soll im zweiten Teil erfolgen, denn nur bei genauer Kenntnis derselben können sie bei der Erarbeitung eines Lösungsansatzes berücksichtigt werden.

Darüber hinaus ist, bevor ein Steuersystem entworfen wird, zu klären, was in diesem speziellen Zusammenhang darunter zu verstehen ist. Deswegen wird im dritten Teil der Arbeit eine Abgrenzung der einzelnen Bestandteile eines Körperschaftsteuersystems vorgenommen, wie sie sich für den besonderen Gebrauch des vorliegenden Zusammenhanges als erforderlich erweist.

Ferner ist es zur Gewinnung eines Überblicks notwendig, die in den Einzelstaaten der Gemeinschaft derzeit bestehenden Ausprägungen der Systemkomponenten in einer vergleichenden Gegenüberstellung zu erfassen.

Erst in Kenntnis der Ausgangssituation in Form der in den Mitgliedsländern herrschenden Bestimmungen kann ermessen werden, in welchem Umfange harmonisierende Umstellungen der jeweiligen Steuergesetze auf die erforderliche Akzeptanz stoßen werden und welches Verständnis für das Bestehen einer Körperschaftsteuer überhaupt sowie für deren Vereinheitlichung vorausgesetzt werden

1 Vgl. dazu Abschnitt 1.2.3 dieser Arbeit.

kann. Dabei wird insbesondere auf solche Vorschriften näher eingegangen, die von dem bekannten deutschen Recht abweichen.

Wenn die Aufgabe besteht, ein EG-weit einsetzbares Körperschaftsteuersystem zu entwerfen, dann gibt es zwei Hauptrichtungen, in denen dabei vorgegangen werden kann.

Zum einen kann der Versuch unternommen werden, die in den Einzelstaaten bereits bestehenden Systeme im Rahmen einer Kompromißlösung zu einem Gemeinschaftssystem zu vereinigen. Dies hätte den Vorteil, daß der Gesamtaufwand für Umstellungen im Einzelfall zwar u.U. hoch, insgesamt jedoch relativ gering ausfiele. Dem steht der Nachteil gegenüber, daß das Resultat eines solchen Vorganges die Bezeichnung "System" nicht mehr zu Recht tragen könnte. Vielmehr handelte es sich um eine "second best"-Lösung, bei der viele Staaten versuchen würden, einen Großteil ihres Altsystems zu bewahren.

Alternativ kann so vorgegangen werden, daß zunächst festgelegt wird, welche Anforderungen das Körperschaftsteuersystem idealerweise zu erfüllen hat. Darauf aufbauend kann dann ein synthetisches System entworfen werden, welches hinsichtlich der genannten Anforderungen als Idealsystem gelten kann.

Dieser Weg soll hier beschritten werden, da dadurch sichergestellt werden kann, daß das zu entwickelnde Idealsystem sich nur so weit wie unbedingt notwendig an den bestehenden Regelungen und ansonsten an wirtschaftlichen Erfordernissen orientiert. Dazu gehört unter anderem, daß es - seiner Bezeichnung gerecht werdend - eine stringente Systematik aufweist. Dieses Vorgehen ist auch dadurch zu rechtfertigen, daß ohnehin in den meisten der beteiligten Staaten innerhalb der Gemeinschaft Anpassungsmaßnahmen in Form von Steuerrechtsänderungen in größerem Umfange notwendig werden. Da dies einmal der Fall ist, sollten die entsprechenden Maßnahmen in der ökonomisch sinnvollsten Weise erfolgen, indem ein in diesem Sinne optimales System mit weitem geographischem Anwendungsbereich geschaffen wird.

Der Erarbeitung der ökonomischen und systematischen Anforderungen ist der fünfte Teil gewidmet, so daß anschließend im sechsten Teil darauf aufbauend die zuvor festgelegten Systemkomponenten mit Inhalten erfüllt werden können. Dabei wird es auch darauf ankommen, verschiedene Vorschläge zur Reform der Ertragsbesteuerung der Unternehmen eingehender hinsichtlich der gestellten Anforderungen zu analysieren, da diese in jüngerer Zeit wieder vermehrt diskutiert werden. Dies sind insbesondere die Betriebsteuer und die Teilhabersteuer[2], aber auch das Dividendenabzugsverfahren.

Schließlich werden im siebten Teil der Arbeit die gefundenen Ergebnisse zusammenfassend einer kritischen Würdigung zu unterziehen sein. Dabei wird auch auf den Gesamtzusammenhang einer umfassenden Unternehmensteuerreform einzugehen sein, die sich nicht allein auf die Körperschaftsteuer beschränken darf.

Problematisch ist bei dem gewählten Verfahren des Neuentwurfs, daß das Ergebnis ein anhand rationaler Erfordernisse entworfenes System ist, welches nur eingeschränkt auf nationale Eigenheiten Rücksicht nehmen kann. Daher wird seine Durchsetzung in der Praxis nicht einfach sein. Der weit gewichtigere Vorteil jedoch ist die konsequente Nutzung der einmal gegebenen Chance zur Einführung einer Körperschaftsteuer, die im Hinblick auf ihr Verhalten zum Wettbewerb der Unternehmungen und der Unternehmensstandorte, aber auch aus Sicht der Fisci unter dem Aspekt der Aufkommenssicherung möglichst weitgehend akzeptabel ist.

---

2 Vgl. zu der neuerlichen Diskussion z.B. Ritter, Wolfgang: Reform der Unternehmensbesteuerung aus der Sicht der Wirtschaft. In: StuW, 66. (19.) Jg. (1990), H. 4, S. 319 - 327.

1. Teil
Zum Erfordernis einer Harmonisierung der Körperschaftsteuersysteme auf EG-Ebene

1.1 Die Einbindung der Körperschaftsteuerharmonisierung in den Prozeß der europäischen Einigung

1.1.1 Oberziel "Integration" innerhalb der EG

Übergeordnetes Ziel aller Bemühungen zur Vereinheitlichung der Steuersysteme, aber auch anderer Rechtsvorschriften innerhalb der Europäischen Gemeinschaften ist die Schaffung eines gemeinsamen Marktes innerhalb der EG. Die damit einhergehende "Integration" der Mitgliedstaaten zu einem einheitlichen Wirtschaftsraum ist der in der Literatur in diesem Zusammenhang vorherrschende Begriff[1]. Damit wird deutlich, daß die Harmonisierung der Steuern im allgemeinen und der Körperschaftsteuern im besonderen kein Ziel an sich darstellt, sondern als instrumentelles Subziel im Rahmen der Integration anzusehen ist. Es ist daher geboten, zunächst den Inhalt des Integrationsbegriffes zu klären, um die spezielle Problematik der Körperschaftsteuerangleichung in diesen Rahmen einbinden zu können.

Der lateinische Ursprung dieses Begriffes ist das Adjektiv "integer", welches soviel wie unangetastet, also auch un-zerstört bedeutet. Das daraus abgeleitete Verb "integrare" nämlich ist mit "etwas (aus seinen Einzelteilen) zusammensetzen" zu übersetzen, womit der heutige Sinn des Wortes "Integration" schon umrissen ist. Daraus wird deutlich, daß hier ein Ganzes nicht künstlich aus Einzelteilen zusammengefügt werden soll, sondern dessen Bestandteile originär eine Einheit zu bilden bestimmt sind.

Von Verfechtern der Europaidee wird dieses zur Unterstützung der Argumentation herangezogen, daß der Kontinent eigentlich ein Ganzes *ist* und nunmehr auch wirtschaftlich-politisch zu einer Einheit zu werden hat. Nun kann an dieser Stelle selbstverständlich nicht geklärt werden, wie eine solche Integration mit den verschiedenen Kulturen und historisch-politischen Hintergründen zu vereinbaren ist; nicht einmal die Annäherung der Mitgliedstaaten auf gesamtökonomischem Gebiet wird Gegenstand einer einzigen Abhandlung sein können. Wohl aber kann als Teilaspekt erörtert werden, ob und in wel-

1 Vgl. z.B. Binswanger, Hans-Christoph: Allgemeine Theorie der Integration. In: Weltwirtschaftliches Archiv, Bd. 90, Hamburg, 1963, S. 317 - 349.

cher Weise eine Annäherung der Körperschaftsteuersysteme zu einer solchen Integration beitragen kann.

Schon Ende der 20er Jahre lieferte *Huber*[2] eine Definition des Begriffes "Integration" als einen "Zusammenschluß von Staaten unter Einschränkung ihrer nationalen Souveränität". Diese Festlegung kann im wesentlichen auch heute beibehalten werden, wenn der Begriff der Souveränität im Sinne der Unabhängigkeit nationalstaatlicher Politik von Vorgaben von außerhalb des Staates verstanden wird, da im Rahmen fortschreitender Integration politische Kompetenzen auf die Gemeinschaftsebene übertragen werden. Daher schlägt *v. d. Groeben* als neuen Souveränitätsbegriff vor, daß ein Staat lediglich "keinen Staat über sich haben darf"[3], wobei die Frage offenbleibt, bis zu welcher Grenze ein Staat von anderen Institutionen fremdbestimmt sein darf, um noch als souverän in diesem Sinne zu gelten. In Verbindung mit der Huberschen Definition bedeutete dies die zunehmende Duldung eines übergeordneten Staatswesens, im Endstadium also die Existenz eines Bundesstaates mit den Gemeinschaftsmitgliedern als Teilstaaten.

Läßt die Begriffsbestimmung Hubers noch offen, zu welchem Zwecke eine Staatengemeinschaft integriert wird, so ist die Definition von *Binswanger*[4] konkreter und differenzierter: Er unterscheidet zwischen wirtschaftlicher und institutioneller Integration, wobei unter wirtschaftlicher Integration die Zusammenfassung mehrerer nationaler Wirtschaftsräume zu einem Wirtschaftsraum verstanden wird. Institutionelle Integration dagegen ist nach Binswanger die Zusammenfassung der nationalen Organe, die über die Integrationsmaßnahmen zu entscheiden haben, zu einem oder mehreren gemeinsamen Organen. Konsequenterweise wird in der Praxis, wenn eine funktionsfähige Gemeinschaft entstehen soll, das eine nicht ohne das andere ablaufen können; deswegen ist der Tatbestand der Integration auch immer als die Kombination aus beidem anzusehen.

Benutzt man nun den Begriff "Integration" zum einen als Bezeichnung für einen dynamischen Vorgang, also das "Werden", so kann er doch

---

2 Huber, Max, zitiert bei Huppert, Walter: Systematik der Integration, in: Schmollers Jahrbuch, 85. Jg. (1965), H. 4, S.449 - 475, hier: S. 456.

3 v. d. Groeben, Hans: Kommentar zum EWG-Vertrag, Baden-Baden, 1983, Rdnr. 11 zu Art. 1 EWG-Vertrag.

4 Vgl. Binswanger, Hans-Christoph, a.a.O.

andererseits auch den bereits erreichten Zustand des Zusammengewachsenseins bezeichnen. Zwar wird sich eine Organisation wie die EG nicht mit einem einmal erreichten Zustand zufriedengeben und das dann erreichte als "die Integration" - im statischen Sinne - annehmen, sondern fortwährend an ihrer weiteren Verbesserung arbeiten. Jedoch wird man heute sagen können, die Schaffung des gemeinsamen Marktes, dessen Vollendung bis zum Ende des Jahres 1992 angestrebt wird, sei beispielsweise *ein* wichtiges Integrationsziel in Europa. Daraus wird schon deutlich, daß die Integration nicht einen *bestimmten* Zustand meint, sondern in Stufen zu verwirklichen ist.

Die heute zuvorderst mit dem Integrationsbegriff verbundenen Ziele[5] sind etwa die Freiheit des Güter-, Dienstleistungs- und Kapitalverkehrs, die Schaffung eines einheitlichen Marktes und die Beseitigung von Devisenbeschränkungen. Allgemeiner ausgedrückt, kann die Zielsetzung der Integrationsbemühungen nicht nur innerhalb der Europäischen Gemeinschaften in drei Hauptbereichen zusammengefaßt werden[6]:

1. Herbeiführung fließender Übergänge zwischen den Rechtsordnungen der Mitgliedstaaten;
2. Verwirklichung der Gleichbehandlung und -berechtigung von Einwohnern aller Partnerländer in jedem Land der Gemeinschaft;
3. Gleichberechtigung von ausländischen Unternehmen im jeweiligen Inland; dies läuft im Endstadium darauf hinaus, daß es faktisch keine nationalen, sondern ausschließlich "multinationale" Unternehmen innerhalb der Gemeinschaft mit Unternehmensteilen in den einzelnen Mitgliedstaaten gibt.

1.1.2 Integration versus Kooperation

Der Unterschied zwischen beiden Begriffen ist durchaus bedeutsam, wie die Auseinandersetzungen zwischen Anhängern beider Richtungen innerhalb der Europäischen Gemeinschaften während der Gründungsphase gezeigt haben. Damals vertrat z.B. der deutsche Wirtschaftsminister *Erhard* die Auffassung, daß eine zu weitgehende Integration

---

5 Vgl. Hellwig, Fritz: Die Integrationsidee der EG - wirtschaftspolitische Aspekte. In: Bieber u. a.: Integrationskonzepte auf dem Prüfstand. Baden-Baden. 1982.

6 Vgl. Huppert, Walter; a.a.O.

die Welt in regionale Schutzgemeinschaften aufteilen würde und setzte sich daher für eine losere Zusammenarbeit ein[7] - demgegenüber befürwortete Frankreich zu jener Zeit einen engen Zusammenschluß mit Integrationscharakter.

Erhards Auffassung war Ausdruck seiner liberalistischen Grundhaltung, der damals eine Vielzahl deutscher Wirtschaftswissenschaftler folgte. Sie markierten damit ihre Präferenz für weltweit offene Handels- und Wirtschaftsbeziehungen ohne Integrationsdruck.

Um Verwechslungen und Fehlinterpretationen vorzubeugen, bedarf es der Differenzierung zwischen der oben erläuterten Integration und einer "bloßen" Kooperation, was jedoch nicht als Wertung zu verstehen ist. Es soll durchaus herausgestellt werden, daß eine Kooperation zwischen Staaten entweder eine Vorstufe der Integration oder aber ein nicht als solche beabsichtigter weniger enger Zusammenschluß sein kann; da jedoch zum Erreichen des jeweils vorgegebenen Ziels in den einzelnen Fällen verschiedene Wege zu beschreiten sein werden, spiegelt der Terminus "bloß" lediglich die weniger intensive Bindung der Beteiligten wider.

Der europäische Einigungsprozeß ist zweifellos als Integrationsprozeß aufzufassen, da er alle Merkmale des fortschreitenden Zusammenwachsens der Mitgliedstaaten zu einem einheitlichen Ganzen aufweist. Diese Merkmale sind insbesondere:

- Ein einer Verfassung ähnlicher Rahmen zur Schaffung der notwendigen Rechtssicherheit und Durchsetzung von Rechtsakten der Gemeinschaft;
- Verlagerung nationaler Kompetenz auf die Ebene des Zusammenschlusses, also der Gemeinschaft;
- Schaffung neuer Entscheidungszentren zum Zweck der gemeinschaftlichen Entscheidungsfindung und -durchsetzung;
- Aufbrechen der ursprünglichen Strukturen und Schaffung neuer Muster in Politik und Wirtschaft, die dann weitestgehend vereinheitlicht sind;
- als Mechanismus dazu ein aktiver, zwar u.U. langsam fortschreitender, aber zielgerichteter Vorgang.

---

7 Erhard, Ludwig: Rede vom 21.3.1957, Protokolle des 2. Deutschen Bundestages, Sp. 11.342 ff., zitiert bei: Constantinesco, Léontin-Jean: Das Recht der Europäischen Gemeinschaften, Baden-Baden, 1977.

Kennzeichnend für eine solcherart integrierte Gemeinschaft ist, daß u.a. aus Gründen der Koordination dazu nur ein geographisch begrenztes Gebiet, etwa unmittelbare Nachbarländer, in Betracht kommt, während Kooperationen auch weltweit erfolgen können, z.B. im Rahmen der OECD. Diese jedoch belassen die Entscheidungen auf nationaler Ebene, sie ändern keine wirtschaftlichen oder politischen Strukturen. Wird lediglich kooperiert, so nähern sich Volkswirtschaften, die wegen des gegenseitigen Handels voneinander abhängig sind, durch systematische Verbesserung ihrer gegenseitigen Beziehungen einander an.

Für diesen Annäherungsprozeß ist nicht unbedingt ein institutioneller Rahmen erforderlich, sondern es wird das Vorhandensein eines freien Marktes ohne Zugangsbeschränkungen als ausreichend angesehen. Daraus folgt, daß die Beseitigung nationalstaatlicher Handelshemmnisse, seien diese zolltechnischer oder nichttarifärer Art, die einzige Voraussetzung für eine funktionsfähige Kooperationsgemeinschaft im Handelsbereich ist. Selbstverständlich ist der Aufwand dafür deswegen bei weitem nicht geringzuschätzen. Solange aber die Entscheidungsbefugnisse noch dezentralisiert sind, können vielfach prinzipiell der Gemeinschaft dienliche Ideen aufgrund des Widerstandes einzelner Mitgliedstaaten nicht durchgesetzt werden. Dieses Problem trat im Falle der EG insofern besonders deutlich zutage, als im Rat wichtige Entscheidungen einstimmig zu treffen gewesen sind oder ein Vetorecht bei "besonders wichtigen Interessen" einzelner Mitgliedstaaten besteht bzw. bestand[8].

Eine vergleichende Bewertung der beiden Formen zwischenstaatlicher Gemeinschaftsbildung ist nicht sinnvoll, da mit der Integration andere Ziele verfolgt werden als mit einer Kooperation. Im Falle der EG ist eine Integration erstens bereits im Begriff, verwirklicht zu werden, und zweitens aufgrund gemeinsamer wirtschaftlicher Interessen auch angezeigt. Eine gleichzeitige Integration einzelner Mitgliedstaaten innerhalb z.B. der OECD ist praktisch schon wegen zu großer geographischer Entfernungen nicht möglich und derzeit wohl auch nicht gewollt.

8 Sog. "Luxemburger Kompromiß" v. 28.1.1966: diese praktische Außerkraftsetzung des vereinbarten Überganges zu Mehrheitsentscheidungen ist durch die EEA v. 17./28.2.1986, ibs. Art. 6, überholt. Vgl. Rat der Europäischen Gemeinschaften: Einheitliche Europäische Akte und Schlußakte. In: Abl. der EG Nr. L 69 vom 29. Juni 1987.

1.1.3 Abgestufte Integration

Es soll hier auf die Frage eingegangen werden, ob des nachfolgend erläuterte Abstufungskonzept für Belange der Körperschaftsteuer-Systemangleichung verwendbar ist.

Die europäische Integration wird durch viele Faktoren behindert - teils als Randerscheinung eines großen Verwaltungsapparates, teils beabsichtigt. Insbesondere ist es der immer wieder hervortretende Dissens in der Wirtschaftspolitik der Mitgliedsländer, der den Prozeß der Einigung aufhält. Dieser Prozeß hat deswegen in seiner Notwendigkeit nichts eingebüßt; im Gegenteil ist es umso mehr erforderlich, die Mitgliedstaaten zu einigen, um auch weiterhin nach außen, besonders gegenüber den Wirtschaftsräumen Nordamerikas und des Pazifikraumes, als eine wirtschaftlich starke Gruppe aufzutreten.

Schwierigkeiten verursachen vor allem folgende Faktoren[9] :

Seit ihrer Gründung ist die EG stark gewachsen. Zunächst im Jahre 1973 um drei Länder (Großbritannien, Irland und Dänemark), 1981 kam als zehntes Land Griechenland hinzu und seit 1986 sind auch Spanien und Portugal Vollmitglieder. Weitere Länder haben Anträge auf Aufnahme von Beitrittsverhandlungen gestellt, genannt seien hier die Türkei und Österreich; für Schweden steht dieser Schritt bevor. Eine Erweiterung bringt neben wirtschaftlichen Vorteilen jedoch auch den Nachteil der schwierigeren Kommunikation und vermehrten Zahl der Einzelinteressen. Zudem sind die zuletzt neu hinzugekommenen Länder wirtschaftlich weniger entwickelt als die übrigen Mitglieder, aus der ehemals homogenen Staatengemeinschaft ist also eine solche mit relativ starkem Gefälle geworden.

Eine Reihe von Mitgliedstaaten hat in Teilbereichen zumindest kurzfristig vermindertes Interesse an einer weitgehenden Integration, da Kompetenzverluste befürchtet werden. Diese werden mit zunehmendem Zusammenwachsen der Einzelstaaten auch zwangsläufig eintreten müssen, doch sind einige Länder, wie z.B. Großbritannien, diese noch nicht zu akzeptieren bereit. Mag dieses Denken kurzfristig für ein einzelnes Land erfolgversprechend sein, langfristig ist es sowohl für

9 Vgl. Scharrer, Hans E., in:. Grabitz, Eberhard (Hrsg.): Abgestufte Integration - eine Alternative zum bisherigen Integrationskonzept? Kehl a. Rh./Straßburg, 1984, S. 2 f.

die Gemeinschaft als auch für den betreffenden Mitgliedstaat nachteilig, wie *Binswanger*[10] nachgewiesen hat.

Problematisch ist ferner die Stellung der Institutionen der EG zueinander. Ist die Kommission faktisch die "Regierung" der Gemeinschaft, da ihr die Initiative zu "gesetzgeberischen" Schritten (d.h. vor allem die Erarbeitung von Richtlinienentwürfen) und deren Durchführung obliegt, so liegt die Legislative tatsächlich auf Seiten des Rates, denn es liegt in seiner Hand, die Richtlinien, Entscheidungen etc. letztlich anzunehmen oder zu verwerfen. In allen Mitgliedstaaten der Gemeinschaft ist demgegenüber das jeweilige Parlament das Legislativorgan. Auch, wenn nach dem Wortlaut der Einheitlichen Europäischen Akte (EEA)[11] der Rat seine Beschlüsse i.d.R. "in Zusammenarbeit mit dem Europäischen Parlament"(EP) zu fassen hat, ist das EP deswegen bei weitem nicht zu einem Parlament im Sinne einer Volksvertretung mit gesetzgebender Gewalt aufgewertet worden. Dies ist im Sinne eines parlamentarischen Demokratieverständnisses negativ zu bewerten, jedoch hätte die vielfach geforderte weitgehende Einbindung des EP in den Willensbildungs- und Entscheidungsprozeß auf EG-Ebene[12] weitere bürokratisierende und lähmende Wirkung.

In Ansehung dieser Probleme wird deutlich, daß eine Integration ad hoc nicht durchführbar ist. Es ist deswegen sinnvoll, über eine "abgestufte" Integration nachzudenken.

Die Idee der abgestuften Integration geht auf eine Rede des früheren Bundeskanzlers *Brandt* vor der französischen Organisation der Europäischen Bewegung am 19. November 1974 zurück. Um den in Gang gekommenen Integrationsprozeß nicht aufzuhalten, schlägt er vor, daß die (damals) als wirtschaftlich stark geltenden Länder diesen forcieren, während die "schwächeren" Partner (zu jener Zeit Großbritannien, Irland und Italien) in abgestufter Form daran teilnehmen sollten. Brandt gab allerdings keine Hinweise, wie dieser Vorschlag in praktische Politik umzusetzen sei. Das tat wenig später der belgische Ministerpräsident Tindemans[13] in seinem Bericht an den Rat. Darin

---

10 Vgl. Binswanger, Hans-Christoph, a.a.O.

11 Vgl. z.B. Art. 7 Abs. 2, Art. 54 Abs. 2 des EWG-Vertrages, jeweils in der Fassung der EEA. - Den Ablauf der Zusammenarbeit regelt Art. 149 Abs. 2 EWGV: Dort ist nurmehr die Rede von der Unterrichtung des Europäischen Parlamentes und dessen Stellungnahmen.

12 Vgl. v. d. Groeben, Hans: Vorschläge zur Europäischen Union. In: Wirtschaftsdienst, 55. Jg. (1975), S. 459 - 462.

13 Tindemans, Leo: Die Europäische Union. Bericht an den Europäischen Rat. Brüssel, 1976.

wird vorgeschlagen, daß zumindest in der Wirtschafts- und Währungspolitik "Fortschritte unter einzelnen Staaten" angestrebt werden können, deren Ausgangspunkt damals die sogenannte Währungsschlange bilden sollte. Tatsächlich kam es dann im Jahre 1978 zu einer direkten Anwendung dieses Abstufungskonzeptes im Rahmen des Europäischen Währungssystems EWS, dessen Wechselkurs- und Interventionsmechanismus Großbritannien erst im Oktober 1990 beitrat und dem Griechenland überhaupt nicht angehört.

Eine Integration nach dem Abstufungskonzept ist zwar nur als zweitbeste Lösung zu betrachten, die sich unter der einschränkenden Bedingung der unterschiedlichen Integrationsfähigkeit der einzelnen Mitgliedstaaten anbietet. Sie kann jedoch angezeigt sein, um diese unterschiedliche Integrationsfähigkeit bei gleichzeitiger Einbeziehung aller Mitgliedstaaten in den Gesamtvorgang zu berücksichtigen. So wird es möglich, in einzelnen Wirtschaftsbereichen Integrationsfortschritte zu erzielen, ohne allen beteiligten Staaten hierfür dieselbe Geschwindigkeit abzuverlangen.

Dennoch darf nicht außer Acht gelassen werden, daß auch die abgestufte Integration keine Garantie zur Überwindung der institutionellen Integrationshemmnisse wie z.B. die Schwerfälligkeit der Verwaltung bietet. Sie kann jedoch dazu beitragen, diese durch gemeinsame Anstrengungen zu überwinden und das länderübergreifende Interesse an der Einigung wieder zu beleben.

Kann eine "Abstufung" des Integrationsvorganges im Rahmen der Angleichung der Körperschaftsteuersysteme empfohlen werden? Je weiter sich ein Mitgliedstaat gerade auf einem für den Wettbewerb so wichtigen Gebiet von der Entwicklung in der übrigen Gemeinschaft abkoppelt, desto mehr läuft er Gefahr, den Anschluß an die allgemeine Entwicklung zu verlieren und Unternehmensansiedlungen zu versäumen. Diese sind späterhin nur sehr langfristig revidierbar oder aufzuholen; der betreffende Staat schadete sich somit selbst. Eine "Abstufung" des Integrationsvorganges kann also nur auf Gebieten in Frage kommen, auf denen die Angleichung der Rechtssysteme für bestimmte Staaten vorübergehend erhebliche Nachteile bedeutete oder deren besondere Schwächen zu sehr in den Vordergrund rückten. Damit scheidet eine stufenweise Körperschaftsteuerharmonisierung aus. In der Realität der Rechtsangleichung wird sich ohnehin eine gewisse Zeitverzögerung ergeben, da die Umsetzung von Richtlinien - über diesen Weg wird eine Systemangleichung zweckmäßigerweise erfolgen- in nationales Recht erfahrungsgemäß in den Mitgliedstaaten in unterschiedlicher Geschwindigkeit geschieht.

1.1.4 Möglichkeiten der Messung des erreichten Integrationsgrades

Es sollen nun Möglichkeiten aufgezeigt werden, den Grad der Erreichung des Ziels "wirtschaftliche Integration" zu definieren bzw. zu messen, um im Anschluß zu erörtern, bei welchem Zielerreichungsgrad eine Angleichung direkter Steuern allgemein und der Körperschaftsteuer im besonderen sinnvoll ist.

Nachstehend werden die in der Literatur[14] am häufigsten verwendeten Grade der Integration, insbesondere, wie sie mit Blick auf die EG verwendet werden, wiedergegeben:

Freihandelszone: Dieser Terminus berührt ausschließlich die Freiheit des Warenverkehrs, und diese lediglich unter den zu einer Freihandelszone zusammengeschlossenen Ländern. Sowohl der Handelsverkehr mit Drittstaaten als auch die Politiken der Mitgliedsländer bleiben unangetastet. Es findet keinerlei Kompetenzverlagerung auf die Gemeinschaftsebene statt, deswegen können auch keine gemeinschaftlichen Entscheidungen getroffen werden. Aus diesen Gründen soll die Freihandelszone noch nicht als Form der Integration angesehen werden, sondern bestenfalls als Vorstufe dazu.

Zollunion: Sie ist die programmierte Verschmelzung mehrerer autonomer Zollgebiete mit dem Ergebnis, daß das Gesamtgebiet gegenüber Drittstaaten als geschlossene Region auftritt. Es existiert ein gemeinsamer Außenzolltarif und die den Warenverkehr behindernden Zölle und Einfuhrbeschränkungen entfallen. Im Innern herrscht im Idealzustand Freizügigkeit des Waren-, Dienstleistungs- und Kapitalverkehrs. Diese Form der Zusammenarbeit hat bereits integrative Züge; es bedarf erhöhter Anstrengungen seitens der beteiligten Staaten, um eine so relativ weitgehende Einigung zu erreichen. Hierbei wird von den Mitgliedsländern bereits ein Teil ihrer nationalen Souveränität zu Gunsten der Gemeinschaft aufgegeben.

Wirtschaftsunion: Dies ist die weitestgehende Form der Wirtschaftsintegration und etwa mit dem von der EG angestrebten gemeinsamen

---

14 So z.B. bei Constantinesco, Leontin-Jean: Das Recht der Europäischen Gemeinschaften I - das institutionelle Recht. Baden-Baden, 1977, S. 135 ff. und Huppert, W., a.a.O.; Mendes, A.J. Marques: Economic Integration and Growth in Europe. London, 1987; S. 2.

Markt zu vergleichen. Voraussetzungen sind hier nicht nur der Fortfall der Binnenzölle und Kontingente, sondern es wird darüber hinaus eine zumindest rechtliche Möglichkeit der Faktormobilität innerhalb der Gemeinschfat gefordert. Kennzeichen dieses Zustandes ist es ferner, daß weite Politikbereiche in die Zuständigkeit der Gemeinschaft übergegangen sind, insbesondere die gesamte Wirtschaftspolitik, die Währungs-, Kredit- und Zahlungsbilanzpolitik und die Fiskalpolitik. Bedingung dafür ist, daß hier die Mitglieder bereit sind, erhebliche Verluste ihrer Autonomie hinzunehmen.

Als weitere Stufe der Integration wird bei *Mendes*[15] die Bezeichnung "Unification" (Vereinigung) genannt, worunter die Bildung eines Bundesstaates aus den Mitgliedsländern zu verstehen ist. Dies hätte dann unvermeidlich auch Auswirkungen auf außerökonomischen Gebieten. Schon daran wird deutlich, daß eine solche Vereinigung von autonomen Staaten zu einem neuen Bundesstaat auf Schwierigkeiten bei der Realisation stößt und von daher als derzeit unrealistisch anzusehen ist. Abgesehen davon ist zweifelhaft, ob eine so weitgehende Integration überhaupt gewollt ist.

Die Grenzen der hier aufgeführten Integrationsstufen sind weit zu fassen, da ansonsten der Stand des Integrationsprozesses in einer Staatengemeinschaft zu einem beliebigen Zeitpunkt kaum auf einer dieser Stufen lokalisiert weden kann. Dies gilt umso mehr, als der Prozeß der Integration eine Eigendynamik besitzt, die ein Verharren auf einer einmal erreichten Stufe praktisch ausschließt. Ein Indiz dafür ist beispielsweise das Bemühen der EG-Partner um die Errichtung einer Währungsunion, die im EWG-Vertrag ursprünglich nicht vorgesehen war. Neben der Fortentwicklung ist diese Dynamik sui generis erforderlich, um den einmal erreichten Stand zu halten und das Verfallen der Gemeinschaft in eine Art Lethargie zu verhindern.

Aus dem Vorgenannten ergibt sich die Schwierigkeit, einen Zielerreichungsgrad in der Form eines "objektiven Integrationsgrades" zu bestimmen. Nimmt man nur den Bereich der Steuerharmonisierung heraus, so wird eine Objektivierung der Angleichung von Unternehmensteuern durch die Verwendung und den Vergleich volkswirtschaftlicher Steuerquoten geringfügig erleichtert, jedoch lassen sich aufgrund dieser Quoten keine zuverlässigen Steuerlastvergleiche anstellen, da sie ein zu großes Datenkonglomerat enthalten,

---

15 Vgl.: Mendes, A. J. Marques, a.a.O.

welches keinen differenzierten Aufschluß über die eigentlich gewünschten Größen bietet[16].

1.1.5 Harmonisierung der Körperschaftsteuersysteme als Bestandteil des Integrationsprozesses

Ziel des oben beschriebenen Integrationsvorganges ist die Bildung eines gemeinsamen Marktes[17].

Ausdruck und Symptom für die Existenz eines solchen Binnenmarktes sind unter anderem die folgenden Erscheinungen:

Die zu einem Gemeinsamen Markt verschmolzenen Wirtschaften sind nicht mehr in der Lage, sich durch Zölle oder zollähnliche Vorkehrungen gegen auswärtige Mitbewerber zu schützen. Für die Produkte in Form von Gütern und Dienstleistungen aus den Partnerländern, aber auch für sämtliche Produktionsfaktoren gilt dieselbe Freizügigkeit wie für die einheimischen Produkte und Faktoren auf dem Gesamtmarkt.

Ähnliche Bewegungsfreiheit wie die Produkte und Faktoren genießen auch die Unternehmen selbst. Es ist ihnen also freigestellt, sich ihren Standort nach der Höhe der Produktionskosten zu suchen, zumal nach Wegfall der Binnengrenzen in den Ländern mit vergleichsweise hohen Produktionskosten mit vermehrtem Auftreten von Mitbewerbern aus den "billigeren" Ländern zu rechnen ist. Sollten die Mitgliedstaaten der Gemeinschaft es also versäumen, die wirtschaftlichen Rahmenbedingungen anzugleichen, so ist eine Migration der produzierenden Unternehmen dorthin abzusehen, wo sie durch staatliche Eingriffe am deutlichsten begünstigt bzw. am wenigsten benachteiligt werden. Aus diesem Grunde ist eine "Harmonisierung der gesamten staatlichen Tätigkeit"[18] anzustreben.

---

16 Vgl. hierzu die umfangreiche Literatur zum Komplex der effektiven Steuerlastvergleiche. Zu den Mängeln speziell der auf volkswirtschaftlichen Steuerquoten basierenden Berechnungen vgl. Leibfritz, Willi: Die Unternehmensbesteuerung im internationalen Vergleich. In: Zeitschrift für angewandte Wirtschaftsforschung, H. 33, Berlin, 1987, S. 101 ff.

17 Vgl. Art. 2 EWGV; nach den Änderungen durch die EEA ist das Binnenmarktziel explizit in Art. 8a ff. EWGV festgelegt.

18 So die Argumentation von Metze, Ingolf: Steuerharmonisierung in einer Wirtschaftsgemeinschaft, Hamburg, 1969; S. 20 f.

Dies darf jedoch nicht in der Weise verstanden werden, daß in jedem zur Gemeinschaft gehörenden Land unter allen Umständen gleiche Rahmenbedingungen zu schaffen seien, sondern verlangt die Berücksichtigung der Tatsache, daß verschiedene Mitgliedsländer und innerhalb dieser wiederum einzelne Regionen unterschiedliche Stände der wirtschaftlichen Entwicklung aufweisen.

Um dieser Konstellation Rechnung zu tragen, kann es in Einzelfällen erforderlich sein, die Zahl und Art staatlicher Eingriffe in das Marktgeschehen auszudehnen, während das generelle Bemühen sein sollte, diese Eingriffe auf niedrigem Niveau einander anzugleichen. Als ein Mittel solcher Interventionen steht unter anderem die Steuerpolitik zur Verfügung. Als Beispiel sei erwähnt, daß zum Zweck der Stärkung der Selbstfinanzierungsmöglichkeiten der Unternehmen in einem bestimmten geographisch festgelegten Raum der Körperschaftsteuersatz für einbehaltene Gewinne temporär gesenkt werden könnte. Das heißt: Zur Erreichung des Ziels "Angleichung der Lebens- und Wettbewerbsbedingungen in der Gemeinschaft"[19] kann eine gezielte Disharmonisierung auf einzelnen Gebieten unter Umständen beitragen.

Grundsätzlich aber muß sich die Unternehmensbesteuerung durch Annäherung der einzelstaatlichen Regelungen der allgemeinen Tendenz anpassen, daß sich mit der Internationalisierung der Märkte auch die konjunkturellen Schwankungen auf dem Gesamtmarkt vereinheitlichen werden und die regionalen Unterschiede abnehmen[20].

Unbedingter Bestandteil der wirtschaftlichen Integration ist die Schaffung eines ungehinderten Wettbewerbs auf dem Gemeinsamen Markt. Daß dafür grundsätzlich einheitliche Bedingungen für alle Marktteilnehmer wünschenswert sind, ist evident. Diese Voraussetzung beinhaltet jedoch ihrerseits die Forderung nach möglichst einheitlichen Unternehmensteuern und darunter insbesondere nach vereinheitlichten Körperschaftsteuern als hauptsächlicher Ertragsteuer der Kapitalgesellschaf-

---

19 In der Präambel des EWGV heißt es: "In dem Bestreben, die harmonische Entwicklung (der Volkswirtschaften) zu fördern, indem (die Mitgliedstaaten) den Abstand zwischen den Gebieten und den Rückstand weniger begünstigter Gebiete verringern".

20 Vgl. VerLoren van Themaat, Pieter: Die Steuerharmonisierung in der EWG. In: DB, 19. Jg. (1966), H. 22, S. 834 - 840 (hier: S. 835).

ten. Im Vorgriff auf spätere Erörterungen soll an dieser Stelle bereits darauf hingewiesen werden, daß die Körperschaftsteuer naturgemäß ganz erheblichen Einfluß auf die Nettoverzinsung des eingesetzten Eigenkapitals ausübt und damit die Finanzierung der Unternehmen aus einbehaltenen Gewinnen zu einem bedeutenden Teil von ihr bestimmt wird. Je geringer also diese Gewinne besteuert werden, desto "billiger" ist für ein Unternehmen diese Eigenkapitalquelle. Damit wiederum ist schon deutlich, welchen Wettbewerbsvorteil ein Unternehmen besitzt, welches seinen Sitz in einem Mitgliedstaat der Gemeinschaft hat, der eine relativ niedrige Körperschaftsteuer auf einbehaltene Gewinne erhebt[21].

Darüber hinaus gilt der Produktionsfaktor "Kapital" als der mobilste aller Faktoren; die Kenntnis dieses Umstandes und der vorgenannten Überlegungen verdeutlicht, daß Unterschiede in der Körperschaftsbesteuerung in einem Markt mit offenen Binnengrenzen bedeutende Bewegungen des Faktors Kapital zur Folge haben werden[22]. Zieht man weiterhin in Betracht, daß die Mobilität des Faktors Arbeit, also populärer: die Umzugsbereitschaft der Arbeitnehmer, geringer ist als die Mobilität des Kapitals, so liegt darin ein Grund dafür, daß die Harmonisierung der Körperschaftsteuer mit höherer Priorität zu behandeln ist als die der Einkommensteuer. Freilich liegt beides gemeinsam im Interesse einer rechtsformneutralen Besteuerung und sollte wenn irgend möglich schon deswegen ineinandergreifend geschehen.

Innerhalb der Gemeinschaft wird im Rahmen des Binnenmarktprojektes neben der Freizügigkeit für Güter, Dienstleistungen und Arbeitskräfte auch und gerade die Liberalisierung des Kapitalverkehrs angestrebt. Diese ist jedoch nur sinnvoll, wenn im zukünftig einheitlichen Kapitalmarkt nicht auf die eben geschilderte Weise durch die Verzerrungen im Bereich der Körperschaftsteuer Fehllenkungen des Kapitals provoziert werden. M.a.W.: Eine harmonisierte Körperschaftsteuer ist für einen einheitlichen Kapitalmarkt unabdingbar; dessen Funktion kann ohne sie be- oder gar verhindert werden[23]. Ein libe-

---

21 Zum Problem der Unternehmensbesteuerung als Standortfaktor s. unten. Abschnitt 1.2.3

22 Vgl. Musgrave, Peggy B.: Harmonization of direct Business Taxes - A Case Study. In: Shoup, Carl S. (Hrsg.): Fiscal Harmonization in Common Markets. Bd. II. New York/London. 1967. S. 207 - 343 (hier: S. 212 f.).

23 Vgl. Rädler, Albert J.: Struktur der Körperschaftsteuer-Systeme aus deutscher Sicht. In: Europäische Steuerzeitung (jetzt: Intertax). 1970. H. 42. S. 103 - 113 (hier: S. 107).

ralisierter Kapitalverkehr wird steuerliche Unterschiede verstärkt ausnutzen.

Es ist naheliegend, daß durch diesen Umstand auch das Wechselkursgefüge nachteilig beeinflußt werden kann, d.h., daß durch steuerinduzierte Geld- und Kapitalbewegungen größere Angebots- und Nachfrageschwankungen auf den Devisenmärkten entstehen. Dies gibt Anlaß zu der Befürchtung, daß besonders bei einem im Binnenmarkt vollkommen liberalisierten Kapitalverkehr durch die mangelnde Konvergenz der Unternehmensbesteuerung die Bandbreiten des Europäischen Währungssystems (EWS) nicht mehr ausreichen werden und Währungen unter Ab- bzw. Aufwertungsdruck geraten - ein Phänomen, das im übrigen auch für nicht liberalisierte Kapitalmärkte bereits nachgewiesen worden ist[24].

Wie wichtig die Harmonisierung der Unternehmensteuern, speziell der auf den einbehaltenen Gewinnen lastenden, für den Fortgang des Integrationsprozesses ist, hat schon im Jahre 1962 der Steuer- und Finanzausschuß der Kommission der EWG in seinem Bericht an den Rat festgestellt[25]. Sollte ein gemeinsamer Markt ohne die Angleichung der wichtigsten Unternehmensteuern verwirklicht werden, so drohe die Gefahr, daß größere Unternehmen, und hier besonders die international verbundenen, ihre Gewinnrücklagen im steuerlich "billigsten" Land der Gemeinschaft akkumulieren. Da hiervon regelmäßig Großunternehmen Gebrauch machen werden, die in der Rechtsform einer Kapitalgesellschaft organisiert sind, wird die Notwendigkeit einer einheitlichen Regelung der Körperschaftsteuer umso deutlicher. Kleine Unternehmen in der Form von Personengesellschaften, die demzufolge in den meisten Ländern Einkommensteuer oder das jeweilige Äquivalent dazu zahlen, werden nicht in dem Maße betroffen sein.

Zum Zeitpunkt der Erstellung des o.a.Berichts war man sich noch nicht völlig darüber im klaren, ob man überhaupt eine eigenständige Körperschaftsteuer als für die Gemeinschaft verbindlich einführen wollte; es wurde als eine Alternative beispielsweise über die Zurechnung auch der unverteilten Gewinne zu den Einkommen der Anteilseigner nachgedacht. Doch sprach die tatsächliche Entwicklung in

24 Vgl. Isard, Peter: Corporate Tax Harmonization and European Monetary Integration. In: Kyklos, 43. Jg. (1990), H. 1, S. 3-24.

25 Vgl. Kommission der Europäischen Wirtschaftsgemeinschaften: Bericht des Steuer- und Finanzausschusses an den Rat. (Nach dem Vorsitzenden des Ausschusses *Neumark*-Bericht genannt), o.O., 1962, S. 40 ff.

den damals sechs Mitgliedstaaten der Gemeinschaft, von denen vier eine eigene Körperschaftsteuer erhoben, bereits für diese Steuer.

Mit der Harmonisierung der Körperschaftsteuer hat die der Besteuerung der Dividenden einherzugehen. Ohne sie wird die angestrebte und in einem gemeinsamen Markt unbedingt erforderliche Freizügigkeit der Produktionsfaktoren, hier insbesondere des Faktors "Kapital", unmöglich. Im Zusammenhang damit wird in der vorliegenden Arbeit die Frage nach der Aufrechterhaltung und ggf. Ausgestaltung der Kapitalertragsteuer auf Dividenden zu beantworten sein, denn die Quellensteuer wird im allgemeinen als dritter die Nettorendite eines Anteilseigners an einer Kapitalgesellschaft bestimmender ertragsteuerlicher Faktor angesehen[26] - neben der Höhe der Körperschaftsteuer auf den ausgeschütten Gewinn und der Anrechenbarkeit von KSt und QSt auf die persönliche Einkommensteuerschuld. Auf individueller Ebene kommt selbstverständlich der jeweilige Einkommensteuertarif hinzu.

1.2 Auftrag und Rechtsgrundlagen der Harmonisierung

1.2.1 EWG-Vertrag

Den institutionellen, gleichsam verfassungsmäßigen, Rahmen für die europäische Integration bildet der Vertrag zur Gründung der Europäischen Wirtschaftsgemeinschaft (EWGV). Obgleich die Errichtung eines Gemeinsamen Marktes hierin ausdrücklich vorgesehen ist[27], mangelt es an der Bereitstellung geeigneter Instrumente dazu in demselben Dokument. Eines dieser Instrumente ist zweifellos die Harmonisierung der direkten Steuern, die explizit im EWGV nicht erwähnt ist. In steuerrechtlicher Hinsicht ist der Vertrag, abgesehen von der Absicht zur Beseitigung der Doppelbesteuerung[28], auf die Harmonisierung der indirekten Steuern beschränkt, die in Art. 99 gefordert wird; die Angleichung direkter Steuern muß aus anderen Vorschriften hergeleitet werden. Dazu gehört z.B. Art. 100 EWGV, in dem die Angleichung von "Rechtsvorschriften" zur Erreichung der Vertragsziele mittels Richtlinien des Rates der EG gefordert wird, worin eine Konkretisierung des Art. 3 h) EWGV zu sehen ist. Dort wird die Angleichung der zur Errich-

26 Vgl. Höppner, Horst-Dieter: Die EG-Steuerharmonisierung. In: EuR 1977, H. 4, S. 122 ff.

27 Art. 2 EWGV.

28 Art. 220 EWGV.

tung des Gemeinsamen Marktes relevanten nationalen Rechtsvorschriften vorgeschrieben[29].

Nun muß, um begriffliche Klarheit zu erlangen, zwischen den Termini Rechts-"angleichung" und -"vereinheitlichung" differenziert werden. Betreffen beide prinzipiell denselben Vorgang, sind also artgleich, so besteht doch ein gradueller Unterschied. Während der Begriff der Vereinheitlichung (Harmonisierung) im Rahmen des Gesamtkonzepts der Integration das Subziel der Schaffung einheitlichen Rechts meint, bezeichnet der Ausdruck der Rechtsangleichung den Vorgang der allmählichen Annäherung der einzelstaatlichen Rechtsvorschriften aneinander. Es wird also zwischen dem angestrebten Zustand (Ziel) und dem Vorgang zu seiner Erreichung unterschieden. Um dieses sprachliche Problem jedoch nicht überzubewerten, sei angemerkt, daß schon in den drei ursprünglich verbindlichen Versionen des EWG-Vertrages (deutsch, niederländisch, französisch) die Begriffe "Harmonisierung", "Angleichung" und "Abstimmung" nicht einheitlich gebraucht werden. Vielmehr wird oft das in der jeweiligen Sprache dem deutschen Wort "Koordination" entsprechende Verbum benutzt[30].

Aus der Tatsache, daß die Harmonisierung der Körperschaftsteuern in Europa nicht im EWGV erwähnt ist, kann nicht geschlossen werden, daß diese etwa nicht gewollt sei. Vielmehr ist eine solche Angleichung zur Erreichung und Durchführung des Gemeinsamen Marktes unabdingbar. Dies schon deswegen, um einer bei offenen Binnengrenzen drohenden, rein aus steuerlichen Motiven erfolgenden Standortwahl und damit einer Fehlallokation von Ressourcen vorzubeugen. Im Interesse der wirtschaftlichen Gleichberechtigung der Mitgliedstaaten soll weder die Existenz niedrigbesteuernder "Oasen", noch sollen Sonderlasten einzelner Länder geduldet werden. M.a.W.: Das Erfordernis zwischenstaatlicher Wettbewerbsneutralität, auf die weiter unten noch eingegangen werden wird, erstreckt sich nicht ausschließlich auf indirekte Steuern und Zölle, sondern in erheblichem Umfange auch auf direkte Steuern. Der Grundsatz der Gleichmäßigkeit der Besteuerung hat im Falle der Verwirklichung des Binnenmarktes auch auf Gemeinschaftsebene zu gelten[31].

Während Art. 100 EWGV die Harmonisierung der direkten Steuern

---

29 Vgl. v.d.Groeben, Hans: Kommentar zum EWG-Vertrag, a.a.O., Vorbemerkung zu Art. 100 EWGV.

30 Vgl. Metze, Ingolf, a.a.O.

31 Vgl. Höppner, Horst Dieter, a.a.O.

implizit fordert, scheint derselbe Artikel jedoch auch deren mögliche Grenzen aufzuzeigen, indem nur solche Rechtsvorschriften tangiert sind, die sich "unmittelbar auf die Errichtung des Gemeinsamen Marktes" auswirken. Faktisch bedeutet dies indes keine Begrenzung, denn je weiter die Bemühungen um die "Vergemeinschaftung" der Märkte gehen, desto weiter hat auch die Angleichung der damit zusammenhängenden Rechtsvorschriften zu gehen.

Nach der Gründung der Europäischen Gemeinschaften entstanden weitere Dokumente, die als Grundlagen für das weitere Zusammenwachsen der Gemeinschaft, den Gemeinsamen Markt und damit für den Themenbereich "Steuerharmonisierung" von Bedeutung sind. Diese sind teilweise von der Kommission erarbeitet worden, zum Teil auch vom Rat und damit den Regierungsvertretern der Mitgliedstaaten. In diese Gruppe gehört z.B. die Einheitliche Europäische Akte, die die römischen Verträge in zahlreichen Punkten ändert und ergänzt. Wichtig in diesem Zusammenhang sind aber insbesondere die Entscheidungen des Rates in den Bereichen Gemeinsamer Markt, Wirtschafts- und Währungsunion und Konvergenz.

Eine Festlegung der Gemeinschaft auf das Ziel der Wirtschafts- und Währungsunion erfolgte in der Entscheidung vom 22. März 1971[32]. Als zur Zielerreichung geeignete und erforderliche Maßnahmen werden in dieser Entscheidung u.a. die Harmonisierung der Steuern auf Dividenden und der Struktur der Körperschaftsteuer genannt, jedoch unter Vermeidung der Festlegung auf eine bestimmte Richtung, also ein konkretes Körperschaftsteuersystem. Ähnliches äußert die Kommission in ihrem "Bericht an den Rat über die Aussichten für eine Angleichung der Steuersysteme in der Gemeinschaft"[33]. Sie macht ferner auf die Gefahr einer "internationalen Steuerflucht" für den Fall aufmerksam, daß die Binnengrenzen zwar fallen, die Unterschiede in der Unternehmensbesteuerung aber nicht abgebaut werden sollten. Diese Steuerflucht droht, wenn, wie oben angedeutet, die Standortwahl im internationalen Bereich zu einer Frage der Besteuerung degeneriert.

Durch die Einheitliche Europäische Akte wurde unter anderem der Artikel 8 a und in dessen Folge Art. 100 a in den EWG-Vertrag

32 Entscheidung des Rates und der Regierungen der Mitgliedstaaten v. 22.3.1971 über die stufenweise Verwirklichung der Wirtschafts- und Währungsunion in der Gemeinschaft. Abl. der EG. Nr. C 28 v. 27.3.1971.

33 Bulletin der EG 1980, Beilage 1.

eingefügt. Art. 8 a postuliert die Einführung des Binnenmarktes bis zum 31.12.1992; gemäß Art. 100 a kann der Rat auf Vorschlag der Kommission Richtlinien zur Angleichung der nationalen Rechtsvorschriften erlassen, soweit dies der Erreichung des Ziels "Binnenmarkt" dienlich ist. Doch wird im Absatz 2 des Artikels 100 a ausdrücklich die Geltung dieses Artikels für den Bereich der Steuern ausgeschlossen. Damit sind die EG-vertraglichen Voraussetzungen für die Harmonisierung der direkten Steuern nach Änderung des EWG-Vertrages durch die EEA praktisch unverändert.

1.2.2 Weitere multinationale Abkommen

Als weitere zwischenstaatliche Abkommen auf dem Gebiet der wirtschaftlichen Zusammenarbeit kommen das Allgemeine Zoll- und Handelsabkommen (GATT) und die Organisation für wirtschaftliche Zusammenarbeit und Entwicklung (OECD) in Frage. Beide geben jedoch noch weniger als die Verträge zur Gründung der Europäischen Gemeinschaften den expliziten Auftrag zur Angleichung der direkten Steuern im allgemeinen oder der Körperschaftsteuer im besonderen.

Da das GATT den Zweck hat, durch Anpassung der Zölle und im Wege der sog. "Meistbegünstigung" Handelsschranken zu beseitigen, nimmt es praktisch keinerlei Bezug zu den Steuersystemen oder -tarifen der Vertragsparteien - wenn man einmal von den Zöllen absieht. Gelten in einer hochintegrierten Gemeinschaft wie der EG auch Unterschiede in den direkten Steuern als Handelshemmnis, so kann davon in einem lediglich kooperativen Bündnis nicht gesprochen werden. Demgemäß spricht das GATT auch in seinem Art. 1 nur vom "Abbau der Zölle und anderer Handelsschranken". Selbst die Forderung nach dem Abbau "anderer Handelsschranken" kann auf dem derzeitigen Integrationsniveau des GATT nicht als Aufforderung zur Steuerharmonisierung verstanden werden - abgesehen von der zu großen Zahl der Mitglieder und der bedeutenden Unterschiede in deren Steuersystemen ist eine derart weitgehende Integration im Rahmen dieses Abkommens auch nicht beabsichtigt, so daß eine weitergehende Erörterung obsolet ist. Allerdings sollte eine Erwähnung der Vollständigkeit halber erfolgen.

Die OECD weist demgegenüber - bei geringerer Mitgliederzahl - einen höheren Integrationsgrad auf, was u.a. auf die längere Geschichte dieser Organisation zurückzuführen ist. Sie ist im Jahre 1961 aus der damaligen Organisation für Europäische Wirtschaftliche Zusammenarbeit (OEEC) als deren Rechtsnachfolgerin hervorgegangen. Zweck der OECD ist die Koordinierung der Wirtschaftspolitik, insbesondere der Konjunktur- und Währungspolitik, in der westlichen Welt.

Wie die Bezeichnung nahelegt, ist dabei eines ihrer Hauptanliegen die Förderung der wirtschaftlichen Entwicklung. Dieses Ziel wird auch hier durch die Beseitigung von Handelsbarrieren, Erleichterung des Zahlungsverkehrs und des Kapitalverkehrs sowie durch die Abstimmung der nationalen Politiken in einzelnen Wirtschaftsbereichen, z.B. besonders im Bereich Landwirtschaft und Fischerei, zu erreichen versucht.

In steuerlicher Hinsicht befaßt sich die OECD hauptsächlich mit der Vermeidung der Doppelbesteuerung; diesem Zweck dient beispielsweise das Muster-Doppelbesteuerungsabkommen. Es muß also auch hier festgestellt werden, daß schon die vertragliche Zielsetzung der Organisation eine eigentliche Steuerharmonisierung in Sinne einer Bekämpfung der Ursachen von Wettbewerbsstörungen nicht vorsieht; auch das Muster-DBA versucht lediglich, deren Wirkungen zu begrenzen. Die zur Erleichterung des internationalen Waren-, Dienstleistungs- und Kapitalverkehrs erforderlichen Bemühungen zur Anpassung direkter Steuern finden nicht statt.

1.2.3 Überblick über den gegenwärtigen Stand der Bemühungen zur Körperschaftsteuer-Systemharmonisierung

Die EG-Kommission hat am 1. August 1975 den Entwurf einer Richtlinie des Rates zur Harmonisierung der Körperschaftsteuersysteme und der Quellensteuer auf Dividenden[34] vorgelegt. Dieser enthielt konkrete Vorschläge für eine Teilanrechnung der auf den Dividenden lastenden Körperschaftsteuer beim Anteilseigner auf dessen individuelle Einkommensteuer. Dazu wurde ein innerhalb einer Bandbreite von 45% bis 55% anzusiedelnder Tarif vorgeschlagen.

---

34 Vgl. Kommission der Europäischen Gemeinschaften: Vorschlag einer Richtlinie des Rates zur Harmonisierung der Körerschaftsteuersysteme und der Regelungen der Quellensteuer auf Dividenden (von der Kommission dem Rat vorgelegt am 1. August 1975). In: Abl. der EG Nr. C 253 vom 5.11.1975, S. 2 ff.

Daß von diesem Vorschlag keine Signalwirkung ausging, zeigt sich u.a. daran, daß in der Bundesrepublik Deutschland und Italien im Jahre 1977 ein Vollanrechnungssystem eingeführt wurde.

Als Mitte der 80er Jahre weltweit eine Tendenz zur deutlichen Senkung der Körperschaftsteuertarife bei gleichzeitiger Verbreiterung der Bemessungsgrundlagen, ausgelöst durch die US-Steuerreform[35], erkennbar wurde, offenbarte sich erstens die Notwendigkeit, gemeinsam mit der Systemharmonisierung eine Angleichung der Bemessungsgrundlagen anzustreben und zweitens, daß der Tarif von ca. 50% zusammen mit einer nur hälftigen Anrechnung der auf den Gewinnausschüttungen lastenden Körperschaftsteuer bei den Anteilseignern nicht EG-weit konsensfähig war.

In der Folge dieser Umstände hat sich das Europäische Parlament nie mit dem Richtlinienentwurf befaßt und also auch keine Stellungnahme abgegeben, wie es vor der Verabschiedung durch den Rat zu geschehen hat.

Im April 1990 schließlich hat die Kommission aufgrund der Erkenntnis, daß der von ihr seinerzeit vorgelegte Entwurf in dieser Form nicht mehr würde durchgesetzt werden können, ihren Richtlinienvorschlag zurückgezogen[36].

In der Begründung zum Rückzug geht die Kommission davon aus, daß nunmehr zunächst auf eine Harmonisierung verzichtet werden soll und die einzelstaatlichen Körperschaftsteuersysteme in einen Wettbewerb miteinander treten sollen. Dazu ist anzumerken, daß diese Argumentation aus einem Sachzwang heraus gewachsen ist. Ausgangspunkt für den Rückzug dürften weniger steuersystematische Erwägungen gewesen sein, als vielmehr die Überlegung, daß aufgrund der Vielzahl der gegeneinanderstehenden Interessen innerhalb der Gemeinschaft eine Harmonisierung derzeit unrealistisch erscheint.

Die Folge davon muß jedoch sein, daß die o.a. unerwünschten Wirkungen, die im Falle offener Binnengrenzen insbesondere hinsichtlich

---

35 Vgl. Internal Revenue Code der USA i.d.F. des Tax Reform Act 1986.

36 Vgl. Pressemitteilung der EG-Kommission Nr. P-22, Brüssel, vom 18. April 1990. Eine Veröffentlichung im Amtsblatt der EG lag bis zur Fertigstellung dieser Arbeit noch nicht vor. - Vgl. dazu auch o.V.: EG-Kommission für mehr Flexibilität bei der Besteuerung der Unternehmen. In: HB Nr. 77 v. 20. April 1990, S. 8.

des Produktionsfaktors "Kapital" einzutreten drohen, dann nicht zu verhindern sein werden. Denn der Systemwettbewerb bedeutet schließlich, daß sich das flexible Unternehmen den c.p. steuerlich günstigsten Standort sucht; erst, nachdem die betroffenen Staaten dies erkannt haben werden, werden diese - möglicherweise, aber nicht notwendig - handeln und die steuerliche Standortqualität verbessern[37].

Im Steuersystemwettbewerb wird sich wiederum die Tendenz durchsetzen, daß einzelne Länder zur vermehrten Attraktion von Investivkapital besondere Steuervorteile schaffen werden, die nicht in jedem Fall wettbewerbs- und systemgerecht sein werden. Ein solcher durch steuerliche Systemkonkurrenz ausgelöster Standortwettbewerb steht dem eigentlichen Ziel des Binnenmarktes, nämlich der freien Beweglichkeit u.a. der Produktionsfaktoren, diametral entgegen und verbietet sich daher.

Es kann als gesicherte Erkenntnis angesehen werden, daß die Besteuerung für investitionswillige Unternehmen kein nachrangiger Standortfaktor ist. Das ifo-Institut für Wirtschaftsforschung, München, hat in einer - allerdings auf deutsche Unternehmen beschränkten - Untersuchung[38] ermittelt, daß die Besteuerung in der Einschätzung der befragten Unternehmen den achten Rang unter 21 Standortfaktoren einnimmt. Sie wird damit noch wichtiger eingestuft als Faktoren wie "politische Stabilität" und "Infrastruktur".

Unzweifelhaft gehen alle Standortfaktoren, soweit quantifizierbar, in Renditeüberlegungen ein. Gleichzeitig haben nur wenige davon so unmittelbare Auswirkungen auf die Nettorendite einer Investition[39] wie die den Gewinn belastenden Steuern.

Bei einer folglich hoch einzuschätzenden Entscheidungsrelevanz des Standortfaktors "Unternehmensbesteuerung" ist mit Sicherheit davon auszugehen, daß im Binnenmarkt Unterschiede in diesem Bereich und

---

37 Diesen Gedanken äußerte bereits Roloff, Otto: Unternehmensbesteuerung im Europäischen Binnenmarkt 1992. In: WSI-Mitteilungen, 42. Jg. (1989), H. 6, S. 326-334 (hier: S. 330).

38 Vgl. Ruppert, W.: Standort Bundesrepublik im Urteil des verarbeitenden Gewerbes. In: ifo-Schnelldienst, 42. Jg. (1989), H. 4, S. 22-28 (hier: S. 24 f.).

39 Vgl. Esser, Klaus: Standortfaktor Unternehmensbesteuerung - Notwendigkeit und Möglichkeiten einer Verbesserung. In: ZfbF Kontaktstudium, 42. Jg. (1990), H. 2, S. 157-193 (hier: S. 158).

insbesondere der Gewinnbesteuerung bei Investitionsentscheidungen Berücksichtigung finden.

Zu diesen Nachteilen der zu befürchtenden Steuerstandort-Konkurrenz tritt ferner hinzu, daß schließlich keiner der beteiligten Staaten die Niederlage oder Nachteile seines Steuersystems gegenüber dem der Konkurrenten einräumen wird. Ursächlich dafür ist der Umstand, daß man sich nicht zuvor auf Maßstäbe geeinigt hat, nach denen die Leistungsfähigkeit eines Steuersystems beurteilt zu werden hat. Tut man dies nämlich, so ist mit der Formulierung eines Anforderungsprofils bereits ein wichiger Schritt auf dem Wege zur Harmonisierung und zur Überwindung der nationalen Gegensätze getan, und die Entwicklung eines gemeinsamen Steuersystems ergäbe sich gleichermaßen als logische Konsequenz daraus. Schon dieser Schritt erweist sich jedoch in praxi als außerordentlich schwierig.

Es sei angemerkt, daß die Steuerkonkurrenz international bereits eingesetzt hat, wenn auch eher in der Form einer Konkurrenz der Steuersätze[40]. Auslösendes Moment war die erwähnte Steuerreform, die im Jahre 1986 in den Vereinigten Staaten durchgeführt wurde. Diese zeichnete sich im wesentlichen durch eine deutliche Erweiterung der Bemessungsgrundlagen der Einkommen- und Körperschaftsteuer aus[41], wodurch eine bedeutende Tarifsenkung ermöglicht wurde, ohne das Gesamtaufkommen nennenswert zu verringern[42]. In ähnlicher Weise haben in Großbritannien und den Niederlanden und ausserhalb der EG in Österreich und Japan bedeutende Steuerreformen stattgefunden.

Da die Vorgehensweise der Kommission nicht den Erfordernissen eines ungehinderten Wettbewerbs gerecht wird, ist es um so wichtiger, ein für alle Mitgliedstaaten akzeptables Körperschaftsteuersystem zu erarbeiten, welches darüber hinaus den Anforderungen der Steuersystemlehre gerecht wird[43]. Der Rückzug der Richtlinie aus dem Jahre

---

40 Vgl. Ritter, Wolfgang: Steuerharmonisierung als Voraussetzung eines EG-Binnenmarktes. In: BB. 44. Jg. (1989). H. 2. S. 77 - 83 (hier: S. 80).

41 Vgl. u.a. sec. 11. 162. 166. 168 des IRC (Internal Revenue Code) der USA i.d.F. des Tax Reform Act 1986; s. dazu ferner: Zschiegener, Hans und Habert, Ulrike: Die US-Steuerreform 1986. In: DB. 39. Jg. (1986). H. 46. S. 2351 - 2356.

42 Vgl. Zuber, Barbara: Die US-amerikanische Steuerreform 1986. In: WiSt. 16. Jg. (1987). H. 6. S. 299 - 302 (hier: S. 299).

43 Vgl. dazu den 3. Teil dieser Arbeit.

1975 bietet die Möglichkeit, nun diesen Aspekt stärker zu berücksichtigen.

Der bevorstehende Binnenmarkt drängt die nationalen Regierungen zum Handeln, so daß durch Alleingänge weitere Divergenzen zu befürchten sind. Dieser Umstand muß gleichsam als Verpflichtung zu vermehrten Harmonisierungsanstrengungen verstanden werden.

2. Teil
Probleme der Körperschaftsteuerharmonisierung

2.1 Überblick

Die Vereinheitlichung der Körperschaftsteuersysteme innerhalb der Europäischen Gemeinschaft wird, obwohl sie, wie oben gezeigt, zunehmend geboten erscheint, durch eine Reihe von Hindernissen erschwert. Diese sollen einer kritischen Analyse unterzogen werden.

Die entstehenden Schwierigkeiten lassen sich im wesentlichen in vier Gruppen unterteilen. Die größten und hinsichtlich ihrer Beseitigung problematischsten Hindernisse sind diejenigen, die ihren Ursprung in der nationalen Souveränität der Mitgliedstaaten haben. Es zeigt sich die mangelnde Bereitschaft vieler Staaten, Teile dieser Eigenständigkeit in der Ausübung hoheitlicher Rechte, zu denen auch das Recht der Besteuerung gehört, auf die Gemeinschaftsebene zu delegieren.

Der zweite Problembereich betrifft Zielkonflikte, die im Zusammenhang mit der Vereinheitlichung der Körperschaftsteuersysteme entstehen. Sie liegen darin begründet, daß gleichzeitig - sei es auf nationaler oder EG-Ebene - weitere steuerliche oder auch außerfiskalische Ziele verfolgt werden, die nicht ohne weiteres mit einer Körperschaftsteuerharmonisierung zu vereinbaren sind.

Der dritte Komplex betrifft die Einbeziehung anderer Steuerarten als der Körperschaftsteuer in die Harmonisierungsbemühungen, um eine möglichst weitgehende Angleichung der gesamten Unternehmensteuern zu erreichen.

Die vierte Gruppe bilden administrative Hindernisse, die darin bestehen, daß vor der Inangriffnahme einer Körperschaftsteuer-Systemvereinheitlichung weitere Maßnahmen sowohl innerhalb der einzelnen Länder als auch auf der übergeordneten Ebene der Gemeinschaft notwendig sind. Hierunter fällt insbesondere die Forderung, daß zunächst einmal eine gemeinsame Bemessungsgrundlage der Körperschaftsteuer gefunden werden müsse, bevor man sich mit der Systemharmonisierung befaßt[1].

---

1 Vgl. Kommission der Europäischen Gemeinschaften: Bericht der Kommission an den Rat über die Aussichten einer Angleichung der Steuersysteme in der Gemeinschaft vom 26.3.1980, a.a.O.

Insbesondere diejenigen Staaten, die heute eine im Vergleich zu anderen hohe Körperschaftsteuer erheben, werden sich dagegen wehren, diese abzusenken. Dies gilt zumal dann, wenn die Körperschaftsteuer einen relativ hohen Anteil am Gesamtsteueraufkommen ausmacht. Doch läßt sich nicht ohne weiteres feststellen, was als eine "hohe" Körperschaftsteuer anzusehen ist, denn die Belastung durch eine Steuer ist nicht allein dadurch hoch, daß die Tarifbelastung in Prozent des zu versteuernden Einkommens eine bestimmte Grenze überschreitet. Daran ist erkennbar, daß eine Systemharmonisierung idealerweise mit einer Vereinheitlichung der Bemessungsgrundlage einherzugehen hat. Die ganze Komplexität des Problems wird aber erst dann offenbar, wenn man die Unternehmensbesteuerung insgesamt betrachtet, also auch eine Gleichbehandlung von Personen- und Kapitalgesellschaften anstrebt. Das ideale Fernziel wäre also eine einheitliche Steuerbemessungsgrundlage für alle gewerblichen Unternehmen innerhalb der EG sowie weitgehend harmonisierte Systeme der Körperschaft- und Einkommensteuer - selbstverständlich unter Einbeziehung der in einigen Ländern erhobenen Gewerbesteuer oder ähnlicher anderer, z.T. regionaler bzw. lokaler Steuern.

Schon während der Phase der Aushandlung des europäischen Körperschaftsteuersystems unter den Mitgliedstaaten setzt auf überstaatlicher Ebene das Problem der politischen Durchsetzung ein. Es ergibt sich ein zweites Mal auf nationaler Ebene aller Mitgliedstaaten, wenn der in der Kommission und im Ministerrat der EG gebilligte und in Form einer Richtlinie verabschiedete Entwurf in nationales Recht transformiert zu werden hat. Diese Problematik betrifft nicht nur den Vorgang der Rechtsangleichung, vielmehr schlägt sich die politische Durchsetzbarkeit auch unmittelbar im Steuersystem selbst nieder. Teile des Systems sind aus diesem Grunde an dem politisch Möglichen zu orientieren[2].

Im folgenden sollen die drei im Zusammenhang mit der Körperschaftsteuer-Systemharmonisierung bedeutendsten Problembereiche diskutiert werden.

2.2 Einzelstaatliche Souveränität als Hindernis für die Vereinheitlichung der Unternehmensbesteuerung?

In der Vergangenheit sind bereits einige Hoheitsrechte von den Nationalstaaten auf die Gemeinschaft übergegangen. Zwar hat der Inhalt

2 Dies ist u.a. Gegenstand des 5. Teils dieser Arbeit; vgl. Abschnitt 5.5.1.

des Souveränitätsbegriffes dadurch einen Wandel von der völligen administrativen Unabhängigkeit hin zu einer Selbständigkeit der Art erfahren, daß es keinen Einfluß eines Staates auf die Politik eines anderen geben sollte[3]. Dennoch ist in den Mitgliedsländern der Europäischen Gemeinschaft der Wunsch, einen möglichst großen Teil der nationalen Hoheitsrechte auf die Gemeinschaftsebene zu übertragen, wenig ausgeprägt. Im Gegenteil kann in den meisten Fällen beobachtet werden, daß gegenüber einer weitreichenden Kompetenzübertragung Bedenken bestehen. Hierin ist dementsprechend der wohl bedeutendste Problembereich bei jeder Steuerharmonisierung zu sehen; immerhin wird dadurch das elementare Recht der Mitgliedstaaten auf budgetäre Selbstbestimmung eingeschränkt.

Ein Hindernis besonderer Art stellen dabei Länder mit föderativem Staatsaufbau dar. Ohne den Föderalismus grundsätzlich kritisieren zu wollen, muß festgestellt werden, daß er ganz allgemein einer Steuervereinheitlichung dann entgegensteht, wenn sich die Kompetenzen der nachgeordneten Gebietskörperschaften auch auf die Besteuerung erstrecken. Da diese im allgemeinen nicht bereit sind - sei es aus Gründen des Wettbewerbs um Gewerbeansiedlung, sei es aus Gründen der Einnahmenmaximierung -, auf ihre Besteuerungsrechte ganz oder teilweise zu verzichten, kann eher davon ausgegangen werden, daß ein (besonders stark ausgeprägter) Föderalismus die Integration behindert, nicht aber letztere den Föderalismus gefährdet[4].

Es sind darüber hinaus auch die negativen Auswirkungen der regionalen und gemeindlichen Steuerhoheit hervorzuheben, die wiederum für eine weitgehende Harmonisierung und zentrale Steuergesetzgebung sowie eine nur geringe Zahl von Ausnahmen sprechen. Dazu zählt insbesondere die Gefahr des prozyklischen Handelns seitens der Gemeinden, um Budgetdefizite in Zeiten prosperierender Konjunktur auszugleichen. Somit ist auch der von *Leibfritz/Parsche/Nam*[5] geäußerte Vorschlag einer dezentralisierten konstitutionellen Struktur in der EG insoweit einzuschränken.

Derzeit sind es neben Deutschland insbesondere Portugal, Spanien

---

3 V. d. Groeben, Hans: Kommentar zum EWG-Vertrag, a.a.O., S. 67, Rn. 11 zu Art. 1.

4 Diese Frage wird aufgeworfen von Leibfritz, Willi; Parsche, Rüdiger; Nam, Chong Woon: EG-Binnenmarkt 1993: Gefährdet stärkere Integration den Föderalismus? In: Ifo-Schnelldienst, 42. Jg. (1989), H. 7, S. 11 - 15.

5 ebenda, S. 15.

und die Niederlande, die den Provinzen bzw. Ländern und Gemeinden eine relativ weitgehende Finanzautonomie verfassungsmäßig einräumen[6]. Europaweit hat die Selbständigkeit der Bundesländer und Gemeinden in Deutschland jedoch den größten Umfang. Aber auch in Italien wird - zusätzlich zur Körperschaftsteuer - eine lokale Zusatzsteuer erhoben ("ILOR").

Es ist also festzuhalten, daß in vielen Fällen sowohl von den (Bundes-)Staaten, als auch von den nachgeordneten Gebietskörperschaften eine weitgehende Steuerharmonisierung gar nicht gewünscht wird. Da die fiskalische Eigenständigkeit der Regionen bzw. Gemeinden im Bereich der Steuern von Einkommen liegt, ginge ihnen mit deren Vereinheitlichung u.U. ein Instrument verloren, das ihnen bis dato Wettbewerbsvorteile oder Auswege aus Haushaltsengpässen gebracht hat.

Darüber hinaus ist die Empfindlichkeit, mit der einzelne Staaten oder auch nur Teile (Regionen) auf den partiellen Verlust ihrer Finanzautonomie reagieren, nicht zu unterschätzen. Unterschiede der Steuersysteme sind auch Ausfluß verschiedener historischer Entwicklungen der Gesellschaften. Eingriffe in die nationale Finanzverfassung können so leicht als Verlust nationalstaatlicher Identität aufgefaßt werden[7].

Überdies hat die Körperschaftsteuer im Vergleich zu anderen Steuern von Land zu Land unterschiedliches Gewicht - sowohl, wie bereits erwähnt, was ihren Anteil am Gesamtsteueraufkommen betrifft als auch hinsichtlich der traditionellen Bedeutung direkter Steuern überhaupt. In Ländern, in denen traditionell die indirekten Steuern den größeren Teil des Steueraufkommens liefern[8], wird der Körperschaftsteuer ohnehin eine geringere Bedeutung beigemessen.

Das Bestreben, diese Gewichtung zu erhalten, ist ein weiterer Ausfluß des Souveränitätsgedankens und des Willens zur Bewahrung der nationalen Eigenständigkeit und daher mitverantwortlich für die bisher geringen Fortschritte bei der Vereinheitlichung der Körperschaftsteuer.

---

6 Vgl. Leibfritz / Parsche / Nam. a.a.O.. . S. 12/13.

7 Vgl. Musgrave, Peggy B.: Harmonization of Direct Business Taxes: A Case Study, a.a.O.. S. 211 f.

8 So betrug 1985/86 der Anteil der indirekten Steuern einschließlich Zöllen in Griechenland 64.7%. in Portugal 63.5% und in Frankreich 51.6%. Auch Spanien liegt mit 50.3% noch deutlich über dem EG-Durchschnitt von 45.7% (Quelle: OECD Revenue Statistics 1985. eigene Berechnungen).

Eine weitgehende EG-weite Abstimmung direkter Steuern ganz allgemein liegt ferner aus politischen Gründen nicht im Interesse aller Vertreter der beteiligten Staaten und damit der EG-Ratsmitglieder: Sie fürchten einen Verlust an finanzpolitischer Manövriermasse, die z.B. zur Konjunktursteuerung einsetzbar wäre. Die hierzu vorgetragene Position hängt weniger von nationalen Spezifika ab, sondern ist in stärkerem Maße durch den politischen Standort der jeweiligen Regierung bestimmt. Die Absicht, im Steuersystem eine politisch nutzbare Flexibilität zu erhalten, führt zu einem verminderten Interesse an einer Harmonisierung der direkten Steuern allgemein und der Körperschaftsteuer im besonderen.

Es gilt dabei, einen geeigneten Kompromiß zu finden zwischen einem steuerdirigistischen Kurs, den tendenziell die Vertreter typischer Wohlfahrtsstaaten vorschlagen werden, und einer eher liberalen Linie geringerer staatlicher Eingriffe und folglich geringerer Staatsausgaben. In letzterem Fall kann mit einem Steuersystem vorliebgenommen werden, welches zwar starr ist, aber mit niedrigen Steuerbelastungen der Zensiten auskommt, während im ersten Fall die Belastungen höher ausfallen werden[9].

Insgesamt kann also nicht darüber hinweggesehen werden, daß durch den Willen der in der Gemeinschaft organisierten Einzelstaaten zur Erhaltung eines möglichst großen eigenen Entscheidungsspielraumes das im Interesse der Gemeinschaft selbst vorrangige Ziel der Vereinheitlichung von Steuersystemen - und hier besonders denen der Körperschaftsteuer - an Priorität verliert. Hieraus können und werden für den Harmonisierungsprozeß erhebliche Schwierigkeiten erwachsen, wie dies bereits auf dem Gebiet der indirekten Steuern der Fall ist[10]. Darin darf jedoch kein Grund dafür gesehen werden, von den in dieser Richtung bestehenden Bemühungen abzuweichen; noch dürfen derartige Wünsche nach nationaler Eigenständigkeit, auch eingedenk der praktischen Anwendbarkeit, Auswirkungen auf das hier zu entwerfende Idealsystem der Körperschaftsteuer haben, da mit einem solchen Zugeständnis ein Präzedenzfall für die Berücksichtigung weiterer Sonderwünsche geschaffen würde.

---

9 Vgl. Förschle, Gerhart: Die steuerlichen Vorschriften des EWG-Vertrages aus der Sicht der Betriebswirtschaftslehre. Diss., Saarbrücken, 1969, S. 159.

10 Vgl. z. B. (o.V.): "Verzicht auf Grenzkontrollen nur bei angeglichener Mehrwertsteuer". In: Die Welt Nr. 235 vom 9. 10. 1989, S. 11. Untertitel: "Aber: EG-Finanzminister von wichtiger Voraussetzung für Binnenmarkt weit entfernt".

2.3 Zielkonkurrenz mit anderen Harmonisierungszielen

Der zweite große Problembereich betrifft Zielkonflikte, die entstehen, weil die EG-weite Vereinheitlichung der Körperschaftsteuersysteme anderen Maßnahmen, die der Errichtung des Gemeinsamen Marktes dienen, entgegenwirken kann. Das bedeutet, daß die Gemeinschaft sich auf dem Weg zum gemeinsamen Binnenmarkt u.U. selbst blokkieren kann, sobald versucht wird, möglichst viele bestehende Hindernisse gleichzeitig zu beseitigen. Folglich ist darauf zu achten, daß die Vereinheitlichung der Körperschaftsteuer systematisch mit den übrigen Maßnahmen abgestimmt wird. Dabei ist denjenigen Vorhaben eine hohe Priorität einzuräumen, die sich unmittelbar auf die Preise von Gütern und Dienstleistungen auswirken und damit für den Wettbewerb eine größere Verzerrung bedeuten als eine unterschiedlich hohe Gewinnbesteuerung der Kapitalgesellschaften. Zwar wirkt sich auch diese, wie gezeigt, erheblich auf den Wettbewerb aus, jedoch erst mittelbar über die Höhe des verfügbaren Nettogewinns und die Attraktivität der Selbstfinanzierung.

In erster Linie ist hierbei die Harmonisierung der indirekten Steuern zu nennen, und hierunter besonders die der Mehrwertsteuer. Wie bereits angedeutet, ist die Bedeutung dieser Steuern in einigen Ländern traditionell größer als gerade in der Bundesrepublik Deutschland. Aus diesem Grunde gelten in jenen Ländern auch meist deutlich höhere MWSt-Sätze als in Deutschland[11]. Hinzu kommt die unmittelbare Preiswirksamkeit, weswegen hier unzweifelhaft ein größerer Harmonisierungsbedarf besteht als bei der Körperschaftsteuer. Deren nachrangige Behandlung ist daher zunächst nicht zu vermeiden und muß hingenommen werden.

Die erwähnten Länder werden im Zuge der z.Zt. auf Gemeinschaftsebene mit der erforderlichen hohen Präferenz behandelten Harmonisierung der Mehrwertsteuer-Vorschriften auf z.T. erhebliche Einnahmen aus dieser Steuerart verzichten müssen, da der Richtlinienvorschlag der Kommission einen Regelsatz in Höhe von 14 - 20 Prozent vorsieht[12].

11 Eine Ausnahme bildet hier lediglich Spanien mit einem MWSt-Normalsatz von 12%; hingegen gelten in Frankreich, Griechenland, Italien, Portugal und Spanien für Luxusgüter erhöhte Sätze zwischen 22% und 38%.

12 Vgl. Kommission der Europäischen Gemeinschaften: Vorschlag einer Richtlinie des Rates zur Vervollständigung des Umsatzsteuersystems und zur Änderung der Richtlinie 77/388. In: Abl. der EG Nr. C 250/87.

Infolgedessen werden diese Länder bei den anderen Steuern, zu denen dann auch die Körperschaftsteuer gehören wird, versuchen, einen Teil der Einnahmeausfälle wieder hereinzuholen, und sich möglicherweise der allgemeinen Tendenz zur Senkung der Unternehmensteuern widersetzen. Dieser Umstand mag insofern in seinen Auswirkungen eingeschränkt sein, als viele der Länder mit heute hohen Mehrwertsteuersätzen bisher Körperschaftsteuern in nominal niedrigerer Höhe erheben (hier läßt sich das Beispiel Irlands anführen, welches einem Teil der Unternehmen bedeutende Tarifermäßigungen bei der KSt einräumt - vgl. Abschnitt 4.4) und die Körperschaft- wie überhaupt die direkten Steuern in diesen Ländern, gemessen am Sozialprodukt sowie am Gesamtsteueraufkommen, eine relativ geringe Relevanz haben[13], so daß hier Kompensationseffekte wirksam werden können.

Auf der anderen Seite ist die meist erst jüngst auf ein niedriges Niveau reduzierte KSt in der Absicht gesenkt worden, den Standort attraktiver zu machen und/oder die - z.T. auch aufgrund der geographischen Lage eingeschränkte - Wettbewerbsfähigkeit der Unternehmen der betreffenden Länder zu verbessern. Aus diesem Grunde ist anzunehmen, daß sich die Staaten, für die dies zutrifft[14], auch nicht bereitfinden werden, die Körperschaftsteuerlast der Unternehmen in nennenswertem Umfang zu erhöhen.

Dies alles zeigt, daß insgesamt aus diesem Umfeld beträchtlicher Konfliktstoff zu erwarten ist. Dazu trägt außerdem bei, daß sich die angeführten Haushaltsfolgen im einzelnen nicht quantitativ abschätzen lassen. Ist der Einfluß von Systemänderungen noch berechenbar, so können die erst daraus sich ergebenden sekundären Wirkungen, wie Änderungen des Ausschüttungsverhaltens oder der Unternehmensfinanzierung, nicht vorhergesagt werden[15]. Für das zu entwerfende Körperschaftsteuersystem folgt daraus, daß es sich zunächst nicht zuvorderst nach haushaltspolitischen Erfordernissen zu richten braucht, sondern weitgehend an steuersystematischen Idealvorstellungen orientiert sein kann. Zur Anpassung an Budgeterfordernisse bleibt systemseitig eine spätere konzertierte Tarifanpassung möglich; ferner stehen

---

13 Der Anteil der direkten Steuern am Gesamtsteueraufkommen betrug 1985/86 bei einem Durchschnitt aller EG-Länder von 51% in Griechenland nur 27.1%, Portugal 33.7% und in Frankreich 44.2% (Quelle: OECD Revenue Statistics 1985, eigene Berechnungen - vgl. S. 27, Fn. 8).

14 Es ist dies insbesondere Irland.

15 Vgl. Kommission der Europäischen Gemeinschaften: Bericht der Kommission an den Rat über die Aussichten einer Angleichung der Steuersysteme in der Gemeinschaft, a.a.O., S. 66.

Instrumente der Bemessungsgrundlagen-Veränderung zur Verfügung, die jedoch auch nur nach Absprache im Rat der EG oder in einem von diesem autorisierten Gremium genutzt werden sollen.

Es wird sich insoweit also um ein Idealsystem handeln, welches, sollte es im Rahmen der EG verhandelt werden, sicher einige pragmatisch orientierte Änderungen erfahren würde.

2.4 Einbeziehung weiterer Steuerarten

In einigen Staaten der Gemeinschaft haben die gewerblichen Unternehmen neben der Steuer auf ihr Einkommen weitere Steuern zu entrichten, die vom Betriebsvermögen, vom Ertrag sowie von weiteren Größen abhängen können. Ferner sind teilweise Kapitalverkehrsteuern in nicht unerheblichem Umfange zu entrichten.

In dem Bestreben, die Körperschaftsteuern hinsichtlich des Systems und möglichst auch der Bemessungsgrundlage zu harmonisieren, dürfen diese nicht übersehen werden. Es ist daher bereits die Forderung gestellt worden, zunächst die Steuer*arten*, dann erst die Systeme und Bemessungsgrundlagen (in dieser Reihenfolge) zu harmonisieren[16].

Solange die in einzelnen Staaten gegenwärtig hohen Ausmaße insbesondere der sog. ertragsunabhängigen Besteuerung nicht unterschritten werden, sind vergleichende Aussagen zur Unternehmensbesteuerung unter ausschließlicher Heranziehung von Ertragsteuern oder möglicherweise allein der Körperschaftsteuer unzulässig.

Daß gerade die ertragsunabhängige Besteuerung einen gewichtigen Einfluß auf die Gesamtbelastung der Unternehmen ausübt, kann besonders eindrucksvoll an den Beispielen Deutschlands und Frankreichs nachgewiesen werden[17]. Dadurch, daß sie in anderen Staaten niedriger liegt, entstehen Unterschiede in der Besteuerungsstruktur, die den

16 Vgl. Ritter, Wolfgang: Entwicklungstendenzen des internationalen Steuerrechts. In: BB, 39. Jg. (1984), H. 6, S. 353 - 360 (hier: S. 359). Ähnlich: Sivaprakasam, C.: Proposals for the Harmonization of Company and Dividend Taxation among EEC Countries. In: European Taxation, 16. Jg. (1976), S. 328 - 333 (hier: S. 330).

17 Vgl. Fischer, Lutz: Die ertragsunabhängige Besteuerung der Unternehmen - Eine Spezialität des deutschen Steuersystems? In: DB, 42. Jg. (1989), H. 8, S. 389 - 396 (hier: S. 395).

diesbezüglichen Handlungsbedarf umso größer werden lassen.

Will man weitgehend gleiche Wettbewerbsbedingungen erreichen, so erscheint also eine Angleichung aller Unternehmensteuern geboten, wobei hier einmal die indirekten (Umsatz- und speziellen Verbrauchsteuern) unbeachtet bleiben sollen. Selbst eine Betrachtung aller Ertragsteuern auf EG-Ebene ist nur von eingeschränktem Nutzen, solange nicht alle relevanten Steuern einbezogen werden. Sobald die Höhe der gesamten Unternehmensteuerbelastung diskutiert wird, dürfen also Gewerbeertrag- und -kapitalsteuer, betriebliche Vermögensteuer und Gesellschaftsteuer sowie die Grundsteuer keinesfalls ausgelassen werden.

Dieses Erfordernis wird umso offenbarer, wenn man sich die großen Unterschiede vergegenwärtigt, die in der Belastung durch zusätzliche (d.h. zusätzlich zur Einkommen- bzw. Körperschaftsteuer erhobene) Steuern zwischen den einzelnen EG-Mitgliedstaaten bestehen:

Die Länder, in denen eine regionale oder lokale Gewerbesteuer erhoben wird, sind Deutschland, Frankreich, Italien, Luxemburg und Spanien. Während in Frankreich die Gewerbesteuer (taxe professionelle) bis zu 30% der Bemessungsgrundlage betragen kann, beträgt sie in Luxemburg lediglich 12%. Dazu ist allerdings anzumerken, daß das luxemburgische Gewerbesteuerrecht, auch hinsichtlich der Bemessungsgrundlage, aus historischen Gründen stark an das deutsche angelehnt ist[18], während die Bemessungsgrundlage der französischen Gewerbesteuer sich aus dem Mietwert des Anlagevermögens und einem Teil der Lohnsumme zusammensetzt[19]. Sie trägt insofern Züge sowohl einer Substanz- als auch einer "Steuer auf die Ertragskraft" des Unternehmens, soweit die Lohnsumme zu diesem Zweck einmal als ein möglicher Indikator für das Ertragspotential herangezogen werden kann.

---

18 Nach der Besetzung Luxemburgs wurde das deutsche Steuerrecht durch großherzoglichen Beschluß vom 26. Oktober 1944 zu großen Teilen übernommen. Spätere Steuerrechtsänderungen wurden freilich nicht synchron vorgenommen. Vgl. Mennel, Annemarie (Hrsg.): Steuern in Europa, USA, Kanada und Japan, Herne, 1981 ff. (Loseblattsammlung): "Luxemburg", S. 6.

19 Zu den Angaben über Steuern, die über die KSt hinaus in einigen EG-Staaten erhoben werden, vgl. Bundesministerium der Finanzen: Die wichtigsten Steuern im internationalen Vergleich. In: Informationsdienst zur Finanzpolitik des Auslands Nr. 1/1989 v. 17. Oktober 1989.

Nur zwei Länder innerhalb der EG, nämlich Deutschland und Luxemburg, kennen eine betriebliche Vermögensteuer für juristische Personen, die auch in beiden Fällen nicht von der Bemessungsgrundlage der Körperschaftsteuer abziehbar ist.

Wenn es also auch nur wenige Länder sind, die diese Zusatzsteuern erheben, so sind doch die Konflikte, die um ihre Einbeziehung in die Harmonisierungsbestrebungen entstehen dürften, absehbar. Dies trifft um so mehr zu, als die Gewerbesteuern in allen Fällen Gemeindesteuern sind und diese Gebietskörperschaften, wie bereits erörtert, nicht darauf verzichten werden. Um diesem Manko abzuhelfen, müßte ein bestimmter Aufteilungsmodus für die verbleibenden Steuern auf die einzelnen Gebietskörperschaften erarbeitet werden.

Große Unterschiede bestehen auch bei der Gesellschaftsteuer. Zwar wird sie mit Ausnahme Großbritanniens in allen Mitgliedstaaten der EG erhoben, wobei sie in Deutschland mit Wirkung vom 1.1.1992 aufgehoben wird. Doch nicht nur die Bemessungsgrundlagen differieren erheblich, sondern darüber hinaus hat diese Steuer in einigen Ländern den Charakter einer Stempelsteuer auf Aktienemissionen und wird in anderen Fällen als eine Art "Registergebühr für die Eintragung einer Gründung oder Kapitalerhöhung" verstanden. Da die Gesellschaftsteuer die Bildung von Eigenkapital belastet, wirkt sie tendenziell eigenkapitalfeindlich und trägt zur weiteren Verzerrung des Gesamtbildes der Unternehmensbesteuerung durch Einschränkung der Finanzierungsneutralität bei. Auch sie ist im Zusammenhang mit einer Vereinheitlichung der Unternehmensbesteuerung zu betrachten.

Die Vielzahl der in eine Angleichung der Unternehmensteuern einzubeziehenden Steuerarten läßt eine Harmonisierung im Europäischen Rahmen in zeitlichem Zusammenhang mit der Realisierung des Binnenmarktes unwahrscheinlich erscheinen. Aufgrund der Unübersichtlichkeit, die durch Überschneidung der Kompetenzen verschiedener Gebietskörperschaften hinsichtlich der Ausgestaltung der einzelnen Steuern entsteht, liegt die Vermutung nicht fern, daß die Unterschiede in der effektiven Belastung der Unternehmen mit der Vereinheitlichung auf dem Gebiet einer einzelnen Steuer nicht kleiner werden; eher treten die auf anderen Gebieten bestehenden Unterschiede deutlicher zutage.

Es dürfte jedoch politisch unmöglich sein, sämtliche der genannten Steuern, die auch nur die wichtigsten sind, in einem System "aus einem Guß" EG-weit zu vereinheitlichen. Deswegen ist es sinnvoll, mit der wichtigsten, weil die größten Beträge ausmachenden Ertragsteuer der Kapitalgesellschaften, nämlich der Körperschaftsteuer, zu beginnen. Eine Vereinheitlichung der Körperschaftsteuer - sowohl der Systeme als auch der Bemessungsgrundlagen - spricht insoweit nicht gegen einen späteren Versuch, auch die übrigen hier angesprochenen Unternehmensteuern in die Gesamtschau einzubeziehen.

Es sei angemerkt, daß die Dringlichkeit harmonisierender Maßnahmen besonders aus deutscher Sicht hoch ist. Hier nämlich treffen eine relativ hohe Ertragsbesteuerung und eine im internationalen Vergleich hohe ertragsunabhängige Besteuerung aufeinander. Schon letztere allein signalisiert Reformbedarf. Hinsichtlich der nicht gewinnabhängigen Steuern ist ferner festzustellen, daß deren nachteilige Wirkung im Wettbewerb umso stärker hervortritt, je niedriger der Gewinn ausfällt. Damit werden insbesondere Unternehmen in der Gründungs- und Aufbauphase, während derer i.d.R. über einige Jahre kein Gewinn erzielt wird, durch diese Steuern unangemessen belastet.

Diese nachteiligen Wirkungen bedrohen die nach dem Beitritt der ostdeutschen Länder zur Bundesrepublik Deutschland in der Sanierung befindlichen Unternehmen in besonderem Maße. Der aus dieser Erkenntnis heraus bereits erfolgte Grundsatzbeschluß zur Abschaffung der betrieblichen Vermögensteuer und der Gewerbekapitalsteuer in Deutschland und deren Aussetzung in Ostdeutschland ab Jahresbeginn 1991[20] ist aus den vorab erörterten Gründen auch als Schritt in Richtung auf eine Harmonisierung der Unternehmensteuern in Europa zu begrüßen.

2.5 Ergebnis

Als Gesamtergebnis der hier erörterten, sich im Rahmen einer Vereinheitlichung der körperschaftsteuerlichen Systeme ergebenden Problematik ist abschließend folgendes festzuhalten:

1. Die bei der Errichtung eines EG-einheitlichen Körperschaftsteuersystem zu überwindenden Hindernisse sind vielschichtig und komplex; insbesondere mit Blick auf die Schwierigkeiten bei der derzeit hauptsächlich betriebenen Harmonisierung der indirekten

---

20 Vgl. o.V.: Dokumentation Koalitionsvereinbarungen. In: HB Nr. 12 vom 17.1.1991, S. 4 und 6.

Steuern ist abzusehen, daß eine Einigung wesentlich davon abhängt, ob die Staaten in der Lage sind, ihre nationalen Interessen zugunsten des Gemeinschaftsinteresses zurückzustellen.

2. Andere Harmonisierungsziele, besonders die der indirekten Steuern, stehen einer Vereinheitlichung der direkten Steuern und damit der Körperschaftsteuer unter anderem aus budgetären Gründen entgegen.

3. Eine Annäherung der Körperschaftsteuersysteme ist zwar ein wichtiger Schritt auf dem Wege zu mehr Wettbewerbsneutralität, sie macht langfristig jedoch nur dann Sinn, wenn zuvor oder spätestens gleichzeitig eine Einigung über die Bemessungsgrundlagen herbeigeführt wird. Ferner ist eine Einbeziehung sämtlicher steuerlicher Belastungen der Unternehmen und ihrer Erträge in eine Gesamtlösung anzustreben.

4. Dennoch ist es, auch unabhängig von den eben genannten Faktoren, sinnvoll, die Vereinheitlichung der Körperschaftsteuersysteme voranzutreiben. Eine Angleichung der Systeme wird durch die angeführten Probleme weder unmöglich noch verliert sie dadurch ihren Sinn; im Gegenteil kann auf diese Weise immerhin versucht werden, einen der die Wettbewerbsneutralität behindernden Tatbestände zu beseitigen.

3. Teil
Zum Begriff "Körperschaftsteuersystem"

3.1 Notwendigkeit der Begriffsklärung

Auch in der wissenschaftlichen Literatur, die sich mit dem Thema "Steuersystematik" befaßt, wird dieser Begriff zwar häufig verwendet, aber nur selten erläutert. Sein Inhalt wird als bekannt vorausgesetzt und dabei nicht beachtet, daß er durchaus interpretationsfähig ist. Ein Grund dafür ist sicherlich, daß der Begriff "Steuersystem" oder auch -spezieller- "Körperschaftsteuersystem", selbst als Erklärung für andere Sachverhalte, Phänomene und Zusammenhänge verwandt wird.

Abgesehen davon, daß es eine allgemeine Notwendigkeit ist, einen Begriff abzugrenzen, bevor er, wie das in der vorliegenden Arbeit geschehen soll, mit Leben erfüllt wird, ist es in diesem konkreten Fall umso wichtiger. Das liegt daran, daß unter einem "Körperschaftsteuersystem" oft lediglich die Behandlung der von den Steuersubjekten ausgeschütteten Gewinne hinsichtlich ihrer einkommen- und körperschaftsteuerlichen Doppelbelastung verstanden wird. Darüber hinaus werden in einigen Fällen noch einige weitere damit im Zusammenhang stehende Regelungsbedürfnisse, wie z.B. die Gliederung des verwendbaren Eigenkapitals, als Bestandteil des Körperschaftsteuersystems angesehen; weitergehende Betrachtungen fallen regelmäßig nicht mehr unter den Oberbegriff "System"[1].

Es ist jedoch im Hinblick auf den Entwurf eines gemeinsamen, EG-weiten Systems der Körperschaftsteuer erforderlich, die systembedingten Bestandteile dieser Steuer zu erfassen und einer gemeinsamen Basis näherzubringen. Dies gilt insbesondere auch mit Blick darauf, daß in der politischen wie akademischen Diskussion die Harmonisierung der Steuern immer auf zwei klar voneinander abgegrenzten Feldern betrieben wird. Dies ist zum einen die Bemessungsgrundlage und zum anderen "das System". Zwar ist anzustreben, daß die Vorschriften zur Ermittlung der Bemessungsgrundlage im System Rückhalt finden, also systemkonform ausgestaltet werden,

---

1 Diese Sichtweise macht sich auch der Steuer- und Finanzausschuß der EWG-Kommission zu eigen: Vgl. Neumark-Bericht, a.a.O., S. 25 ff. Gleiches gilt für die Steuerreformkommission: Vgl. deren Gutachten, Schriftenreihe des Bundesministeriums der Finanzen, H. 17, Bonn, 1971.

sie sind damit jedoch lediglich Ausfluß des Systems, nicht aber dessen innerer Bestandteil.

Aus dieser Zweiteilung folgt unmittelbar, daß alle Einzelprobleme, die nicht als Bestandteil des Bereichs "Bemessungsgrundlage" gelten, konsequenterweise in das Gebiet "System" gehören.

Dieses umfaßt damit ohne Zweifel mehr als nur die Frage, wie die Doppelbelastung von Dividenden gehandhabt und möglicherweise zu bestimmten Teilen vermieden wird. Nachfolgend soll deswegen eine Abgrenzung des Begriffes "Steuersystem" und darauf aufbauend des Körperschaftsteuersystems unternommen werden.

3.2 Was ist ein Steuersystem?

"System" oder "Systematik" bedeutet, daß Einzelheiten in einem die Bestandteile ordnenden Überbau zusammengefaßt sind, wobei die einzelnen Bestandteile nicht nur in einer Beziehung zum Überbau stehen, sondern auch untereinander in Beziehungen treten können.

Demzufolge kann ein Steuersystem also zunächst allgemein als "sinn- und sachgerechte Gliederung der Steuern in einem ordnenden Überbau"[2] definiert werden. Die besondere Systematik liegt dabei in der "Beziehungslehre der Steuerformen"[3], womit die o.a. Erscheinung gemeint ist, daß die Einzelsteuern und Steuerarten untereinander in Wechselwirkungen treten.

Dabei sollen die Steuern eines Systems im Idealfall so aufeinander abgestimmt sein, daß sie einander ergänzen, wenigstens jedoch ohne Widersprüche zueinander sind, um die mit der Besteuerung angestrebten Ziele zu erreichen[4]. Dazu gehört auch eine Art "Selbstkontrolle" des Systems, d.h., daß Ausweich- und Steuerumgehungs-

2 Vgl. Schmölders, Günter in Strickrodt, Georg; Wöhe, Günter u.a. (Hrsg.): Handwörterbuch des Steuerrechts und der Steuerwissenschaften, 2. Aufl., München, 1981, S. 1399 f. Hier wird der Begriff "Systematik" unter Zuhilfenahme seiner selbst erklärt; daher an dieser Stelle die Vokabel "ordnend" statt "systematisch".

3 Vgl. Schmölders, Günter; Hansmeyer, Karl-Heinrich: Allgemeine Steuerlehre, 5. Aufl., Berlin, 1980, S. 227f.

4 ebenda, S. 238 ff.

tatbestände nach Möglichkeit durch entsprechende Vorkehrungen des Systems auszuschließen sind.

Die Ziele der Besteuerung im einzelnen sollen an dieser Stelle nicht erörtert werden. Es sei jedoch darauf hingewiesen, daß diese nicht ausschließlich fiskalischer Art sind bzw. zu sein brauchen. Vielmehr sind sie häufig auch verteilungs- oder beschäftigungspolitischen Ursprungs. Entsprechend sind auch die Anforderungen an ein Steuersystem je nach dem verfolgten Primärziel sehr verschieden, ferner hängt der Inhalt, mit dem der Begriff "Steuersystem" belegt wird, zunächst einmal von dem Gebiet ab, auf dem sich die jeweilige Definition bewegt. D.h., daß der Systembegriff in der Finanzwissenschaft z.B. ein anderer sein kann als in der Rechtswissenschaft, ein für die Frage nach dem Steuersystem zweifellos bedeutender Unterschied.

Im Bereich des Steuerrechts, also eines *Rechts*systems, scheint der Aspekt der gegenseitigen Wechselwirkungen besonders bedeutend, da einzelne Steuerarten sinnvoll und sachgerecht in das steuerrechtliche Gesamtsystem wie auch das übrige Rechtssystem eingebettet sein sollten und dabei zwischen den einzelnen Steuerarten, teilweise auch innerhalb einer Steuerart zwischen einzelnen Unter- (z.B. Einkunfts-)arten, zahlreiche wechselseitige Beziehungen auftreten.

Ergo verlangt die Rechtswissenschaft von einem geschlossenen Steuersystem neben einer äußeren Gliederung ("äußeres System"[5]) und der schlüssigen Einordnung in das übrige Rechtssystem auch eine strukturelle, innere Ordnung. Doch auch dieser Begriff bedarf der Interpretation. *Bayer*[6] versteht darunter beispielsweise eine Gliederung des Rechtsgebietes "Steuerrecht" in einer Weise, die die "Eigenarten des zu gliedernden Rechtsstoffes klar hervortreten"[7] läßt. So sei es möglich, das Gesamtgebiet in einen allgemeinen und einen besonderen Teil zu untergliedern, deren erster die Gebiete Allgemeines Steuerverfassungs-, -schuld-, -verwaltungs-, -prozeß- und -strafrecht, deren letzterer dagegen das Recht der Einzelsteuern umfaßt.

Das "innere System" sollte jedoch nicht nur durch rechtssystemati-

---

5 Vgl. Tipke, Klaus, Lang, Joachim: Steuerrecht, 12. Aufl., Köln 1989, S. 15.

6 Vgl. Bayer, Hermann-Wilfried: Das System des Steuerrechts. In: BB 1975, S. 569 - 577.

7 Ebenda, S. 573.

sche Geschlossenheit, sondern auch durch die Einhaltung der verschiedenen der Besteuerung zugrundeliegenden Prinzipien und Leitlinien getragen sein. Dazu gehören etwa das Rechtsstaatsprinzip, das Prinzip der Besteuerung nach der wirtschaftlichen Leistungsfähigkeit und das Prinzip der Gleichmäßigkeit der Besteuerung[8]. Als Folge der durchgängigen Beachtung dieser Prinzipien soll sich ein innerlich geschlossenes Gebilde - eben ein System -, "frei von Widersprüchen, Lücken und Überschneidungen"[9] ergeben.

Der Aspekt der Prinzipientreue liegt auch dem finanzwissenschaftlichen Steuersystembegriff zugrunde, jedoch unter Heranziehung abweichender Leitlinien. Steuersysteme können danach - als einem möglichen Einteilungskriterium - entweder dem Äquivalenzprinzip oder dem Prinzip der Besteuerung nach der wirtschaftlichen Leistungsfähigkeit folgen, wobei sich beide gegenseitig ausschließen. Durch diese Prinzipien soll jeweils eine Grundrichtung vorgegeben werden, an der sich die gesamte Besteuerung auszurichten hat[10].

Andererseits wird eine Gruppeneinteilung verschiedener Prinzipien und Grundsätze versucht[11], was zu einer äußerst dezidierten Aufgliederung allein der der Besteuerung zugrundeliegenden Ordnungsgrundsätze führt. Demzufolge müssen sich auch innerhalb dieser Systematisierung einzelne Grundsätze geradezu widersprechen. Dies geschieht indessen durchaus absichtsvoll, denn von einem alternativen Begriffspaar (Beispiel: Leistungsfähigkeits- und Äquivalenzprinzip; Prinzipien der Kapitalimport- und Exportneutralität) soll im steuersystematischen Idealfall nur jeweils *ein* Teil - und dieser durchgängig - Beachtung finden.

In dieser Systematisierung der Ordnungsprinzipien nach *Neumark* gibt es eigens ein Postulat der "Widerspruchslosigkeit und Systemhaftigkeit"[12], obgleich sich die Ordnung und Systematik aus den übrigen Grundsätzen und deren Einhaltung ergibt. Doch scheint

---

8 Vgl. zu den verschiedenen Besteuerungsprinzipien unten, Abschnitt 5.2.3

9 Tipke/Lang, a.a.O.; vgl. auch Tipke, Joachim: Steuerrecht - Chaos, Konglomerat oder System? In: StuW 1971, S. 2 - 17.

10 So z.B. Haller, Heinz: Die Steuern - Grundlinien eines rationalen Systems öffentlicher Abgaben, 3. Aufl., Tübingen, 1981; S. 13 ff. - Im folgenden zitiert als: Haller: Die Steuern.

11 Vgl. Neumark, Fritz: Grundsätze gerechter und ökonomisch rationaler Steuerpolitik, Tübingen, 1970; S. 335 ff. Im folgenden zitiert als: Neumark, Grundsätze ...

12 ebenda, S. 336.

diese Forderung in Kenntnis der Entstehungsgeschichte und des Aufbaus des gegenwärtigen deutschen "Steuersystems" berechtigt: Eine solche Steuerrechtssammlung ist immer das Ergebnis von Kompromissen und damit teilweiser Mißachtung wenigstens eines der Grundprinzipien.

In der Finanzwissenschaft hat sich jedoch zusätzlich zum Postulat der Grundsatz- und Prinzipientreue, entwicklungsgeschichtlich bedingt, eine Einteilung der Steuersysteme in zwei Gruppen herauskristallisiert. Diese sind auf der einen Seite die sog. "rationalen", d.h. bewußt und ad hoc geschaffene und andererseits die Gruppe der gewachsenen, sog. "historischen" Systeme[13].

Rationale Steuersysteme können kurz dadurch charakterisiert werden, daß ihre innere Abstimmung anhand politischer, wirtschaftlicher und/oder wissenschaftlicher Vorgaben in bestimmter Absicht vorgenommen wird[14]. Von historischen Systemen kann hingegen gesagt werden, daß ihr Gefüge im Laufe einer längeren Entwicklung entstanden ist. Aus diesem Grunde kann hierbei eigentlich nur in Ausnahmefällen von einem "System" im o.a. Sinne gesprochen werden; zu sehr ist in solchen Gebilden der Einfluß spürbar, den politische Tendenzen zu verschiedenen Zeiten unter verschiedenen Gesetzgebern ausgeübt haben. Im Schrifttum ist deshalb für solcherart entstandene Steuerordnungen der Begriff "Steuerverfassungen" geprägt worden[15].

Will man das deutsche Steuersystem der Gegenwart in eine dieser Gruppen einordnen, so kann es allenfalls als "historisches System" angesehen werden; jedoch tritt, insbesondere im Einkommensteuerbereich, sehr stark die Neigung zutage, das Steuerrechtsgefüge für kurzfristige politische Ziele zu ge- oder - im Sinne einer konsequenten Systematik gesprochen - gar zu "mißbrauchen": So ist die Anpassung von Steuersätzen für konjunkturpolitische Zwecke durchaus beabsichtigt[16].

Bisweilen wird unter einem Steuersystem auch lediglich eine zweck-

---

13 Vgl. z.B. Schmölders; Hansmeyer, a.a.O., S. 228 ff.; Kolms, Heinz: Finanzwissenschaft Teil II. 4. Aufl., Berlin, 1974, S. 87 ff.

14 Vgl. Schmölders; Hansmeyer, a.a.O., S. 231 ff.

15 Haller, Heinz: Rationale Steuersysteme und Bestimmungsgründe empirischer Steuerverfassungen. In: Neumark, Fritz (Hrsg.): Handbuch der Finanzwissenschaft, Bd. II. 3. Aufl., Tübingen, 1983; S. 188.

16 Vgl. §§ 6 Abs. 1, 15 Abs. 4 StabG i.V.m. § 51 Abs. 3 EStG.

mäßige Einteilung der verschiedenen Steuern in Gruppen verstanden[17]. Diese Sichtweise genügt jedoch nicht den Anforderungen an den Inhalt eines Systems, da sie das bereits erwähnte Beziehungsgeflecht außer acht läßt. Sie gibt sich vielmehr damit zufrieden, das Nebeneinander verschiedener Steuern und Steuerarten zu *beschreiben*, ohne erklären oder gestalten zu wollen.

Es ist deutlich geworden, daß es eine bestimmte, allgemeingültige Definition des Steuersystembegriffs nicht gibt. Vielmehr wird dieser Terminus je nach dem Feld, auf welchem man sich bewegt, mit verschiedenen Inhalten belegt. Die verschiedenen Interpretationen gleichen sich jedoch darin, daß ihnen als Hauptgedanke jeweils die Durchgängigkeit und gegenseitige Abstimmung einzelner Regelungen übergeordnet ist.

3.3 Zum Begriff des Körperschaftsteuersystems und seinen Bestandteilen

3.3.1 Das Körperschaftsteuersystem als Teil des steuerlichen Gesamtsystems

Aufbauend darauf, daß ein Körperschaftsteuersystem ein Bestandteil des Gesamtsteuersystems zu sein hat, sollen nunmehr die einzelnen Teile bestimmt werden, aus denen ein solches Subsystem besteht. Dies ist notwendige Voraussetzung, um ein solches Körperschaftsteuersystem entwickeln zu können.

Ebenso, wie es keine einheitliche Definition für das Steuersystem schlechthin gibt, existiert keine generelle Belegung des Begriffs "Körperschaftsteuersystem". Es ist daher erforderlich, zur Abgrenzung der Aufgabe der vorliegenden Arbeit hierzu eine Klärung herbeizuführen und damit festzulegen, welche Komponenten des Körperschaftsteuerrechts harmonisiert zu werden haben.

Der Ausdruck "Körperschaftsteuersystem" ist insofern mit dem des allgemeinen Steuersystems vergleichbar, als es auch hier um die Frage sowohl nach einer übergreifenden Ordnung als auch nach der inneren Geschlossenheit und Konsequenz geht. Das anzustrebende

---

17 Vgl. z. B. Klunzinger, Eugen; Behrens, Horst: Steuern vom Einkommen und vom Vermögen. 2. Aufl., München, 1977, S. 14 ff.

System der Körperschaftsteuer wird ähnlichen Grundsätzen folgen müssen wie das Gesamtsystem. Daraus ergibt sich, daß es ein in sich schlüssig und widerspruchslos aufgebautes, bestimmten Prinzipien folgendes und sich in das steuerliche Gesamtsystem einfügendes Grundgerüst für die Besteuerung der juristischen Personen zu sein hat.

Dabei ist grundsätzlich jede langfristig fixe körperschaftsteuerliche Determinante einzubeziehen, die nicht Bestandteil der Einkommensermittlung (Bemessungsgrundlage) ist. Auf diese Weise wird gewährleistet, daß das System keine Eingriffe in Form kurzfristig motivierter Veränderungen zu tragen hat.

Dies dient zwei Zielen: Einmal der Erhöhung der Sicherheit von Steuerplanungen der Unternehmungen, zum zweiten soll es einzelne der Gemeinschaft angehörende Staaten daran hindern, sich kurzfristig Standortvorteile gegenüber anderen Ländern zu verschaffen.

Mit dieser Fixierung der Systemkomponenten wird gleichzeitig die Anwendung eines der verschiedenen sog. Harmonisierungsverfahren abgelehnt.

Die Entwicklung solcher standardisierter Verfahren zur Steuerharmonisierung, wie sie der "Differentials Approach" und der "Standards Approach"[18] darstellen, ist an sich ein positiver Ansatz. Nachteil dieser Verfahren aus steuersystematischer Sicht ist jedoch, daß mit ihnen in erster Linie die Erreichung bestimmter gesamtwirtschaftlicher Ziele in der Weise angestrebt wird, daß in allen beteiligten Ländern eine etwa gleiche Wirtschaftsentwicklung und gemeinschaftsweit eine gleiche, hohe Allokationseffizienz erreicht werden soll. Hierzu soll das Steuersystem so eingesetzt werden, daß Ungleichheiten auf diesen Gebieten praktisch ausgeglichen werden.

Erreicht wird dadurch das Gegenteil des Ziels der Körperschaftsteuerharmonisierung: Unterschiedliche Besteuerungssysteme für wirtschaftlich gleiche Sachverhalte in verschiedenen Mitgliedstaaten.

In der großen Mehrheit der Fälle, in denen vom "Körperschaftsteuersystem" die Rede ist, wird dieser Begriff auf die Problematik im Zusammenhang mit der Doppelbelastung der ausgeschütteten Gewinne

18 Vgl. Dosser, Douglas: Economic Analysis of Tax Harmonization. In: Shoup, Carl S. (Hrsg.): Fiscal Harmonization in Common Markets, a.a.O., Bd. I, S. 1 - 143 (33 ff.)

von Kapitalgesellschaften - auf der Gesellschaftsebene mit Körperschaft- und auf der Ebene des Anteilseigners mit dessen individueller Einkommensteuer - reduziert. So wird i.d.R. vom "klassischen System", "Anrechnungssystem" oder vom "System des gespaltenen Satzes" gesprochen, um die drei populärsten Beispiele zu nennen - ohne an dieser Stelle auf deren Inhalt und mögliche Ausgestaltungsformen eingehen zu wollen.

Mag diese Betrachtungsweise im Einzelfall ausreichen bzw. zutreffend sein, so ist doch bei der Entwicklung eines für alle Staaten der Europäischen Gemeinschaft verbindlichen Körperschaftsteuersystems ein anderer Maßstab anzulegen. Zwar stellt die Anrechnungsproblematik den schwierigsten Einzelaspekt dar, zumal in diesem Bereich auch die größten Unterschiede, nicht zuletzt im Hinblick auf das Steueraufkommen liegen. Doch gehören einige weitere Punkte unabdingbar zum Inhalt des Begriffs "System" der Körperschaftsteuer.

Die Betrachtung der Doppelbelastungsproblematik als allein systembestimmend rechtfertigt darüberhinaus auch noch nicht die Verwendung der Bezeichnung "System" im Sinne einer in sich geschlossenen Einheit, wie oben[19] ausgeführt. Hier ist eher die Benutzung des Wortes "Verfahren" angemessen, wie es ja auch in dem Begriff "Anrechnungsverfahren"[20] zum Ausdruck kommt.

Im Sinne der o.a. Einteilung in rationale und historische Systeme wird es sich hier um ein rationales Subsystem handeln. Zwar werden Komponenten aus verschiedenen historisch gewachsenen Systemen einfließen, doch soll insgesamt ein in sich geschlossenes, neues Regelwerk entstehen, dessen Einzelteile in einer deren Zweck entsprechenden Weise aufeinander abgestimmt sind.

3.3.2 Systemkomponenten

Um ein System der Körperschaftsteuer entwerfen zu können, das den hier diskutierten Anforderungen entspricht, sind die nachfolgend erörterten Komponenten zu beachten und aufeinander abzustimmen.

Es handelt sich um die nicht mit der Berechnung des zu versteuernden Einkommens in direktem Zusammenhang stehenden, langfristig unveränderlichen Determinanten der Körperschaftsteuer.

---

19 Vgl. oben Abschnitt 3.1.2.

20 Vgl. §§ 27 ff. des deutschen KStG.

a) Steuersubjekt

Die Erfordernis einer einheitlichen Regelung im Hinblick auf die mit einer Körperschaftsteuer zu belegenden Subjekte ist evident. Ein ungehinderter Wettbewerb ist solange nicht möglich, wie in einigen Mitgliedstaaten der EG ausschließlich juristische Personen, also insbesondere Kapitalgesellschaften, dieser Steuer unterliegen, in anderen aber auch Personengesellschaften davon erfaßt werden.

b) Tarif

Der Tarif wird im vorliegenden Fall zum Systembestandteil, obgleich er wenigstens hinsichtlich der Höhe eine kurzfristig auf einfache Weise zu variierende Größe ist. Es ist indes außerordentlich wichtig, daß gerade im Tarifbereich eine Einigung stattfindet, zumal die Belastungsdiskussion zu wesentlichen Teilen auf die nominale Tarifbelastung beschränkt ist. Die Einbeziehung des Tarifs ist also neben der sachlichen Notwendigkeit auch aus gleichsam psychologischen Gründen bedeutungsvoll.

Neben der Höhe des Steuersatzes bzw. der Steuersätze werden unter diesem Punkt aber auch Fragen zu beantworten sein, die sehr eindeutig systembezogen sind. Dazu zählen die nach einer möglichen Spaltung des Steuersatzes sowie die eventuelle Einführung einer Progression in den Körperschaftsteuertarif.

c) Problematik der wirtschaftlichen Doppelbelastung ausgeschütteter Gewinne

Dieses schon mehrfach als "Urbegriff" des körperschaftsteuerlichen Systemgedankens angesprochene Gebiet ist der zentrale Bestandteil des Systems. Es wird herauszufinden sein, wie weit und in welcher Weise die ausgeschütteten Gewinne von der Körperschaftsteuer entlastet werden sollen. Alternativ existiert eine Reihe von Reformvorschlägen, die die Körperschaftsteuer z.T. gänzlich abgeschafft sehen wollen. Auch diese sollen einer Prüfung unterzogen werden.

Dieser Aspekt darf nur im Zusammenhang mit der Tarifgestaltung gesehen werden, denn beide haben Einfluß auf die Höhe des einem Anteilseigner letztlich von der Gewinnausschüttung verbleibenden Teils, also die Nettorendite der Anteile an einer Kapitalgesellschaft. Ferner bestimmen beide Parameter gemeinsam den Umfang des überhaupt für Ausschüttungen zur Verfügung stehenden Eigenkapitals. Dieser Aspekt ist dann von besonderer Bedeutung, wenn eine Entlastung der Dividenden von der Körperschaftsteuer auf Gesellschaftsebene erfolgt.

d) Behandlung verbundener Unternehmen

Von einer einheitlichen Regelung dieses Problemkreises hängt nicht nur die Angleichung der Wettbewerbschancen von Gesellschaften aus verschiedenen Mitgliedsländern bei Gründung von Tochtergesellschaften im EG-Ausland ab, sondern durch entsprechende Gesetzgebung kann u.U. auch einer weiteren Konzentration Vorschub geleistet werden. Dieser Ambivalenz muß genauso Rechnung getragen werden wie einer möglichst anzustrebenden steuerlichen Gerechtigkeit im Sinne einer Vermeidung der Mehrfachbesteuerung von Tochter-Mutter-Dividenden.

4. Teil
Vergleichende Betrachtung der körperschaftsteuerlichen Systemkomponenten in den EG-Mitgliedstaaten

4.1 Einführung

Der nun folgende Teil soll einen Überblick über die derzeit in der Europäischen Gemeinschaft geltenden Körperschaftsteuersysteme geben. Um die Kongruenz mit den nachfolgenden Teilen der Arbeit zu sichern, wird dies nicht länderweise, sondern anhand der im dritten Teil bestimmten Systemkomponenten geschehen. Die Ausprägungen, die die einzelnen Systemkomponenten dabei in den einzelnen Ländern erhalten, werden einer kritischen Betrachtung unterzogen.

Bei der Frage nach den Steuersubjekten wird es also zunächst darum gehen, zu klären, welche juristischen Personen der Körperschaftsteuer jeweils unterliegen und wie diese Subjektabgrenzung sich evtl. bei unbeschränkter und beschränkter Steuerpflicht unterscheidet. Dabei werden naturgemäß solche Rechtsgebilde den Schwerpunkt bilden, die regelmäßig für gewerbliche Aktivitäten Verwendung finden. Demzufolge sollen Körperschaften, mit denen andere - beispielsweise gemeinnützige - Ziele verfolgt werden, nicht Gegenstand der Betrachtung sein.

Im Anschluß daran wird ein Überblick über die verschiedenen Tarife gegeben. Dieser Abschnitt betrifft nicht nur die Höhe der Steuersätze, sondern auch die Tarifformen wie z.B. den Einbau progressiver oder degressiver Elemente in die Körperschaftsteuertarife. Ferner ist die mögliche Abhängigkeit der Steuersätze von der Gewinnverwendung zu untersuchen und die Existenz von Sondertarifen für einzelne Unternehmensgruppen oder sonstige Sachverhalte darzulegen.

Darüber hinaus wird eine Übersicht über die einzelnen in der Europäischen Gemeinschaft gebräuchlichen Verfahren zur Entlastung der Gewinnausschüttungen von der Körperschaftsteuer sowie über Erleichterungen bei der Konzernbesteuerung gegeben.

Als weitere Komponenten der Gewinnbesteuerung bei Kapitalgesellschaften sind die Kapitalertragsteuern zu betrachten. Bedeutung haben aber auch die übrigen Steuern wie Gewerbe- und Vermögensteuer, soweit diese existieren. Da sie erstens nicht in allen Ländern und zweitens in einer Reihe verschiedener Ausprägungen vorkommen, beeinträchtigen sie die Vergleichbarkeit der Unternehmensbesteuerung allein auf der Basis der Körperschaftsteuern und haben einen erheblichen Einfluß auf die Gesamtsteuerlast der Unternehmen. Sie sollen deswegen eine kritische Würdigung erfahren.

Zuvor muß jedoch geklärt werden, inwieweit es in den Mitgleidstaaten der EG überhaupt eine Körperschaftsteuer gibt oder ob und ggf. wie die Ertragsbesteuerung juristischer Personen in anderer Weise vorgenommen wird. Dazu ist als ein erster Schritt festzulegen, was hierfür als Körperschaftsteuer anzusehen ist, um einen Vergleichsmaßstab zu schaffen und sie gegen andere Steuerarten, insbesondere die Einkommensteuer, abzugrenzen.

4.2 Ausprägungen der Körperschaftsteuer

4.2.1 Allgemeines

Als Körperschaftsteuern sollen solche Steuern angesehen werden, die das Einkommen juristischer Personen als Staatssteuer unabhängig von der Art ihrer gewerblichen oder auch nicht-gewerblichen Tätigkeit belasten. Es muß sich dabei um eine besondere, von der Einkommensteuer natürlicher Personen zu unterscheidende Steuer handeln. Damit wird man dem Umstand gerecht, daß die Steuerbemessungsgrundlage bei natürlichen Personen und Personengesellschaften auf die Gesellschafter verteilt und bei diesen versteuert wird, während der Gewinn der Körperschaften zunächst auf der Gesellschaftsebene besteuert wird. Dadurch kommt auch für ertragsteuerliche Zwecke zum Ausdruck, daß es sich hierbei um Gesellschaften mit eigener Rechtspersönlichkeit handelt.

Eine so zu kennzeichnende Steuer ist in mit Ausnahme Griechenlands in allen EG-Staaten anzutreffen und weist hier innerhalb der einzelnen Systemmerkmale nur graduelle Unterschiede auf. Die Fälle Griechenlands und Italiens bedürfen einer besonderen Betrachtung, da die Besteuerung juristischer Personen in diesen Staaten stärker von den Verhältnissen in den übrigen Ländern abweicht; Portugal betreffend soll kurz auf die neuere Entwicklung eingegangen werden.

4.2.2 Italien

Zur italienischen Körperschaftsteuer ist anzumerken, daß sie sich aus zwei Steuerarten zusammensetzt. Dies ist erstens die "gewöhnliche"

Körperschaftsteuer (sog. Steuer auf die Gewinne juristischer Personen, Imposta sul Redditto delle Persone giuridiche, IRPEG) und zweitens die lokale Einkommensteuer (Imposta locale sui Redditti, ILOR)[1]. Zwar betrifft diese lokale Steuer neben den juristischen Personen und anderen Gewerbetreibenden auch natürliche Personen. Sie ist aber bei den juristischen Personen dennoch als ein Bestandteil der Körperschaftsteuer und nicht z.B. als eine Zusatzsteuer nach Art der deutschen Gewerbesteuer anzusehen, da sie nach einem für das ganze Land einheitlichen Verfahren sowie mit einem einheitlichen Tarif erhoben wird. Ein Unternehmen hat also im Rahmen seiner nationalen Standortwahl keinen Einfluß auf die Höhe dieser Steuer. Sie fällt in einer im Verhältnis zum zu versteuernden Einkommen immer gleichen Höhe an.

Besonders mit Blick auf die Steuer auf die Gewinne juristischer Personen (IRPEG) muß trotz dieser Zweiteilung jedoch von einer typischen Körperschaftsteuer gesprochen werden, die den Rahmen des in den meisten übrigen EG-Ländern üblichen einhält.

4.2.3 Griechenland

Wesentlich weitergehende Abweichungen enthält hingegen die Besteuerung der juristischen Personen in Griechenland. Hier gibt es eine Körperschaftsteuer im eigentlichen Sinne nicht. Lediglich die thesaurierten Gewinne von Aktiengesellschaften (Anonymi Eterie, A.E.), einige öffentlich-rechtliche Körperschaften und Genossenschaften unterliegen einer Steuer, die mit dieser vergleichbar ist[2]. Deren Gewinnausschüttungen werden mit Kapitalertragsteuern belastet, die beim Ausschüttungsempfänger optional anrechenbar sind.

4.2.4 Portugal

Im portugiesischen Steuerrecht ist erst mit Wirkung vom 1.1.1989 eine Körperschaftsteuer eingeführt worden[3]. Hier wurde zuvor nach

---

1 Beide Steuerarten sind im Einheitsgesetz betreffend die Gewinnsteuern geregelt (Testo Unico delle Imposte sui Redditti). IRPEG: Art. 86 ff., ILOR: Art. 115 ff.

2 Vgl. das griechische Gesetz Nr. 3843/1958 vom 30.9.1958 über die Körperschaftsteuer (Forologia Nomikon Prosopon).

3 Vgl. portugiesisches Körperschaftsteuergesetz: Codigo do imposto sobre o rendimento das pessoas colecrivas. Gesetzesdekret Nr. 442-B/88 vom 30. November 1988.

dem historischen Vorbild des angelsächsischen Rechtskreises verfahren, indem jedes Einkommen zunächst einer speziellen objektbezogenen "Schedulensteuer" unterworfen wurde, von denen es fünf nach Einkunftsarten getrennt erhobene Arten gab. Im Anschluß daran griff eine Ergänzungsteuer ein, die alle Einkünfte erfaßte.

Diesem dualen System wurde zuweilen die Bezeichnung "System" mit der Begründung aberkannt, daß es sich um eine eher zufällige Agglomeration verschiedener Einzelsteuern handele[4]. Diese These wird durch die erhebliche Kompliziertheit der Besteuerung unterstützt - sowohl im Bereich der Besteuerung natürlicher als auch juristischer Personen, also Körperschaften. Diese Kompliziertheit kommt unter anderem darin zum Ausdruck, daß die Ermittlung der Bemessungsgrundlagen zwischen den einzelnen Schedulensteuern sowie zwischen diesen und der Ergänzungsteuer Unterschiede aufwies; daß es Einkünfte gibt, die von mehreren Schedulensteuern erfaßt wurden (beispielsweise Miet- oder Pachteinkünfte aus Grundbesitz im Rahmen eines Gewerbebetriebes) oder daß das Territorialprinzip, welches die Besteuerung in Portugal im allgemeinen beherrschte, bei einigen der Schedulensteuern nicht durchgängig anzuwenden gewesen ist.

4.3 Steuersubjekt

4.3.1 Unbeschränkte subjektive Steuerpflicht

4.3.1.1 Art der Steuersubjekte

Grundsätzlich sind in allen EG-Staaten alle juristischen Personen und Vermögensmassen mit eigener Rechtspersönlichkeit Subjekte der Körperschaftsteuer. Es ist festzustellen, daß die typischerweise für gewerbliche Unternehmen in Frage kommenden Rechtsformen juristischer Personen in allen Ländern der Gemeinschaft annähernd gleichartig vertreten sind. Dies sind insbesondere die Kapitalgesellschaften Aktiengesellschaft, Gesellschaft mit beschränkter Haftung und ggf. Kommanditgesellschaft auf Aktien. Der Körperschaftsteuer unterliegen ferner Genossenschaften und Versicherungsvereine auf Gegenseitigkeit.

Darüber hinaus sind in einigen Ländern aber auch bestimmte Personengesellschaften Subjekte der Körperschaftsteuer.

---

4 Vgl. Mennel, Annemarie (Hrsg.): Steuern in Europa, den USA, Kanada und Japan, a.a.O., Portugal, S. 7 ff.

a) Aktiengesellschaften

Diese Rechtsform, die sich durch die Einteilung des Nennkapitals in kleine Einheiten auszeichnet und die Möglichkeit bietet, dieses Kapital auf dem Wege über die Wertpapierbörsen über einen breiten Anlegerkreis zu streuen, findet sich mit verschiedenen Bezeichnungen in allen EG-Ländern. Sie sind auch in allen Fällen körperschaftsteuerpflichtig. Auf den Ausnahmefall Griechenlands, wo eine Körperschaftsteuerpflicht nur für einbehaltene Gewinne gilt, ist bereits hingewiesen worden.

b) Gesellschaften mit beschränkter Haftung

Auch diese Rechtsform existiert in allen Staaten, die der Europäischen Gemeinschaft angehören. Grundsätzlich ist sie ebenfalls Subjekt der Körperschaftsteuer.

Die einzige Ausnahme von der Besteuerung dieser Gesellschaften bildet die griechische GmbH. Sie ist von ihrer zivilrechtlichen Konstruktion her wesentlich stärker personenbezogen[5] als in anderen EG-Staaten und daher nur eingeschränkt als Kapitalgesellschaft anzusehen. Ihre Einkünfte werden deswegen mit der normalen Einkommensteuer bei den Anteilseignern belastet.

Der Vollständigkeit halber ist zu den genannten Formen der Kapitalgesellschaften folgendes anzumerken: Die Bedeutung der GmbH in den einzelnen Ländern ist sehr unterschiedlich. So ist die Anzahl der Gesellschaften mit beschränkter Haftung in Dänemark im Vergleich zur Gesamtzahl der Kapitalgesellschaften sehr gering, während es relativ viele Aktiengesellschaften gibt. Dies ist auf die recht liberalen Gründungsvorschriften für Aktiengesellschaften zurückzuführen, wonach z.B. nur drei Gründer erforderlich sind, von denen nur zwei in Dänemark oder einem anderen EG-Land ansässig sein müssen[6].

In Frankreich weicht die Besteuerung der GmbH (Société a responsabilite limitée, S.A.R.L.) insofern etwas von den übrigen EG-Staaten ab, als hier solche Gesellschaften, deren gesamtes Nennkapital in der Hand einer natürlichen Person liegt ("Einmann-GmbH"), üblicherweise nicht Körperschaftsteuersubjekt sind. Stattdessen wird das Einkommen der Gesellschaft dem Gesellschafter zugerechnet und bei

5 Vgl. das griechische GmbH-Gesetz: Gesetz Nr. 3190/1955.

6 Vgl. das dänische Aktiengesetz: Gesetz Nr. 370 v. 13.6.1973.

ihm der Einkommensteuer unterworfen.

Der Alleingesellschafter hat jedoch das Recht, für die Körperschaftsbesteuerung zu optieren[7].

c) Personengesellschaften

In drei der zwölf Mitgliedstaaten der EG besitzen offene Handelsgesellschaften und Kommanditgesellschaften eine eigene Rechtspersönlichkeit, sie sind m.a.W. juristische Personen: Dies sind Belgien, Spanien[8] und Portugal[9]. In diesen Ländern sind die Gesellschaften der genannten Rechtsformen deswegen folgerichtig auch Subjekte der Körperschaftsteuer. Es handelt sich hier um umfassende Regelungen ohne Ausnahmen. In Frankreich hingegen können offene Handelsgesellschaften und Komplementäre von Kommanditgesellschaften die Besteuerung mit der Körperschaftsteuer wählen, es besteht also ein Optionsrecht hierzu[10].

In einigen Staaten wird als auslösendes Kriterium der Körperschaftsteuerpflicht die beschränkte Haftung herangezogen. Dies ist in folgenden Ländern der Fall:

- Dänemark: Der KSt unterliegen Gewinne, soweit sie Gesellschafter betreffen, deren Haftung auf die Kapitaleinlage begrenzt ist und soweit diese Gewinne nach Kapitalanteilen verteilt werden[11]. Dies betrifft insbesondere Kommanditisten der Kommanditgesellschaften.
- Frankreich: Die Gewinnanteile der Kommanditisten sind generell körperschaftsteuerpflichtig, auch, wenn gemäß Gesellschaftsvertrag eine Gewinnverteilung nicht nach Kapitalanteilen erfolgt[12].

---

7 Vgl. das französische Finanzgesetz 1986, Art. 5 sowie Tillmanns, Wolfhard: Das Steuerrecht Frankreichs. In: IWB F. 5 (Frankreich), Gr. 2, S. 701-745 (hier: S. 725).

8 Die verschiedenen Veranlagungsfälle der spanischen Körperschaftsteuer (impuesto sobre sociedades) sind in der zum KStG (Dekret Nr. 61/1978 vom 27.12.1978) gehörenden Durchführungsverordnung (KStDVo) vom 1.1.1983 kasuistisch aufgeführt.

9 In Portugal fallen auch Einzelunternehmen unter die Körperschaftsteuer. Vgl. Foreign Tax Law Publishers (Hrsg.): Tax Laws of the World, Losebl., o.O. (Florida, USA) o.J. (Stand: 1990) Bd. 29 (Portugal), S. 17.

10 Vgl. Tillmanns, Wolfhard, a.a.O., S. 721.

11 Vgl. § 1 Abs. 1 des dänischen Körperschaftsteuergesetzes (Selskabskattelov, SEL).

12 Vgl. Tillmanns, Wolfhard, a.a.O.

- Niederlande: Hier gibt es sog. "offene Kommanditgesellschaften", bei denen im Gegensatz zu den sog. "geschlossenen" KG die Übertragung der Kommanditanteile nicht der Zustimmung der übrigen Gesellschafter bedarf. In diesen offenen Gesellschaften sind die Gewinnanteile der Komplementäre der Körperschaftsteuer zu unterwerfen[13].

4.3.1.2 Besonderheiten einzelner Länder

Für Luxemburg gilt hinsichtlich der Aktiengesellschaften und Gesellschaften mbH die Besonderheit, daß diese von der Körperschaftsteuer befreit sind, soweit sie reine Holdingfunktionen ausüben[14], d.h., soweit es ihr Unternehmenszweck ist, Beteiligungen an anderen Gesellschaften im In- und Ausland zu halten.

Eine andere Spezialität bei der Körperschaftsbesteuerung der Kapitalgesellschaften bilden die in Großbritannien und Irland möglichen sog. "closed companies", also geschlossene Kapitalgesellschaften. Hierunter werden in beiden Fällen[15] Kapitalgesellschaften verstanden, deren Stamm- bzw. Grundkapital zu mehr als der Hälfte in der Hand von fünf oder weniger Gesellschaftern liegt; in Irland ist die closed company auch dann gegeben, wenn die Gesellschaft von ihren Geschäftsführern beherrscht wird, diese also zusammen die Mehrheit der Stimmrechte in der Gesellschafterversammlung haben - also i.d.R. gemeinsam mehr als 50% der Kapitalanteile halten.

Diese Bedingungen werden naturgemäß bei Familien-Kapitalgesellschaften besonders häufig erfüllt sein, so daß diese die restriktiven Konsequenzen der closed company-Eigenschaft zwingend tragen müssen. Diese Konsequenzen unterscheiden sich in beiden Ländern. Für Großbritannien gilt:

---

13 Vgl. Gotzen, P.; Neuemans, Mr. C.: Das Steuerrecht der Niederlande. In: IWB F. 5 (Niederlande), Gr. 2, S. 173 - 190 (hier: S. 181).

14 Vgl. loi sur le regime fiscal des societes de participations financieres vom 31.7.1929 mit späteren Änderungen (1938, 1971, 1987). - Vgl. ferner Borggreve, Carlo H.: Steuern in Luxemburg. In: IWB F. 5 (Luxemburg), Gr. 2, S. 45 - 70 (hier: S. 59). Die frühere persönliche Steuerbefreiung für reine Holdinggesellschaften ist mit Gesetz vom 20.11.1990 mit Wirkung ab 1.1.1991 in eine sachliche Steuerbefreiung umgewandelt worden.

15 Vgl. für Großbritannien: Income and Corporation Taxes Act (ICTA) 1970, sec. 283 ff.; für Irland: Corporation Tax Act (CTA) 1976, sec. 94 ff.

- Zahlungen von Leistungsentgelten an Gesellschafter mit einer Beteiligung von 5% oder darüber sind einer Angemessenheitsprüfung zu unterziehen. Hiervon sind alle Zahlungen wie etwa Geschäftsführergehälter, Darlehenszinsen, Mieten und Pachten und ähnliches betroffen.
- Es sind Mindestausschüttungen in Höhe des "relevant income"[16] vorzunehmen. Dazu gehören die Erträge aus Beteiligungen ("investment income") vollständig, solche aus Vermietung und Verpachtung sowie Warenhandel zur Hälfte.

Es soll auf diese Weise vermieden werden, daß eine close company als Mittel genutzt wird, Einkünfte aus der Privatsphäre herauszuverlagern und somit einer niedrigeren Besteuerung zu unterwerfen. Dies wäre nach britischem Recht möglich, da hier der Körperschaftsteuersatz um fünf Prozentpunkte unterhalb des Einkommensteuer-Spitzensatzes angesiedelt ist.

In der Republik Irland sind die Folgen des Status einer closed company folgende:

- Ausschüttungsfähige, jedoch nicht ausgeschüttete Gewinne werden nach der Körperschaftsteuer mit einer weiteren Steuer in Höhe von 20% belastet[17]. Daraus ergibt sich bei einem KSt-Normaltarif von 40% eine Gesamtbelastung von 52%.
- Nach dem erweiterten Ausschüttungsbegriff für close companies ist auch auf Zahlungen und Sachleistungen an Gesellschafter und deren Verwandte, soweit sie ohne Gegenleistungen erfolgen, die bei Dividendenzahlungen fällige Voraus-KSt in Höhe des Eingangssatzes der Einkommensteuer zu zahlen. Für Zinsen gilt eine Angemessenheitsgrenze von 13% p.a., oberhalb derer sie steuerlich wie Gewinnausschüttungen zu behandeln sind[18].

Die sogenannte "steuerliche Transparenz" ist eine Spezialität des spanischen Steuerrechts[19]. Von ihr sind familienorientierte Investmentgesellschaften, reine Vermögensverwaltungsgesellschaften sowie Holdinggesellschaften betroffen, deren Vermögen zu mehr als der Hälfte aus Beteiligungen besteht. Voraussetzung ist, daß mehr als

---

16 Vgl. Finance Act (FA) 1972, sec. 94 i.V.m. FA 1972 schedule 16, para. (Abs.) 9.

17 Vgl. CTA, sec. 101.

18 Vgl. CTA, sec. 97.

19 Vgl. Art. 360 ff. der spanischen Körperschaftsteuer-Durchführungsverordnung (KStDVo).

50% des Eigenkapitals der Gesellschaft einer "familiären Gruppe", d.h. bis zum 4. Grad verwandten Personen gehören. Außerdem greift die Durchgriffsbesteuerung auch nur dann ein, wenn 50% des Eigenkapitals in den Händen von nicht mehr als zehn Gesellschaftern vereinigt sind und darüberhinaus keine juristische Person des öffentlichen Rechts an der Gesellschaft beteiligt ist.

Sind diese Voraussetzungen erfüllt, so entfällt für diese Gesellschaft die Körperschaftsteuerpflicht für alle thesaurierten wie ausgeschütteten Gewinne. Stattdessen werden diese den Gesellschaftern zugerechnet und bei jenen der Einkommen- bzw. Körperschaftsteuer unterworfen.

Mit dieser Regelung soll verhindert werden, daß Privatpersonen ihr Vermögen in eine Vermögensverwaltungsgesellschaft einbringen, um so die höhere progressive Einkommensteuer zu umgehen.

Stellt sich heraus, daß aufgrund niedriger Gewinne einer Gesellschaft die Versteuerung mit der Einkommensteuer natürlicher Personen bei den einzelnen Gesellschaftern günstiger wäre, so besteht unter bestimmten Bedingungen die Möglichkeit, sich "freiwillig" der steuerlichen Transparenz zu unterwerfen. Diese Bedingungen sind:

- Es sind maximal 25 Gesellschafter an der Gesellschaft beteiligt und
- das sog. Fiskalkapital (d.h. Grund- oder Stammkapital zuzüglich offener Rücklagen) beträgt weniger als 100 Mio. Ptas[20].

4.3.1.3 Anknüpfungsmerkmale der unbeschränkten Steuerpflicht

Für die Feststellung, ob eine Gesellschaft hinsichtlich der Körperschaftsteuer als unbeschränkt steuerpflichtig zu gelten hat, kann es ebenfalls verschiedenartige Anknüpfungsmerkmale geben. Zwar wird immer die sog."Ansässigkeit" zugrundegelegt, doch kann dieser Tatbestand durch unterschiedliche Sachverhalte ausgelöst werden. In erster Linie ist dies der Umstand, daß sich in einem bestimmten Staat der satzungsmäßige Sitz der Gesellschaft oder der Ort ihrer Geschäftsleitung befindet. Dieser Ort kann also von dem der registermäßigen Eintragung abweichen. In Ausnahmefällen kann es auch Konstellationen geben, bei denen eine Unternehmung in einem Staat geleitet wird, während sie in einem anderen eingetragen ist.

20 Vgl. Art. 365 KStDVo.

Ausdrücklich auf die Registereintragung abgehoben wird nur in Großbritannien und Dänemark. Die dortigen Körperschaftsteuergesetze (Income and Corporation Taxes Act, ICTA[21], bzw. Selskabskattelov, SEL[22]) sehen eine Registereintragung bereits als ausreichend für die Auslösung einer unbeschränkten Körperschaftsteuerpflicht an.

Dadurch, daß das Kriterium der zentralen Leitung bzw. des Sitzes daneben weiter besteht, kann es zu doppelter unbeschränkter Steuerpflicht kommen, wenn eine Gesellschaft in einem Staat produzierend tätig ist und sich hier auch die Geschäftsleitung befindet, sie jedoch im Register eines anderen Staates eingetragen ist, in welchem eine Eintragung bereits diese unbeschränkte Steuerpflicht auslöst. Dies tritt z.B. bei solchen Firmen auf, die sich vor der Änderung des britischen Rechts im Register z.B. einer der Kanalinseln haben eintragen lassen und im Ausland ihre Geschäftsleitung haben. Während zuvor nur dort, wo sich die Geschäftsleitung befand, eine unbeschränkte Steuerpflicht auftrat, ist dies nunmehr auch in Großbritannien der Fall.

4.3.1.4 Auswirkung der unbeschränkten Steuerpflicht

Die unbeschränkte Steuerpflicht bewirkt grundsätzlich die Veranlagung des Unternehmens oder sonstigen Körperschaftsteuersubjekts mit dem Welteinkommen im Ansässigkeitsstaat. Hierin herrscht weitgehende Übereinstimmung, es bestehen lediglich zwei Ausnahmen:

Abweichend von diesem Grundsatz besteuern Portugal und Frankreich Körperschaften regelmäßig nach dem Territorialprinzip, also nur mit den Inlandseinkünften. In Frankreich kann jedoch für eine Welteinkommensbesteuerung optiert werden[23]; dies hat den Vorteil, daß ausländische Verluste im Inland gewinnmindernd berücksichtigt werden können.

4.3.2 Beschränkte Steuerpflicht

Im Grundsatz gilt für die beschränkte Steuerpflicht, daß unter sie dieselben Subjekte fallen wie unter die unbeschränkte Steuerpflicht.

---

21 Geändert durch Finance Act (FA) 1988, sec. 66 Abs. 1 und 4.

22 Vgl. § 1 Abs. 1 SEL.

23 Vgl. Tillmanns, Wolfhard, a.a.o., S. 722.

Es handelt sich dann jedoch um die entsprechenden Rechtsformen ausländischer Staaten, also im Ausland ansässige bzw. nach den Kriterien des Abschnitts 4.3.1.1 abgegrenzte Gesellschaften. Da diese Rechtsformen nach handelsrechtlichen Kriterien von Land zu Land jeweils leichte Unterschiede aufweisen, behilft man sich, indem für Kapitalgesellschaften regelmäßig auf die Einteilung des Gesellschaftskapitals in feste Teile abgehoben wird. Hinsichtlich insbesondere der Aktiengesellschaften ist die Abgrenzung leicht anhand dieser Kapitaleinteilung und der Handelbarkeit der Anteile vorzunehmen. Des weiteren sind, von den folgenden Ausnahmen abgesehen, jeweils diejenigen Vereinigungen und Vermögensmassen in die beschränkte Steuerpflicht einzubeziehen, die über eine eigene Rechtspersönlichkeit verfügen.

Die Ausnahmen sind folgende:

1. Griechenland: Hier sind alle nichtansässigen Handelsgesellschaften, also auch Personengesellschaften und Gesellschaften mbH mit ihren Inlandseinkünften aus Betriebstätten beschränkt körperschaftsteuerpflichtig[24]. Dies sind also auch solche Personenvereinigungen, die, soweit sie in Griechenland ansässig wären, hier nicht unter die unbeschränkte Körperschaftsteuerpflicht fielen.
2. Italien: Unter die beschränkte Körperschaftsteuerpflicht für Betriebstättengewinne nach italienischem Recht fallen neben den Kapital- auch alle Personengesellschaften, nicht jedoch Einzelunternehmen[25].

4.4 Tarife

4.4.1 Grundsätzliches

Stellt man auf die Unterschiede in der körperschaftsteuerlichen Behandlung einbehaltener und ausgeschütteter Gewinne von Kapitalgesellschaften ab, so lassen sich in den Mitgliedstaaten der Europäischen Gemeinschaft hauptsächlich drei verschiedene Tarifarten feststellen:

---

24 Vgl. Gesetz über die Besteuerung juristischer Personen, zitiert bei: Funk, Götz: Das Steuerrecht Griechenlands. In: IWB, F. 5 (Griechenland), Gr. 2, S. 93-108 (hier: S. 95).

25 Vgl. Hahn, Wolfgang: Die Besteuerung deutscher Unternehmenstätigkeit in Italien. Zur Gesamtsteuerbelastung verschiedener Rechts- und Beteiligungsformen. In: RIW, 26. Jg. (1980), H. 10, S. 705-709 (hier: S. 708).

1. Tarife, die unabhängig von der Gewinnverwendung sind, also - zumindest auf der Gesellschaftsebene - eine Gleichbehandlung thesaurierter und ausgeschütteter Gewinnteile bewirken.
2. Tarife, die bewußt zwischen den beiden Arten der Gewinnverwendung unterscheiden, indem unterschiedliche Steuersätze greifen.
3. Körperschaftsteuertarife, die nur einbehaltene Gewinne berühren.

Der dritte Fall ist ein Spezialfall des zweiten und betrifft Griechenland, wo es eine Körperschaftsteuer auf ausgeschüttete Gewinne nicht gibt. Hierauf wird später eingegangen.

4.4.2 Einheitstarife

4.4.2.1 Proportionale Tarife

Diese sog. Einheitstarife finden in den meisten Ländern der Gemeinschaft Anwendung; die Ausnahmen sind lediglich Deutschland, Frankreich und Griechenland. Die Steuersätze sind aus der im Anhang befindlichen Tabelle 3 ersichtlich, sie erstrecken sich über eine Bandbreite von 33% in Luxemburg bis zu 41% in Belgien. Berechnet man die Belastung italienischer Unternehmen mit körperschaftsteuerähnlichen Ertragsteuern, die sich wie erwähnt aus zwei verschiedenen Steuern zusammensetzen, so ergibt sich hier eine Tarifbelastung von 46,368%. Dies berücksichtigt bereits die Abzugsfähigkeit der lokalen Einkommensteuer bei der Ermittlung der Bemessungsgrundlage der staatlichen Körperschaftsteuer.

4.4.2.2 Andere Tarifformen

In einer Reihe von Ländern existieren Körperschaftsteuertarife, die in Teilbereichen eine Progression aufweisen; in anderen Fällen gibt es eine geringfügige Degression oder Sondertarife für bestimmte Unternehmensgruppen. Dies betrifft die folgenden Staaten:

a) Belgien:
Vom Veranlagungszeitraum 1991 an beträgt der Normalsteuersatz 41%, der von 1992 an weiter auf 39% gesenkt werden wird[26]. In Abweichung von diesem Normaltarif gilt der folgende progressive Teilmengentarif:

---

26 Vgl. o.V.: Belgien: Senkung des Körperschaftsteuersatzes. In: IWB F. 1 (Kurzmeldungen). S. 342.

Gewinnteile (bfr.)	Steuersatz (%)
bis zu 1,0 Mio.	30
über 1.0 Mio. bis 3.6 Mio.	38
über 3.6 Mio. bis 16,6 Mio.	41

Tab. 1: KSt-Tarif Belgien

Dieser Teilmengentarif gilt nicht, wenn die betreffende Gesellschaft sich zu mehr als 50% des Grund- oder Stammkapitals im Besitz einer anderen Gesellschaft befindet oder mehr als der 13% des Grund- oder Stammkapitals entsprechenden Summe ausgeschüttet wird. In diesen Fällen greift der Normalsatz von 41%.

b) Großbritannien:

Der Körperschaftsteuer-Normaltarif beträgt seit dem Fiskaljahr 1986/87 35% des zu versteuernden Einkommens. Für Unternehmen mit geringen Erträgen ("small companies") gilt eine Sonderregelung, nach der Gewinne bis zu £ 100.000 mit dem Eingangssatz der Einkommensteuer (im Fiskaljahr 1989/90: 25%) und solche zwischen £ 100.000 und £ 500.000 progressiv besteuert werden, bis der Normalsatz der KSt erreicht ist[27]. Die Folge dieses Systems ist, daß der Steuersatz bei Gewinnen zwischen den beiden o.a. Grenzen stufenlos dem Normalsatz von 35% angenähert wird. Diese Gewinngrenzen gelten selbstverständlich für den Zeitraum eines Jahres; bei davon abweichenden Rechnungsperioden werden die Beträge zeitanteilig herunter- bzw. heraufgerechnet.

c) Irland:

In der Republik Irland gibt es neben dem Normalsatz der Körperschaftsteuer in Höhe von 40% eine Reihe von Sondertarifen. Die Bedingungen für die Inanspruchnahme der Tarifvergünstigungen sind so gehalten, daß eine große Zahl von Unternehmen hierfür in Frage kommt. Sie lassen sich wie folgt zusammenfassen:

27 Die Berechnung erfolgt nach folgender Formel:

$$s = (M - P) \times \frac{J}{P} \times F$$

Dabei bedeuten: s = anzuwendender Steuersatz; M = obere Einkommensgrenze = £ 500.000; P = "Profits" gem. ICTA 1970; J = Bemessungsgrundlage der Corporation Tax ("Income" = Gewinne gem FA 1972, sec. 95 zzgl. Kapitalgewinne gem. Capital Gains Tax Act 1979); F = "small companies' marginal relief fraction" (Faktor, der von der Differenz zwischen KSt-Normalsatz und ESt-Eingangssatz abhängt). Vgl. hierzu Finance Act 1972, section 95.

1. Steuersatz von 10% für Unternehmen des produzierenden Gewerbes[28]. Dieser Sondersteuersatz gilt für alle Kapitalgesellschaften, die in Irland Güter produzieren. Zur "Güterproduktion" gehört auch die Entwicklung von Software zur Datenverarbeitung[29]. Nicht eingeschlossen ist dagegen die Baubranche, Urproduktionen und Unternehmen, die ihre Produkte direkt an Endverbraucher abgeben, ohne einen Großhandel zwischenzuschalten. Dies wird auch angenommen, wenn zwei verschiedene Unternehmen die Produktion und den Verkauf besorgen, und das eine an dem Nennkapital des anderen zu 90% oder mehr beteiligt ist oder beide Unternehmen zu 90% oder mehr im Besitz einer gemeinsamen Muttergesellschaft stehen[30].

Diese Tarifvergünstigung ist zeitlich begrenzt; sie läuft am 31.12.2010 aus.

Werden von einem Unternehmen, auf das die 10%ige Körperschaftsteuer Anwendung findet, Ausschüttungen vorgenommen, so wird unterstellt, daß diese, soweit möglich, dem "primary fund" entnommen werden. Dies ist die imaginäre Ansammlung aller der Gesellschaft zur Verfügung stehenden mit 10%iger KSt belasteten Eigenkapitalteile ("EK 10") einschließlich solcher, die sie ihrerseits als Dividende von begünstigten Beteiligungsunternehmen erhalten hat[31].

2. Vergünstigung für Exporteure (Export sales relief). Kapitalgesellschaften kommen, soweit sie, seit einem Zeitpunkt vor dem 1.1.1981 Güter aus heimischer Produktion exportiert haben, in den Genuß der Steuerfreiheit der Gewinne aus dieser Exporttätigkeit[32]. Es kommt dabei nicht darauf an, daß die betreffenden Güter auch von derselben Gesellschaft hergestellt worden sind, die die Steuerbefreiung für den Export beantragt; es genügt, wenn letztere sie als Großhändler vertreibt. Diese Vergünstigung kann in maximal 20 aufeinanderfolgenden Jahren beansprucht werden, wobei die Befreiung nach Ablauf von 15 Jahren in Stufen von 100% auf 15% zurückgeführt wird.

3. Steuerermäßigung für Gewinne aus Lizenz- und Patentgebühren. Einkünfte aus der Überlassung von Patenten und Lizenzen sind in der

---

28 Vgl. FA 1980, sec. 38 - 51; CTA 1976, sec. 158.

29 FA 1980, sec. 17; FA 1980, sec. 51.

30 FA 1980, sec. 39.

31 Vgl. FA 1980, sec. 46 - 49.

32 CTA 1976, sec. 54 ff.

Republik Irland steuerbefreit, wenn die zugrundeliegenden Entwicklungen irischer Herkunft sind.

4. "Besondere Steuersatzreduktionen" auf einen Satz von 35% finden auf einige genau bezeichnete Unternehmungen Anwendung. Die wichtigsten sind:

- Öffentliche Versorgungsunternehmen, soweit sie einen wirtschaftlichen Geschäftsbetrieb unterhalten, der sie zur Einhaltung gesetzlicher Regelungen hinsichtlich der Ausschüttungen und ihrer Preisgestaltung zwingt[33];
- Unternehmungen, die Einkünfte (aus Ausschüttungen) von einem der o.a. Versorgungsunternehmen erhalten;
- Eisenbahngesellschaften;
- Bausparkassen.

d) Luxemburg:
Der Tarif der luxemburgischen Körperschaftsteuer ist progressiv aufgebaut. Es gelten Steuersätze von 20% für Einkommen bis lfr. 400.000, bis zu 33% (Normalsteuersatz) für Einkommen, die lfr. 1.312.000 übersteigen. Hinzu kommt eine Ergänzungsabgabe (zur Dotierung eines Arbeitslosenfonds) in Höhe von 2% der Steuerschuld, so daß die tarifliche Belastung von 20,4% bis 33,66% reicht.

Für Kreditgenossenschaften gilt ein Sondertarif von 1/3 des Normaltarifes, also 11%.

e) Niederlande:
Der Körperschaftsteuertarif der Niederlande ist der einzige innerhalb der EG, welcher eine leichte Degression vorsieht. Während nämlich der Normalsatz 35% beträgt, gilt für Gewinnteile bis 250.000 Gulden (hfl.) ein Steuersatz vom 40%.

f) Spanien:
Der allgemeine Körperschaftsteuersatz liegt unabhängig von der Gewinnverwendung bei 35%. Von diesem Satz gibt es jedoch einige Ausnahmen. So beträgt der Satz für Kreditgenossenschaften, Versicherungsvereine auf Gegenseitigkeit und landwirtschaftliche Sparkassen 26%, für sonstige Genossenschaften 20% und Investmentgesellschaften 13%. Aus einer Reihe von Tarifvergünstigungen seien die wichtigsten hervorgehoben:

---

33 Vgl. CTA sec. 83 Abs. 1.

Spanische Aktiengesellschaften, die ausschließlich als Holdinggesellschaften für Anteile ausländischer Aktiengesellschaften fungieren, können 99% von ihrer Steuerschuld abziehen - d.h., ihre eigentliche Körperschaftsteuerbelastung bezogen auf den Gewinn beträgt 0,35%[34].

Zur Förderung der Investitionstätigkeit können bei Investitionen in bestimmte neue Anlagegegenstände 10% der Investitionssumme von der Steuerschuld abgezogen werden[35]. Für jeden neu geschaffenen Arbeitsplatz ist eine Summe von 500.000 Ptas. von der Steuerschuld abziehbar, höchstens jedoch 25% der Steuerschuld pro Geschäftsjahr. Bei Forschungs- und Entwicklungsinvestitionen ist ein Betrag i.H.v. 10% des Gesamtaufwandes von der Steuerschuld abziehbar. Dasselbe gilt für Exportinvestitionen.

4.4.3 Tarife mit gespaltenem Steuersatz

Tarifformen, die unterschiedliche, von der Gewinnverwendung abhängige Steuersätze vorsehen, gibt es in zwei Mitgliedstaaten der EG, nämlich Deutschland und Frankreich. Dabei werden zwei grundsätzlich verschiedene Wege beschritten. Während in Frankreich nämlich die Gewinnthesaurierung einer niedrigeren Besteuerung unterliegt als die Ausschüttung, verhält sich dies in Deutschland genau umgekehrt. Jedoch sind diese Tarife in engem Zusammenhang mit dem jeweils angewandten Verfahren zur Milderung der Doppelbelastung ausgeschütteter Gewinne zu sehen (Vgl. Abschnitt 4.5), und hierin liegen ebenfalls Unterschiede zwischen beiden Ländern. Diese Unterschiede können zu einer Teilkompensation der durch unterschiedliche Tarife hervorgerufenen Belastungsdifferenzen führen.

a) Deutschland:
Der Regelsatz der Körperschaftsteuer beträgt 50% (sog. Tarifbelastung[36]). Für Gewinnausschüttungen findet eine Körperschaftsteuerminderung auf 36% statt[37].

---

34 Art. 179 der span. KSt - Durchführungsverordnung (KStDVo).

35 Eine allgemeine Regelung der steuerlichen Investitionsförderung findet sich in Art. 200 - 252 der spanischen Körperschaftsteuer-Durchführungsverordnung (KStDVo). Weitere Steuerermäßigungen aus konjunkturellen Gründen enthält Art. 97 des Gesetzes Nr. 33/1987.

36 Vgl. § 23 Abs. 1 KStG.

37 Vgl. § 27 Abs. 1 KStG.

b) Frankreich:
Der Normaltarif (für einbehaltene Gewinne) beträgt ab 1991[38] 37%. Ausgeschüttete Gewinnteile werden hingegen mit 42% belastet. Für bestimmte Veräußerungsgewinne gelten Sondertarife, die z.T. erheblich niedriger liegen.

4.4.4 Sondertarif Griechenlands

Der Tarifsatz der griechischen Körperschaftsteuer beträgt 49% des zu versteuernden Einkommens, soweit die Gesellschaftsanteile nicht an der Athener Börse notiert sind. Sind sie dieses, so beträgt der Steuersatz lediglich 35%. Da die ausgeschütteten Gewinne nicht erfaßt werden, greifen hier Kapitalertragsteuern ein . Sie zeichnen sich durch hohe Steuersätze, eine vergleichsweise hohe Anzahl verschiedener Steuersätze sowie dadurch aus, daß auch sie zwischen börsennotierten und nicht börsennotierten Aktiengesellschaften unterscheiden[39].

Für einzelne Branchen bestehen darüberhinaus besondere Tarife.

4.4.5 Sondertarife für beschränkt Steuerpflichtige

Nicht in allen Mitgliedstaaten sind die Steuersätze, die für unbeschränkt und beschränkt Steuerpflichtige zur Anwendung kommen, gleich. In folgenden Fällen bestehen Unterschiede:

a) Deutschland:
Es gilt ein Sondertarif von 46% der Betriebstättengewinne.

b) Griechenland:
Kapitalgesellschaften und Personengesellschaften, die nicht in Griechenland ansässig sind, entrichten immer den höheren der beiden Steuersätze, nämlich 46%.

c) Luxemburg:
Die Progression findet auf beschränkt Steuerpflichtige i.d.R. keine Anwendung. Sie können jedoch dafür optieren. Dann richtet sich der

38 Vgl. Bundesministerium der Finanzen: Informationsdienst zur Finanzpolitik des Auslands Nr. 1/89 vom 17. Oktober 1989. S. 5.

39 Zu den Steuersätzen vgl. Abschnitt 4.7.

anzuwendende Steuersatz nach dem Welteinkommen.

Im Vorgriff auf den Abschnitt 4.7 sei darauf hingewiesen, daß neben der Körperschaftsteuer bei Dividendenzahlungen an Nichtansässige regelmäßig eine Kapitalertragsteuer anfällt.

4.5 Verfahren zur Milderung der wirtschaftlichen Doppelbelastung ausgeschütteter Gewinne

4.5.1 Überblick

Die in den Mitgliedstaaten der EG zur Anwendung kommenden Dividendenentlastungsverfahren lassen sich grob in vier Gruppen einteilen, wobei in einem Fall eine weitere Unterteilung möglich ist. Dabei dient als Einteilungskriterium, wie weitgehend die Gewinnausschüttungen der Kapitalgesellschaften jeweils entlastet werden[40].

a) Es findet keine Entlastung der Dividenden von der Körperschaftsteuer statt:

Dieses sog. klassische Verfahren wird in zwei Ländern angewandt, nämlich in den Niederlanden und Luxemburg. Es hat zur Folge, daß die Gewinnausschüttungen sowohl in voller Höhe mit Körperschaftsteuer als auch mit der Einkommensteuer des Anteilseigners belastet werden, soweit es sich bei diesem um eine natürliche Person handelt.

b) Teilanrechnungsverfahren:

In sieben Ländern gibt es Teilentlastungsverfahren, die als eine Teilanrechnung der von der Unternehmung gezahlten Körperschaftsteuer ausgestaltet sind. Dies sind Belgien, Dänemark, Frankreich, Großbritannien, Irland, Portugal und Spanien.

Unterschiede liegen nicht nur in der Höhe des Anrechnungsbetrages in Relation zur bereits entrichteten Körperschaftsteuer, sondern auch in der Art der Berechnung, d.h. insbesondere der Bezugsgröße.

c) Vollanrechnungsverfahren:

In Deutschland und Italien existieren Verfahren, die eine volle An-

40 Für alle Verfahren und Länder finden sich Beispielrechnungen im Anhang; sie berücksichtigen einen Anteilseigner mit einem individuellen Einkommensteuersatz von 40%.

rechnung der von der Gesellschaft gezahlten Körperschaftsteuer auf die Einkommensteuerschuld des Anteilseigners erlauben.

d) Dividendenabzugsverfahren:
Diese Methode wird nur in Griechenland angewandt, wo die Körperschaftsteuer dadurch nur thesaurierte Gewinne erfaßt.

Es handelt sich hierbei ebenso um eine Art, die ausgeschütteten Gewinne von der Körperschaftsteuer zu befreien, wenn auch dabei ein anderer Weg beschritten wird als bei der Vollanrechnung.

4.5.2 Die Teilentlastungsverfahren im einzelnen

Die verschiedenen Verfahren der teilweisen Entlastung der Gewinnausschüttungen von der Körperschaftsteuer lassen sich ihrerseits danach in Gruppen einteilen, wie der Entlastungsbetrag ermittelt wird.

a) Verfahren, bei denen das Anrechnungsguthaben als ein Bruchteil der Nettoausschüttung berechnet wird

Derartige Anrechnungsmethoden werden in Belgien und Frankreich sowie mit leichten Modifikationen in Großbritannien und Irland angewandt:

aa) Belgien:
Die Steuergutschrift beläuft sich auf 50% der Bardividende. Sie wird aufgrund der Steuerfreiheit von Beteiligungserträgen nicht gewährt, wenn die Anteile an der ausschüttenden Gesellschaft im Betriebsvermögen einer ihrerseits körperschaftsteuerpflichtigen Gesellschaft gehalten werden.

Die Teilanrechnung führt bei einem Körperschaftsteuersatz von 41% zu einem Anrechnungsguthaben von ca. 72% der gezahlten KSt.

Aus dieser Rechnung ergibt sich eine Gesamtlast in Höhe von rd. 51,3% des ausgeschütteten Gewinns; bezogen auf die Einkommensteuer von 40% bedeutet dies eine Mehrbelastung um 11.3 Prozentpunkte oder 28,25%, bezogen auf den Körperschaftsteuer-Normaltarif von 41% eine Mehrbelastung von gut 10 Prozentpunkten entsprechend 25,1 %.

bb) Frankreich

Hier wird dem Anteilseigner eine Steuergutschrift (avoir fiscal[41]) in Höhe von 50 % der Bardividende gewährt. Dies entspricht bei einem Steuersatz auf ausgeschüttete Gewinne i.H.v. 42 % etwa 69 % der von der Gesellschaft gezahlten Körperschaftsteuer.

Dieses Teilanrechnungsverfahren unterscheidet sich, abgesehen von abweichenden Steuersätzen, rechentechnisch nicht von dem belgischen Verfahren.

Bei einer wiederum angenommenen individuellen Einkommensteuerlast des Anteilseigners von 40 % wäre die Dividende mit insgesamt 47,8 % an Ertragsteuern belastet. Dies bedeutet eine Mehrbelastung gegenüber der hypothetischen Vollentlastung, also der reinen Einkommensteuerlast, von 7,8 Prozentpunkten entsprechend 19.5 % und verglichen mit der Thesaurierungsbelastung eine Mehrbelastung von 8,8 (nach der Tarifsenkung 10,8) Prozentpunkten entsprechend 22,6 % (29,2 %).

cc) Großbritannien

Ein komplexes Teilanrechnungsverfahren ist in Großbritannien 1972 eingeführt worden[42]. Bei Ausschüttungen hat die Gesellschaft von der Bruttodividende einen Betrag an das Inland Revenue (Finanzamt) abzuführen, der am jeweiligen Eingangssatz der Einkommensteuer für natürliche Personen orientiert ist, jedoch immer etwas unter diesem liegt[43]. Dieser Steuersatz wurde ursprünglich ebenso wie alle anderen Steuersätze jährlich im Finance Act festgelegt; seit 1986 gibt es eine allgemeingültige Formel, deren Anwendung auf dasselbe Ergebnis hinausläuft wie die bisherige Gesetzgebung[44]. Er beträgt seit dem Finanzjahr 1989/90 25/75 = 1/3 der Bardividende. Diese beträgt maximal 65% des Jahresüberschusses, da auf Seiten der Gesellschaft immer 35 % Körperschaftsteuer anfallen. Nimmt man den Jahresüberschuß als Bezugsgröße, so beläuft sich diese Voraussteuer auf 65 % × 25/75 = 21,67 %.

---

41 Vgl. Art. 158 ff. des Allgemeinen Abgabengesetzes (Code general des impôts, CGI).

42 FA 1972, sec. 84 ff.

43 Taxes Act 1988, sec. 14 (3), sec. 246 (1) - (4).

44 Vgl. FA 1986, s. 17 Abs. 1. Nach dieser Formel beträgt der Satz der ACT (in Prozent der Nettodividende): I / (100 - I). Dabei ist I der Einkommensteuer-Eingangssatz.

Die so einbehaltene und abgeführte Steuer wird vorausbezahlte Körperschaftsteuer ("Advance Corporation Tax", ACT) genannt, da es sich um eine Vorauszahlung sowohl auf die persönliche Einkommensteuer des Anteilseigners als auch auf die Gesamtkörperschaftsteuer des Unternehmens handelt. Der Gesellschafter erhält neben der Dividendengutschrift eine Steuergutschrift, den sog. "tax credit". In Höhe dieser Gutschrift wird ihm die bereits bezahlte KSt auf seine persönliche Einkommensteuerschuld angerechnet. Führt die Veranlagung des Anteilseigners nicht zu einer Steuerbelastung von 25% oder darüber, so wird die ACT ganz oder teilweise erstattet[45].

Die Steuergutschrift ist Bestandteil des zu versteuernden Einkommens des Gesellschafters.

Die Voraus-KSt ist auf alle sog. qualifizierten Ausschüttungen zu entrichten. Hierunter werden u.a. alle Gewinnausschüttungen subsumiert, ferner zählen einige andere Zahlungen an die Gesellschafter dazu[46].

Die Gesellschaft hat, obgleich die Dividende vorversteuert und bereits ausgeschüttet ist, unabhängig von der Veranlagung beim Anteilseigner im Rahmen ihrer jährlichen Körperschaftsteuererklärung die Normalbelastung von z.Zt. 35% herzustellen. Die Gesellschaft nimmt also ihre Körperschaftsteuerzahlung im Falle der Gewinnausschüttung in zwei Teilen vor: Zunächst die Entrichtung der ACT, später dann die Restzahlung. Dieser nach der Anrechnung der ACT auf die 35%ige Regelbelastung noch ausstehende Differenzbetrag wird "Mainstream Corporation Tax" (MCT) genannt.

Es ist zu beachten, daß zur Ermittlung der MCT niemals eine höhere ACT angerechnet werden kann, als bei Vollausschüttung des zu versteuernden Periodengewinns als Bruttodividende angefallen wäre[47]. Übersteigt die Nettoausschüttung 65% (d.h. 100% - 35% KSt) des Jahresüberschusses, so ist also an ACT nur der Betrag anrechenbar, der angefallen wäre, wenn maximal diese 65% des Bruttogewinns ausgeschüttet worden wären. Der übersteigende Betrag wird als "surplus ACT" bezeichnet und ist auf die folgende Periode vortragsfähig.

---

45 FA 1972, sec. 86 Abs. 4.

46 Vgl. dazu sec. 235 und 239 des ICTA.

47 Vgl. FA 1972, sec. 85 Abs. 1; F(No.2)A 1987, sec. 748.

Dadurch, daß nur die ACT in Höhe von 21,67% der Bruttoausschüttung beim Anteilseigner anrechenbar ist, ergibt sich eine Mehrbelastung gegenüber einer fiktiven Vollanrechnung von 8 Prozentpunkten (s. Berechnungsbeispiel im Anhang) entsprechend 20% der Einkommensteuer von 40%.

Ein etwas anderes Bild ergibt sich, wenn man eine Einkommensteuerbelastung zum Eingangssatz von 25% beim Anteilseigner unterstellt. In diesem Falle entspricht die anrechenbare ACT genau der persönlichen Einkommensteuer, so daß sich eine Gesamtbelastung der Dividende von 35% ergibt. D.h., daß die Dividende mit insgesamt 35% gegenüber anderen Einkunftsarten (mit 25%) einer um 40% erhöhten Steuerbelastung unterliegt. Dieser Unterschied beträgt im Falle des Hochverdieners mit einer Durchschnittsbelastung von 40% nur (48 - 40) : 100 = 20%.

dd) Irland

Bei Gewinnausschüttungen irischer Gesellschaften wird zunächst ebenfalls eine Voraus-Körperschaftsteuer (Advance Corporation Tax, ACT) entrichtet, die hier jedoch in ihrer Höhe dem Eingangssatz der Einkommensteuer genau entspricht[48] und damit 28 / 72 der Bardividende ausmacht.

Wird wiederum eine individuelle Einkommensteuerbelastung eines Anteilseigners von 40% unterstellt, so hat dieser nach Anrechnung der ACT weitere 10% zu entrichten. Um die Tarifbelastung von 40% herzustellen, fällt auf Seiten der Gesellschaft noch einmal ein Betrag i.H.v. knapp 17% der Bruttodividende an. Damit ergibt sich eine Gesamtbelastung der Dividende von 50%. Unter Beachtung der insgesamt gezahlten Steuern entspricht dies einer Schlechterstellung der Ausschüttung von 10 Prozentpunkten oder 25%, bezogen auf die persönliche Einkommensteuer des Anteilseigners.

Auf die Verbindlichkeit einer Gesellschaft gegenüber dem Finanzamt aus ACT kann die mit der Dividende von eventuell vorhandenen Tochtergesellschaften verbundene Steuergutschrift angerechnet werden. Übersteigen die Steuergutschriften die eigenen ACT-Verbindlichkeiten, so kann der übersteigende Betrag eine Periode zurück- und i.d.R. unbegrenzt vorgetragen werden[49].

---

48 Vgl. CTA 1976 sec. 83 (1).

49 Vgl. FA 1983, sec. 46.

Vorteile bei der Anrechnung der von der Gesellschaft gezahlten Körperschaftsteuer haben Gesellschafter von Produktionsunternehmen. Zwar beträgt aufgrund des verminderten Steuersatzes von 10% die Gutschrift nur 5/90 des Ausschüttungsbetrages, jedoch braucht nur die Hälfte der von Produktionsunternehmen bezogenen Dividenden der Einkommensbesteuerung unterworfen zu werden; zudem beträgt die Obergrenze 9.000 irische Pfund[50].

Zahlt die Gesellschaft den verminderten Steuersatz, so sind selbstverständlich auch die beim Anteilseigner anrechenbaren Beträge entsprechend geringer.

b) Verfahren, bei denen das Anrechnungsguthaben als Bruchteil der Bruttoausschüttung berechnet wird

Ein solches Verfahren gibt es lediglich in Dänemark. Die KSt-Schuld auf einbehaltene und ausgeschüttete Gewinne wird, wie in den übrigen Staaten mit einem Teilanrechnungsverfahren außer Großbritannien und Irland, in einer Summe von der Gesellschaft an den Fiskus abgeführt. Bei Ausschüttung erhält der Anteilseigner eine Steuergutschrift in Höhe von 20% der Bruttodividende[51]. Die Steuergutschrift ist Teil des zu versteuernden Einkommens des Gesellschafters. Anrechenbar ist also nur die Hälfte der von der Gesellschaft gezahlten Steuer; in Höhe der verbleibenden 20% der Dividende greift eine Doppelbelastung.

Unterstellt man auch hier einen individuellen Einkommensteuersatz von 40%, so ergibt sich bei einem ebenso hohen Körperschaftsteuertarif eine Gesamtbelastung von 52%. Das bedeutet, daß durch die nur hälftige Anrechnung der bereits auf Gesellschaftsebene gezahlten Körperschaftsteuer unter Umständen eine erhebliche Mehrbelastung entsteht. Sie beträgt in diesem Fall in Relation zum Normalsatz der KSt wie auch zur Einkommensteuer des angenommenen Anteilseigners 12/40 = 30%.

---

50 FA 1986, sec.14; FA 1987, sec. 5.

51 § 17 A SEL.

c) Verfahren, bei denen ein bestimmter Bruchteil der von der Gesellschaft gezahlten Körperschaftsteuer angerechnet wird

In Spanien und Portugal findet eine Anrechnung in Form des Abzugs eines Teils der auf den Gewinnausschüttungen lastenden Körperschaftsteuer von der Einkommensteuerschuld statt. Dieser Abzug beträgt in Portugal 20%[52] und in Spanien 10%[53] der Körperschaftsteuer.

In beiden Fällen ist die Steuergutschrift nicht Bestandteil des zu versteuernden Einkommens. Die Einkommensteuerschuld wird also direkt um diesen Betrag gekürzt. Dadurch wird die niedrige Anrechnungsquote teilweise relativiert. Für die Gesamtbelastung der Gewinnausschüttungen bei einem individuellen Einkommensteuersatz von 40% ergeben sich aber dennoch recht hohe nominale Werte von 57,5% für Spanien und 51,4% für Portugal, wobei hier der maximale Einkommensteuersatz 35% beträgt.

4.5.3 Vollanrechnungsverfahren

Die volle Anrechnung der auf Gewinnausschüttungen lastenden Körperschaftsteuer auf die Einkommen- oder Körperschaftsteuer des Anteilseigners erfolgt in Deutschland[54] und Italien[55] nach demselben Muster.

In beiden Fällen werden sowohl die Dividenden als auch die auf diesen lastenden Körperschaftsteuern als Bestandteil der einkommensteuerlichen Bemessungsgrundlage der empfangenden Anteilseigner behandelt. Von der hieraus sich ergebenden Steuer kann die anrechenbare Ausschüttungsbelastung in Abzug gebracht werden.

Die Dividenden italienischer Kapitalgesellschaften sind darüber hinaus von der lokalen Einkommensteuer (ILOR) befreit, so daß die Ausschüttungs-Gesamtbelastung wie auch in Deutschland 36% beträgt und nach dem Anrechnungsvorgang nur die individuelle Steuerbelastung verbleibt.

---

52 Vgl. Art. 72 Codigo do Imposto sobre o rendimento das pessoas colectivas.

53 Regelung neu ab 1990. Vgl. Selling, Heinz-Jürgen: Steueränderungen in Spanien 1989/90. In: IWB F. 5 (Spanien), Gr. 2, S. 167-174.

54 Vgl. §§ 27 ff. KStG.

55 Vgl. Gesetz Nr. 904/77 vom 16.12.1977.

Die einzelnen Schritte der Anrechnung gleichen sich in beiden Ländern; sie sind zu unterteilen in die auf der Ebene der Gesellschaft stattfindende Herstellung der Ausschüttungsbelastung (in Italien übereinstimmend mit der Tarifbelastung) und dem Anrechnungsvorgang auf der Ebene des Anteilseigners. Das Anrechnungsguthaben beläuft sich in beiden Fällen auf 36/64 der Bardividende, d.h. des nach Abzug der (Ausschüttungs-) Körperschaftsteuer verbleibenden Betrages.

Grundsätzlich sind jeweils nur inländische Anteilseigner anrechnungsberechtigt (unbeschränkt steuerpflichtige natürliche und juristische Personen). In Deutschland und Italien gibt es hierzu die Ausnahme, daß ausländische Muttergesellschaften inländischer Kapitalgesellschaften dann zur Anrechnung berechtigt sind, wenn sie im Inland eine Betriebstätte unterhalten. Die Beteiligung muß nicht notwendigerweise im Betriebsvermögen dieser Betriebstätte gehalten werden[56].

4.5.4 Dividendenabzugsverfahren

In Griechenland unterliegen die Gewinnausschüttungen der Aktiengesellschaften, wie erwähnt, keinerlei Körperschaftsteuer. Mit den stattdessen anfallenden Kapitalertragsteuern ist die Einkommensteuerschuld des Gesellschafters grundsätzlich getilgt, doch kann der Anteilseigner, wenn dies für ihn vorteilhaft ist, für eine Versteuerung der Dividenden im Rahmen seines Gesamteinkommens und damit für die Anrechnung der von der Gesellschaft auf seine Gewinnanteile entrichteten Quellensteuer optieren. Hierzu gibt es eine Ausnahme; dies sind die nicht börsennotierten Inhaberaktien. Hinsichtlich der darauf entfallenden Gewinnausschüttungen ist die Quellenbesteuerung definitiv.

4.6 Behandlung verbundener Unternehmen

4.6.1 Überblick

Wenigstens immer dann, wenn es keine Entlastung ausgeschütteter Gewinne von der Körperschaftsteuer gibt, sind Maßnahmen erforderlich, die die Mehrfachbelastung der Dividenden bei Ausschüttungen innerhalb von Konzernen mildern. Während nämlich eine gewisse Mehrfachbelastung bei der Ausschüttung an natürliche Personen u.U.

56 Vgl. für Deutschland: § 50 Abs. 5 des Einkommensteuergesetzes, Abschnitt 213 h Abs. 2 der Einkommensteuer-Richtlinien; für Italien: Art. 3 Abs. 2 des Gesetzes Nr. 904/77.

gewollt ist, kann dies insbesondere bei mehrstufigen Konzernen eine Gesamtbelastung verursachen, die diese Konzerne gegenüber vergleichbaren Einheitsunternehmen stark benachteiligt.

Dementsprechend existieren in allen EG-Staaten, in denen es keine Vollentlastung gibt - und zu den Vollentlastungsverfahren sei hier auch der griechische Dividendenabzug gerechnet - körperschaftsteuerliche Rechtsinstitute, die diese Mehrfachbelastung in Konzernen verhindern oder wenigstens mildern sollen.

Diese Rechtsinstitute lassen sich in zwei Gruppen einteilen, nämlich:

1. Schachtelprivilegien und
2. Maßnahmen der Einheitsbesteuerung.

4.6.2 Schachtelprivilegien

Die so bezeichneten Sonderregelungen ermöglichen es einer Muttergesellschaft, die von ihren Tochtergesellschaften bezogenen Gewinnausschüttungen ganz oder teilweise von der Besteuerung auszunehmen, da sie bereits vor der Ausschüttung an die Obergesellschaft bei der Tochter versteuert worden sind. Diese Vergünstigung ist regelmäßig an eine bestimmte Beteiligungsquote gebunden, lediglich in Belgien, Großbritannien und Irland gilt sie für alle Beteiligungen.

Dabei weisen die in Großbritannien und Irland geltenden Schachtelprivilegs-ähnlichen Regelungen Unterschiede zu den andernorts üblichen Verfahren auf:

Die auf den innerhalb britischer Konzerne fließenden Dividenden lastende Voraus-KSt (ACT) kann von der Muttergesellschaft in voller Höhe auf ihre ACT-Zahlung angerechnet werden.

In Irland sieht eine entsprechende Vorkehrung die Steuerfreiheit für sogenanntes "franked investment income" vor. Das sind alle Einkünfte, auf die bereits die hier übliche ACT gezahlt worden ist. Auf diese Steuerfreiheit kann zum Zwecke der Verlustverrechnung verzichtet werden.

Einzelheiten zu den verschiedenen Ausprägungen des Schachtelprivilegs sind der Tabelle 2 zu entnehmen.

4.6.3 Einheitsbesteuerung

Mit den Ausnahmen Belgiens, Griechenlands und Italiens gibt es in allen Mitgliedstaaten der EG Maßnahmen, die - in Einzelfällen mehr oder weniger weitgehend - die Besteuerung der Gewinne aller Konzernbestandteile unabhängig von ihrer Verwendung als eine Einheit bei der Obergesellschaft gestatten. Über die konzerneinheitliche Gewinnbesteuerung hinaus bietet die Einheitsbesteuerung aber den bedeutenden Vorteil der Verlustverrechnung innerhalb des Konzerns, denn die einheitliche Besteuerung aller in den Konzerngesellschaften angefallenen Ergebnisse schließt die Übertragung von Verlusten mit ein.

Diese Einheitsbesteuerung tritt in verschiedenen Ausprägungen auf, wovon sich insbesondere zwei Formen der Ergebniszusammenfassung bei der Obergesellschaft unterscheiden lassen: Sie kann einerseits als Konsolidierung erfolgen, was darauf hinausläuft, daß für steuerliche Zwecke die Einzelergebnisse der Muttergesellschaft und der Tochtergesellschaften unbeachtlich bleiben und bei der Muttergesellschaft eine einheitliche, gemeinsame Ergebnisermittlung erfolgt. Die Tochtergesellschaften werden also steuerlich als Betriebstätten der Obergesellschaft angesehen. Diese Ergebniskonsolidierung kann ihrerseits auf mehrere Arten durchgeführt werden, deren wichtigste die in Spanien[57], den Niederlanden und Dänemark (dort optionsweise) angewandte Vollkonsolidierung mit Eliminierung aller Zwischengewinne und die in Großbritannien unter Umständen übliche Quotenkonsolidierung sind. Letztere erfolgt dann, wenn das gezeichnete Kapital einer Gesellschaft in den Händen von maximal fünf Anteilseignern liegt, jeder davon aber weniger als 75% hält.

Die zweite Methode der Konzernbesteuerung ist die Zurechnung der getrennt ermittelten Einzelergebnisse der Konzerngesellschaften auf die Obergesellschaft. Dies geschieht nach der körperschaftsteuerlichen Organschaft in Deutschland und Luxemburg, außerdem in Frankreich.

Die Tabelle auf den folgenden Seiten zeigt die in den Einzelstaaten angewandten Verfahren zur Konzernbesteuerung.

---

57 Vgl. Gesetz Nr. 18/1982 vom 26.3.1982 und Durchführungsverordnung (Dekret Nr. 1414 vom 17.6.1977). Vgl. hierzu auch Selling, Heinz-Jürgen: Spanische Konzernbesteuerung aufgrund konsolidierter Jahresabschlüsse. In: RIW, 34. Jg. (1987), H. 4, S. 291-298.

Land	Schachtel-privileg ab ... %	Einheits-besteuerung ab ... %	Details
Belgien	0		90% der Dividende steuerfrei bei der Mutterges.
	50		85% - " —
Dänemark	25		100 % - " -
		100	
Deutschland	-		
		50	Ergebniszurechnung (Organschaft)
Frankreich	10		95% der Dividende steuerfrei b. d. Muttergesellsch.
		95	Ergebniszurechnung auf die Mutterges.
Griechenland	-	-	
Groß-britannien	0		Anrechnung der ACT bei der Muttergesellschaft
		75	Group Taxation (vollständige Ergebniskonsolidierung); Bei max. 5 Gesellschaftern mit jeweils weniger als 75% Anteil: Quotenkonsolidierung
Irland	0		"franked investment income": Befreiung von weiterer KSt.
		50	vollständige Konsolidierung. Bei closed companies erfolgt auch Zahlung von Leistungs-entgelten ohne ACT-Abzug.
Italien	-	-	
Luxemburg	10		Steuerbefreiung der Dividende bei der Mutterges. (gilt nicht für steuerbefreite Holdings).
		99	Ergebniszurechnung (Organschaft)

(Fortsetzung nächste Seite)

Land	Schachtel-privileg ab ... %	Einheits-besteuerung ab ... %	Details
Niederlande	5		
		99	"fiskalische Einheit"
Portugal	25		95% der Dividende steuerfrei b. d. Muttergesellsch.
		90	vollst. Konsolidierung
Spanien	25		Abzug der gesamten von der Tochtergesellschaft gezahlten KSt von der KSt-Schuld der Muttergesellschaft.
		50, in Ausnahmefällen: 90	vollst. Konsolidierung

Tabelle 2: Maßnahmen zur körperschaftsteuerlichen Behandlung verbundener Unternehmen in den Mitgliedstaaten der Europäischen Gemeinschaft.

Quellen: Bundesministerium der Finanzen: Informationsdienst zur Finanzpolitik des Auslands; Mennel, Annemarie, a.a.O., eigene Recherchen.

4.6.4 Grenzüberschreitende Anwendung von Sonderregelungen für Unternehmensverbindungen

Die Schachtelvergünstigungen und Einheitsbesteuerungen werden in verschiedenen Ländern auch international gewährt. So bieten fünf Länder das sog. internationale Schachtelprivileg, d.h. die Freistellung von Dividenden ausländischer Tochtergesellschaften im jeweiligen Inland. Dieses sind Belgien, Dänemark, Frankreich, Luxemburg und die Niederlande.

Eine mit dem internationalen Schachtelprivileg verwandte Vergünstigung bekommen italienische Muttergesellschaften: Dort sind aus dem Ausland bezogene Dividenden zu lediglich 40% körperschaftsteuerpflichtig. Der Mindestumfang der Beteiligung beträgt normalerweise 10% des Grund- oder Stammkapitals der ausländischen Tochtergesellschaft. Wenn es sich jedoch bei dieser um eine börsennotierte Aktiengesellschaft handelt, so erhöht sich die Untergrenze auf 20%. Darüber hinaus sind die Auslandsdividenden wie auch alle anderen Gewinnausschüttungen von Kapitalgesellschaften von der lokalen Einkommensteuer ILOR befreit.

Die Einbeziehung auch ausländischer Tochtergesellschaften in die Einheitsbesteuerung ist möglich in Dänemark, Frankreich, und Spanien. Dies ist jedoch in allen drei Fällen abhängig von der Genehmigung der Finanzbehörden.

4.7 Kapitalertragsteuern auf Dividenden

4.7.1 Allgemeiner Überblick

Mit Ausnahme Frankreichs, Großbritanniens und Irlands werden in allen EG-Staaten Kapitalertragsteuern erhoben. Deren Sätze schwanken zwischen 10% in Italien und bis zu 53% in Griechenland (s. unten). Die Steuersätze betragen für die übrigen Länder: 15% in Luxemburg, 30% in Dänemark und in allen anderen Fällen 25%.

Vorbehaltlich abweichender Bestimmungen in Doppelbesteuerungsabkommen gelten dieselben Sätze auch für nicht Gebietsansässige. Ausnahmen: Frankreich erhebt von den ins Ausland fließenden Gewinnausschüttungen eine Quellensteuer in Höhe von 25%, in Italien beträgt der entsprechende Satz 32,4%.

In allen Fällen ist die Kapitalertragsteuer auf die Einkommen- oder Körperschaftsteuer des Anteilseigners anrechenbar. Dies geschieht jedoch in Belgien, Griechenland und Portugal nur nach Ausübung einer entsprechenden Option, d.h. im Regelfall ist in diesen Ländern die Quellensteuer eine Definitivsteuer.

4.7.2 Sonderfall Griechenlands

Die Kapitalertragsteuern ersetzen in Griechenland die Körperschaftsteuer auf ausgeschüttete Gewinne. Neben der Unterscheidung in börsennotierte und nicht börsennotierte Aktien wird im Zusammenhang mit der Kapitalertragsteuer zwischen Namens- und Inhaberaktien unterschieden. Es sei am Rande darauf hingewiesen, daß bestimmte Unternehmen ausschließlich Namensaktien ausgeben dürfen. Dazu gehören Banken, Versicherungen, Luftfahrtunternehmen und Eisenbahngesellschaften[57]. Die Steuersätze im einzelnen:

a) börsennotierte Aktien
   aa) Namensaktien...42%
   bb) Inhaberaktien...45%
   Entstammen die von einem Aktionär in einem Veranlagungszeitraum bezogenen Dividenden ausschließlich einer einzigen Aktiengesellschaft, so wird ein Freibetrag von 30.000 Drachmen gewährt. Bei mehreren ausschüttenden Gesellschaften können maximal vier Freibeträge in Höhe von jeweils maximal 30.000 Dr in Anspruch genommen werden.

b) nicht börsennotierte Aktien
   aa) Namensaktien...47%
   bb) Inhaberaktien...53%
   In dem Fall der nicht börsennotierten Aktien werden die unter a) erwähnten Freibeträge nicht gewährt.

Die Anteilseigner können die Dividenden im Rahmen Ihrer Einkommensteuererklärung optional erklären und dabei die Kapitalertragsteuer in vollem Umfang anrechnen lassen.

4.8 Weitere Unternehmensteuern

4.8.1 Kennzeichnung

Steuern, die die Gesamt-Abgabenlast der Unternehmen zusätzlich zur Körperschaftsteuer in nennenswertem Ausmaß erhöhen, werden in fünf der zwölf EG-Mitgliedstaaten erhoben. Es sind dies Deutschland, Frankreich, Italien, Luxemburg und Spanien. Der Charakter der Zusatzsteuern ist dabei sehr unterschiedlich, denn neben reinen ertrags- oder substanzbezogenen Komponenten kommen auch Mischformen und an anderen Größen orientierte Steuern vor. Es soll daher eine Einteilung in drei Hauptgruppen vorgenommen werden, nämlich:

---

57 Art. 11a des Ges. Nr. 2190/20.

a) Ertragsteuern
b) Substanzsteuern
c) sonstige Steuern.

a) Ertragsteuern

Zusatzsteuern, die unmittelbar am Gewinn orientiert sind, gibt es in Form der ertragsbezogenen Komponenten der Gewerbesteuer (Gewerbeertragsteuer) in Deutschland und Luxemburg. Das luxemburgische Gewerbesteuergesetz weist aus historischen Gründen eine große Ähnlichkeit zum vergleichbaren deutschen Gesetz auf[58]: In beiden Ländern ergibt sich die Steuerlast aus der Anwendung der Meßzahl und des Hebesatzes auf den Gewerbeertrag, der durch bestimmte Hinzurechnungen und Kürzungen aus dem körperschaftsteuerlichen Einkommen hergeleitet wird. Im Unterschied zum deutschen Recht sind jedoch in Luxemburg die Holdinggesellschaften auch von dieser Steuer befreit[59].

In Spanien schließlich erheben die Gemeinden eine Gewerbesteuer, die sich neben dem Ertrag auch nach der Art der ausgeübten gewerblichen Tätigkeit richtet[60].

Da ein Unternehmen auch gleichzeitig in mehreren der acht Gewerbezweige tätig sein kann, die im Gesetz aufgezählt sind, kann eine mehrfache Gewerbesteuerpflicht eintreten. Wegen der dadurch u.U. entstehenden hohen Belastung ist eine Begrenzung der Gewerbesteuer auf 15% des Unternehmensgewinns vorgesehen.

b) Substanzsteuern

Hierfür gilt entsprechendes wie für die o.a. Ertragsteuern, nämlich daß sie in einer "reinen" Form lediglich in Deutschland und Luxemburg vorkommen. So gibt es in beiden Ländern sowohl eine Gewer-

58 Vgl. Gewerbesteuergesetz (GewStG) vom 1.12.1936. Dieses trägt einen deutschen Titel und ist dem Inhalt nach an das deutsche GewStG angelehnt, da in Luxemburg während der deutschen Besatzung auch die Steuergesetze übernommen wurden.

59 Vgl. Borggreve, Carlo H., a.a.O., S. 59. - Auch hier gilt ab 1991 nurmehr die sachliche statt der bisherigen persönlichen Steuerbefreiung.

60 Vgl. Art. 273-291 des Gesetzesdekrets Nr. 781/86 vom 18. 4.1986 und Durchführungsverordnung (Gesetzesdekret Nr. 791 vom 27.3.1981).

bekapitalsteuer als auch eine betriebliche Vermögensteuer. Die Abschaffung der Gewerbekapitalsteuer ist jedoch in beiden Ländern geplant; in Deutschland zusätzlich die Abschaffung der betrieblichen Vermögensteuer[61]. In Luxemburg gilt wiederum die sachliche Steuerbefreiung für Holdinggesellschaften bei beiden Steuerarten.

Die französische Gewerbesteuer enthält ebenfalls substanzbezogene Ansätze, indem der Mietwert aller Sachanlagen einen Teil der Bemessungsgrundlage der Gewerbesteuer (taxe professionelle) bildet[62]. Die Vergleichbarkeit mit einer Vermögen- oder Gewerbekapitalsteuer ist jedoch begrenzt, da nach französischem Recht auch Gegenstände in die Bemessungsgrundlage dieser Steuer eingehen, die nicht im Eigentum des Unternehmens stehen - also etwa gemietete Anlagen[63].

In neun der zwölf EG-Staaten (die Ausnahmen sind Belgien, Italien und Spanien) gibt es ferner Grundsteuern. Sie vermindern die Vergleichbarkeit der Unternehmensbesteuerung weiter, zumal sie auf verschiedene Bemessungsgrundlagen und mit sehr unterschiedlichen Tarifen erhoben werden.

c) sonstige Steuern

In dieser Kategorie sei zunächst die Lohnsummensteuer genannt, die in Frankreich als Bestandteil der taxe professionelle und Luxemburg als Gewerbesteuerteil erhoben wird.

In Italien ist mit Beginn des Jahres 1989 eine Gemeindesteuer eingeführt worden, die sich nach der Art des ausgeübten Gewerbes und nach der Größe der hierfür genutzten Räume bemißt.

Spanische Gemeinden mit einer Einwohnerzahl von mehr als 100.000 erheben eine sog. Niederlassungsteuer, die ähnlich der italienischen Steuer anhand die Fläche der genutzten Geschäftsräume berechnet wird[64].

61 Vgl. o.V.: Dokumentation Koalitionsvereinbarungen, a.a.O.

62 Vgl. Art. 1469 ff. des Allgemeinen Abgabengesetzes (Code General des Impôts, CGI).

63 Vgl. Viegener, Johannes: Die französische Gewerbesteuer. In: IWB, F. 5 (Frankreich), Gr. 2, S. 545-550 (hier: S. 547).

64 Vgl. Art. 316-332 des Gesetzesdekretes Nr. 781/86 vom 18.4.1986.

4.8.2 Wirkung

Die Wirkungen insbesondere der nicht ertragsabhängigen Zusatzsteuern lassen sich wie folgt zusammenfassen:

Diese Steuern setzen nicht am Gewinn als dem Ergebnis der unternehmerischen Tätigkeit an, sondern bei Merkmalen der spezifischen Struktur von Unternehmungen. Dies sind z.B. bestimmte Wirtschaftsgüter (Grundsteuer), die Finanzierung (Vermögen-, Gewerbekapitalsteuer) oder die Beschäftigung (Lohnsummensteuer). Entscheidungen über diese Unternehmensstrukturdaten, denen ökonomische Überlegungen zugrunde liegen sollten, können daher durch die Einwirkung dieser Steuern u.U. fehlgeleitet werden.

Dieser Einfluß ist besonders offensichtlich bei substanzbezogenen Steuern. Sie sind in den meisten Fällen am Nettovermögen ausgerichtet und benachteiligen insofern das Eigenkapital. Hier liegt also ein unmittelbarer Einfluß auf die Unternehmensfinanzierung vor. Da diese Steuern ferner auch in ertragsschwachen oder Verlustperioden zu entrichten sind, treffen sie Unternehmen in der Gründungs- oder Sanierungsphase in besonderer Weise.

Eine ähnlich verzerrende Wirkung haben Lohnsummensteuern, deren restriktiver Einfluß auf die Beschäftigung von Arbeitnehmern sich aus ihrer Bemessungsgrundlage ergibt.

Tendenziell nachteilig werden sich auch die in Italien und Spanien erhobenen Steuern auf die genutzte Gebäudefläche auswirken. Dies nicht nur wegen der Ertragsunabhängigkeit dieser Steuern, sondern wesentlich wegen ihrer Anknüpfung an eine der Grundlagen der betrieblichen Tätigkeit. Damit zusammenhängende Entscheidungen unterliegen somit der Gefahr der Verzerrung durch steuerliche Einflüsse.

Auch die ertragsabhängigen Zusatzsteuern können Entscheidungen des Unternehmens, die dessen Aufbauelemente berühren, beeinflussen und damit ökonomische Sachverhalte zurückdrängen. Dies gilt insbesondere für Standortentscheidungen im europäischen Rahmen, falls diese Steuerarten nicht in die Bemühungen zur Vereinheitlichung einbezogen werden.

Aufgrund der Unterschiede in der Art der erhobenen Steuern und ihrer Bemessungsgrundlagen wird durch sie ein Vergleich der Steuerbelastung der Unternehmen lediglich anhand der Körperschaftsteuern unzulässig. Wie bereits hervorgehoben, ist hierin jedoch kein Motiv zu sehen, von deren Vereinheitlichung abzusehen. Vielmehr soll der Handlungsbedarf, der auch abseits der Körperschaftsteuerangleichung auf diesem Feld besteht, deutlich gemacht werden.

5. Teil

Entwicklung des Anforderungsprofils an ein gemeinsames Körperschaftsteuersystem der Europäischen Gemeinschaft

5.1 Einführende Erläuterungen

Mit Blick auf den Umstand, daß eine Vereinheitlichung der gesamten Unternehmensbesteuerung in der Europäischen Gemeinschaft wünschenswert ist und die Harmonisierung der Körperschaftsteuer langfristig lediglich als ein - wenn auch vordringlicher - Teilaspekt dieses Komplexes anzusehen ist, muß der Entwurf eines Anforderungsprofils an ein EG-einheitliches Körperschaftsteuersystem notgedrungen unvollständig bleiben. Die Beantwortung verschiedener hierbei auftretender Fragen ist im Rahmen einer Gesamtkonzeption der Unternehmensteuern zu suchen; in diesem Zusammenhang sei beispielhaft nur die Mehrfachbesteuerung der Unternehmen in einigen Ländern mit Körperschaft- und Gewerbeertragsteuer oder ähnlichen objektbezogenen Steuern genannt. Auch die Substanzbesteuerung fällt in diese Kategorie.

Da die Vereinheitlichung der Körperschaftsteuer für viele der Mitgliedstaaten der Gemeinschaft ohnehin mit einschneidenden Reformen verbunden sein wird, bietet sich hier die Chance, eine dauerhafte, in sich geschlossene und möglichst vielen Anforderungen gerecht werdende Lösung zu schaffen. Um dies zu gewährleisten, werden im folgenden drei Punkte von herausragender Bedeutung ausführlich erörtert; untergeordnete Aspekte, die ihrerseits nur bestimmte Bereiche des Systems der Körperschaftsteuer berühren, sind Gegenstand des 6. Teils der Arbeit.

Bei den drei erwähnten Hauptforderungen an das zu entwickelnde Körperschaftsteuersystem handelt es sich um dessen Eingliederung in die bestehende Rechtsordnung bzw. das Konglomerat aus den Rechtsordnungen der Mitgliedstaaten, soweit sie verschiedenen Inhalts sind; zum zweiten um die Gewährleistung der steuerlichen Neutralität hinsichtlich veschiedener Merkmale wie Rechtsform, Unternehmensfinanzierung u.a,; drittens schließlich sollen einige verteilungspolitische, also gesamtwirtschaftliche Effekte der Körperschaftsteuer angesprochen werden, die, wie zu klären sein wird, möglicherweise wünschenswert sein können.

Daneben werden noch einige praktische Einflußgrößen zur Sprache kommen, nämlich die politische Durchsetzbarkeit einer einheitlichen Körperschaftsteuer einerseits und die Praktikabilität und technische Durchführbarkeit andererseits.

Es wird sich nicht vermeiden lassen, daß zwischen einzelnen Forderungen, die hier hinsichtlich eines "idealen" Körperschaftsteuersystems aufgestellt werden, Spannungen entstehen. d.h. es werden sich nicht alle Postulate gleichzeitig verwirklichen lassen. Dies gilt um so mehr aus Gründen der politischen Opportunität. Dennoch sollen zunächst einmal auch solche Ansprüche gestellt werden, die offensichtlich miteinander unvereinbar sind. Die Erschließung eines gangbaren Mittelweges ist Gegenstand des Abschnittes 6.3 dieser Arbeit.

Aufgrund der vorbezeichneten Schwierigkeiten, aber auch, um einen Spielraum für die speziellen Bedürfnisse hinsichtlich der nationalen Besonderheiten einzelner Staaten zu belassen und zur Minimierung der zu erwartenden Spannungen zwischen den beteiligten Staaten bei der Durchsetzung der jeweiligen Vorstellungen. empfiehlt es sich, hier lediglich einen Katalog von Mindestanforderungen zu entwickeln.

5.2 Gebot der Einheit der Rechtsordnung

5.2.1 Vorbemerkungen

Wenn von dem "Gebot" einer Einheit der Rechtsordnung die Rede ist, so handelt es sich hierbei nicht um ein in dieser Rechtsordnung selbst kodifiziertes Gebot in Form etwa einer Verfassungsvorschrift. Vielmehr bedarf zunächst der Begriff dieser Rechtsordnung selbst erst einmal der Klärung, um anschließend zu deren Einheitlichkeit Stellung beziehen zu können.

Wir haben es im vorliegenden Zusammenhang nicht mit einer geschlossenen, nationalen Rechtsordnung zu tun, sondern mit dem Produkt aus zwölf verschiedenen Verfassungen und auch Steuerverfassungen. Daher kann das Unternehmen, ein Körperschaftsteuersystem zu finden, welches allen gleichzeitig gerecht wird, als praktisch undurchführbar angesehen werden - auch, wenn es sich bei den beteiligten Staaten ausschließlich um solche mit rechtsstaatlichen Verfassungen und einer freiheitlich-demokratischen Grundordnung handelt.

Es erhebt sich die Frage, ob eine so dezidierte Abstimmung des anzustrebenden Steuersystems im Sinne einer umfassenden, alle Einzelheiten berücksichtigenden Lösung überhaupt wünschenswert ist. Dies kann nämlich schon deswegen in Zweifel gezogen werden, weil sämtliche der beteiligten Staaten die römischen Verträge nebst Ergänzungsdokumenten unterzeichnet haben und diese zusammen eine allen Staaten gemeinsame, übergreifende Rechtsordnung darstellen. Es ist deswegen kurz zu untersuchen, ob und inwieweit diese Verträge und ergänzenden Dokumente eine Art gemeinsamer Rechtsordnung beinhalten oder wenigstens einen Orientierungsrahmen hierfür abgeben.

Betrachtet man zunächst den Vertrag zur Gründung der Europäischen Wirtschaftsgemeinschaft (EWGV), so ist festzustellen, daß er zwar verschiedentlich die Angleichung innerstaatlicher Rechtsvorschriften fordert[1], jedoch nicht ausdrücklich die Richtung dieser Angleichung spezifiziert. D.h., es wird nicht eine bestimmte Art der Rechtsordnung gefordert. Daß die Angleichung der Rechtsvorschriften im Hinblick auf eine marktwirtschaftliche Ordnung zu erfolgen hat, ergibt sich aus Art. 2 Satz 1 ("Errichtung eines Gemeinsamen Marktes") sowie Art. 3 Buchstabe f EWGV. Letzterer fordert die Sicherung eines unverfälschten Wettbewerbs.

Es gibt indes in Art. 3 Buchst. h) des EWGV einen Hinweis, daß der Gemeinsame Markt auf einen funktionierenden und vor Verfälschungen geschützten Wettbewerb gegründet sein soll. In diesem Zusammenhang bekommt das Konzept der Wettbewerbsneutralität der Besteuerung ein besonderes Gewicht; hierin muß eine wesentliche Grundnorm gesehen werden, an der sich jede Angleichung von Rechtsvorschriften zu orientieren hat - letztendlich ist dies der ausschlaggebende Grund für die Harmonisierung auch direkter Steuern.

Da aber die Schaffung eines vergrößerten Wettbewerbsraumes in Form eines gemeinsamen Binnenmarktes das eigentliche Leitmotiv der gesamten Idee einer Europäischen Wirtschaftsgemeinschaft ist, ist darin zwar nicht weniger, aber auch nicht mehr als eine Generalnorm zu erblicken[2].

---

1 Neben den Vorschriften zur Harmonisierung einzelner indirekter Steuern sind dies ibs. Art. 3 Buchst. h) und Art. 100 EWGV.

2 Vgl. hierzu auch die Kommentierung zu Art. 3 EWGV, ibs. Zuleeg, Manfred in: v.d. Groeben, Hans u.a.: Kommentar zum EWG-Vertrag, a.a.O., Rdnr. 11, 12 und 14 zu Art. 3 EWGV.

Während also der Vertrag zur Gründung der Europäischen Wirtschaftsgemeinschaft im Hinblick auf die gemeinsame Rechtsordnung der Mitgliedstaaten noch sehr zurückhaltend formuliert ist, können aus der knapp 30 Jahre später paraphierten Einheitlichen Europäischen Akte schon weitergehende Schlüsse hinsichtlich einer solchen gezogen werden. In deren Präambel wird - neben der Festlegung auf die Grundsätze der Demokratie im 6. Absatz - auch die Beachtung der Grundsätze von Freiheit, Gleichheit und Gerechtigkeit gefordert.

Dieses ist, wenn auch nur am Rande erwähnt, ein Anhaltspunkt für die grundsätzliche Ausgestaltung der Rechtsordnung innerhalb der EG. Doch immerhin sind hierdurch Schlüsse auf die der Besteuerung zugrunde zu legenden Prinzipien möglich, nämlich insbesondere das Prinzip der Gleichmäßigkeit der Besteuerung, folgend aus dem Gleichheitsgrundsatz, und das der Besteuerung nach der wirtschaftlichen Leistungsfähigkeit, folgend aus dem Grundsatz der Gerechtigkeit.

Kann nun von dieser eher dünnen Grundlage gemeinschaftlicher Rechtsordnung auf eine bestimmte Art der Gestaltung des Körperschaftsteuerrechts geschlossen werden? Sicherlich wird dies nur innerhalb sehr weit gefaßter Grenzen, nämlich der genannten Grundsätze der Einheitlichen Europäischen Akte und damit der o.a. Prinzipien der Besteuerung legitim sein. D.h., die Spielräume sind nach wie vor groß.

Es ist nicht möglich, ohne unzulässige Schlüsse zu ziehen, von "einem Gemeinschaftsrecht" zu sprechen (wohl aber von einem Recht der Europäischen Gemeinschaften, worunter die Verfassung der Gemeinschaft selbst als organisatorische Einheit zu verstehen ist). Die verschiedenen gemeinsamen Rechtsvorschriften, also das aufgrund von Organen der Gemeinschaft erlassene Recht, wie z.B. Richtlinien des Rates, befinden sich auf einer anderen Ebene[3]. Denn dieses "Gemeinschaftsrecht" kann immer nur der Ausfluß des Vertragswerks sein, der dann durch einen entsprechenden Artikel der jeweiligen Verfassung in nationales Recht übernommen zu werden hat[4].

Produkte dieses gemeinschaftlichen Rechts sind unter anderem das bereits teilweise harmonisierte Handels- und Gesellschaftsrecht sowie die Vorschriften über den Jahresabschluß von Kapitalgesellschaften.

---

3 Vgl. Ipsen, Hans-Peter: Euopäisches Gemeinschaftsrecht, Tübingen, 1972, S. 6, TZ 5.

4 In der Bundesrepublik Deutschland z.B. gem. Art. 59 Abs. 2 GG.

Hierin hat sich ein gemeinsames Körperschaftsteuersystem einzupassen.

5.2.2 Kompatibilität mit einem harmonisierten Handels- und Gesellschaftsrecht

Die Vereinbarkeit von Handels- und Steuerbilanz ist ein wesentlicher Bestandteil der Einheit der Rechtsordnung. Ohne allerdings zu weit auf das Gebiet der Bemessungsgrundlagen vordringen zu wollen, kann jedoch festgestellt werden, daß eine völlige Synchronisierung beider Rechnungssphären, nämlich einerseits der handelsrechtlichen mit der Handelsbilanz als Ausfluß und der steuerlichen andererseits, nicht sachgerecht wäre. Die mit beiden Bilanzen verfolgten Ziele sind dazu zu unterschiedlich[5].

Wenn hier von Kompatibilität eines Körperschaftsteuersystems mit dem Handels- und Gesellschaftsrecht die Rede ist, so ist denn damit in erster Linie die Forderung nach Übereinstimmung der körperschaftlichen Rechtsformen des Handelsrechts mit den Subjekten der Körperschaftsteuer gemeint.

Diese Subjekte sollen sich insbesondere dadurch auszeichnen, daß sie über eine eigene Rechtspersönlichkeit verfügen und i.d.R. die persönliche Haftung der Mitglieder ausschließen. An diesem Punkt wird auch spätestens deutlich, daß es einer eigenständigen Körperschaftsteuer bedarf - was nicht selbstverständlich ist[6]. Eine Besteuerung quasi im "Durchgriff" auf die Mitglieder bzw. Anteilseigner bedeutete eine steuertechnische Vernachlässigung der juristischen Person, diese würde als "nicht existent" betrachtet[7]. Diese Anschauung betrachtet das Unternehmen - die Gesellschaft - als Mittel zum Zweck des oder der Inhaber[8], ganz gleich, welcher Rechtsform diese sich bedienen. Sie läßt dabei außer acht, daß das Hauptmotiv des Erwerbs von Un-

---

5 Vgl. Wöhe, Günter: Betriebswirtschaftliche Steuerlehre, Bd. 2, 1. Halbband; 6. Aufl., München, 1986, S. 412.

6 Zu anderen Vorschlägen zur Gestaltung der Besteuerung juristischer Personen vgl. unten, Abschnitt 6.2. Hier sei beispielhaft das Modell der "Teilhabersteuer" erwähnt - vgl. Engels, Wolfram; Stützel, Wolfgang: Teilhabersteuer, Frankfurt/M., 1968.

7 Vodrazka, Karl: Die Körperschaftsbesteuerung der Kapitalgesellschaften - Argumente und Folgerungen. In: StuW, 48. (1.) Jg. (1971), H. 3, S. 235 - 246; hier: S. 240.

8 Vgl. Steuerreformkommission, Gutachten 1971, Teil IV (Körperschaftsteuer), TZ 41 ff.

ternehmensanteilen oft die Kapitalanlage ist. Dies trifft in besonderem Maße auf Kleinaktionäre von Publikumsgesellschaften zu, die aufgrund ihres niedrigen Kapitalanteils nicht in der Lage sind, zur Durchsetzung strategischer Ziele auf die Geschäftsleitung einzuwirken. Auf diesem Prinzip beruht im übrigen die ganze Einrichtung der Aktiengesellschaft ursprünglich, was an deren Bezeichnung u.a. in der französischen (societe anonyme) und spanischen Sprache (sociedad anonima) deutlich wird.

Anders stellt sich die Argumentation dar, wenn man die Begründung zum Aktiengesetz 1965[9] betrachtet; dort werden die Aktionäre als "wirtschaftliche Eigentümer" der Gesellschaft bezeichnet. Dies ist formal unanfechtbar, doch darf nicht übersehen werden, daß der einzelne Aktionär einer Publikumsaktiengesellschaft praktisch keine Möglichkeit der Einflußnahme auf das Management hat. Folgt man also der Begründung des Aktiengesetzes, so kann damit eher eine Durchgriffs- als eine eigenständige Körperschaftsteuer begründet werden. Dies ist jedoch schon mit Blick auf die technische Undurchführbarkeit abzulehnen, ganz abgesehen von dem damit verbundenen Systembruch.

Die Einhaltung des Trennungsprinzips[10] ist hier also aus systematischen Gründen außerordentlich sinnvoll und wünschenswert.

Von Interesse im Zusammenhang mit der Kongruenz zwischen Gesellschaftsrecht und Körperschaftsteuersystem sind über die bereits angeführten Tatbestände hinaus zwei Entscheidungen des Bundesverfassungsgerichts. Sie sind zwar nicht EG-weit, sondern nur maßgeblich, soweit deutsches Recht betroffen ist, doch sind sie als symptomatisch anzusehen für die Ausgestaltung des Rechts, hier besonders des Steuerrechts, in freiheitlichen Verfassungen:

Gemäß einem Urteil des Bundesverfassungsgerichts aus dem Jahre 1962[11] ist die Anlehnung des Steuerrechts an das Zivilrecht nicht zwingend erforderlich. Wenn auch die Einheitlichkeit der Rechtsordnung als zweckmäßig hervorgehoben und die daraus resultierende Klarheit und "innere Autorität" betont wird, brauche der Steuergesetzgeber jedoch wegen der "Eigenart der zu regelnden Materie"

9 BT-Drucksache IV / 171, S. 98 ff.

10 Vgl. Raupach, Arndt: Der Durchgriff im Steuerrecht, Steuerrecht im Rechtsstaat, H. 8, München, 1968, S. 87.

11 BVerfG, Urt. v. 24.1.1962, BStBl I 1962, S. 500 ff.; BVerfGE Bd. 13, S. 331.

nicht allgemein an die bürgerlich-rechtliche Ordnung anzuknüpfen.

Stattdessen ist es ihm, einer Verfassungsgerichtsentscheidung von 1968 folgend, ausdrücklich gestattet, sich "bei der Gestaltung von Steuertatbeständen auch an wirtschaftlichen Gesichtspunkten zu orientieren"[12]

5.2.3 Schnittstellen mit dem Gesamtsystem - Prinzipien der Besteuerung

Die staatliche Abgabenerhebung hat sich - zumindest in einem sozialen Rechtsstaat - an bestimmte Regularien in Form von Besteuerungsprinzipien zu halten. Beherrschender Gedanke ist dabei die Tatsache, daß der Staat für seine "Elemente", nämlich die Staatsbürger oder im weiteren Sinne die natürlichen und juristischen Personen dazusein hat, zumal diese ja "der Staat" *sind*. Der Staat ist auch als Abgabenempfänger letztlich nichts anderes als die Gesamtheit seiner Elemente. Der Ausdruck "Elemente" sei hier benutzt, um auch die juristischen Personen mit einzubeziehen, um die es hier hauptsächlich geht. Auch diese sind letztendlich jedoch dazu bestimmt, den natürlichen Personen, die ihre Gesellschafter sind, zu dienen.

Konsequenterweise ist denn auch das - noch steuerunspezifische - Rechtsstaatsprinzip die beherrschende Maxime, aus der sich alle anderen Prinzipien und Grundsätze der Besteuerung abzuleiten haben. Dieser Grundsatz bedeutet zunächst einmal nichts anderes, als daß kein staatlicher Eingriff in die Privat- bzw. Unternehmenssphäre der Elemente des Staates ohne eine gesetzliche Grundlage zu erfolgen hat[13]. In sozialen Rechtsstaaten wie den Mitgliedsländern der Europäischen Gemeinschaft kommt hinzu, daß diese den staatlichen Eingriffen zugrundeliegenden Gesetze demokratisch legitimiert, d.h. von der Mehrheit der Bevölkerung getragen sein müssen.

Sowohl für das Rechtsstaatsprinzip als auch für die aus ihm erwachsenen weiter unten näher erläuterten Besteuerungsprinzipien ist der Begriff der "Gerechtigkeit" prägend[14]. Derselbe kann jedoch, auf das

---

12 BVerfG, Beschluß vom 2.10.1968, BStBl II 1968, S. 762. Zitiert in: Gutachten der Steuerreformkommission 1971, a.a.O., TZ IV / 51.

13 Vgl. Bühler, Ottmar: Prinzipien des Internationalen Steuerrechts, Amsterdam, 1984, S. 150 f.

14 Vgl. Neumark, Grundsätze ..., a.a.O., S. 67.

Steuerrecht übertragen, mit den verschiedensten Inhalten erfüllt werden. Deswegen scheint es angezeigt, hierunter die Vermeidung von Ungerechtigkeiten zu verstehen, die der Mehrheit der sachverständigen Bevölkerung untragbar anmuten. Aufgrund der demokratischen Verfassung wird man wohl die Einschränkung auf die sachverständigen Staatsbürger fallenlassen müssen - ein Parlament als Gesetzgeber wird von allen Wahlberechtigten gewählt; von daher wird auch das Gerechtigkeitsempfinden hinsichtlich der Steuergesetzgebung von der Gesamtbevölkerung getragen.

Aus dem Rechtsstaatsprinzip können vielerlei weitere Besteuerungsprinzipien hergeleitet werden, die nach unterschiedlichen Kriterien zusammengefaßt werden können. Beispielsweise nimmt *Neumark* eine Einteilung nach politischen Merkmalen vor, indem er ethisch-sozialpolitische, fiskalisch-budgetäre wirtschaftspolitische Prinzipien sowie das Redistributionspostulat unterscheidet[15]; *Haller* dagegen sieht zwei "Fundamentalprinzipien" der Besteuerung über allem anderen, nämlich das Äquivalenz- und das Leistungsfähigkeitsprinzip[16]. Beide sind nach *Haller*s Meinung unvereinbar, weswegen über die Anwendung des einen oder anderen vorab entschieden werden müsse.

Tatsächlich handelt es sich dabei um zwei Prinzipien, die nicht derselben Abgabe zugrundeliegen können. Dem steht aber nicht entgegen, daß sie beide in demselben Steuersystem hinsichtlich verschiedener Abgabenarten nebeneinander beachtet werden könnten.

Da die Frage, ob eine Steuer nach dem Äquivalenz- oder Leistungsfähigkeitsprinzip erhoben werden soll, große Bedeutung insbesondere hinsichtlich der Erhebungsform und der Tarifgestaltung erlangt, soll dieser Problembereich auch hier vorab behandelt werden.

Die Untersuchung des Äquivalenzprinzips auf seine Eignung als Grundlage einer Körperschaftsbesteuerung ist relativ unproblematisch. Es unterstellt nämlich, daß die Höhe einer Abgabe an der durch den Abgabenzahler vom Staat erhaltenen Leistung gemessen werde[17].

Diese Sichtweise würde bedeuten, daß die Körperschaftsteuer als Entgelt für genau zu bestimmende staatliche Leistungen anzusehen sei und damit bereits den Charakter eines Marktpreises hätte. Als

---

15 ebenda, S. 90 ff

16 Vgl. Haller, Heinz: Die Steuern, a.a.O., S. 13 ff. - In ähnlicher Weise äußert sich auch das Gutachten der Steuerreformkommission a.a.O., TZ. IV / 46 ff.

17 Vgl. Haller: Die Steuer, a.a.O., S. 16.

eine Steuer soll sie jedoch der Finanzierung des Staatshaushalts dienen, ohne daß die von einzelnen Steuerpflichtigen entrichteten Beträge zweckgebunden wären.

Wollte man das Äquivalenzprinzip anwenden, so ergäbe sich zusätzlich das Problem der Ermittlung der Kosten staatlicher Leistungen, wie etwa das Zur-Verfügung-Stellen einer gewissen Infrastruktur. Soll die Äquivalenz außerdem nicht nur die reinen dem Staat entstehenden Kosten abdecken, sondern einen marktwirtschaftlichen Charakter aufweisen, so hätte, sieht man den Staat als monopolistischen Anbieter, das Unternehmen die Möglichkeit, eine ihm genehme Menge staatlicher Leistungen abzunehmen, womit sich der Preis für diese Leistungen am Markt bildete. Das Ergebnis wäre nicht nur eine Unkalkulierbarkeit der staatlichen Haushalte, sondern auch eine Machtverschiebung zugunsten der Nachfrager mit starker Marktposition - also langfristig gegen kleine und mittelständische Unternehmen gerichtet. Größere Unternehmen könnten damit ihre "Steuerlast" in einem bestimmten Rahmen selbst bestimmen. Abgesehen davon, daß diese Erscheinung an sich unerwünscht ist, ist sie auch mit der momentan üblichen Besteuerung der Gewinne von Personengesellschaften, die mit den Subjekten der Körperschaftsteuer im Wettbewerb stehen, nicht vereinbar.

Es wird damit deutlich, daß das Äquivalenzprinzip nicht als Maßstab für die Ausgestaltung oder Höhe der Körperschaftsteuer herangezogen werden kann. Allenfalls kann es als Rechtfertigung für die Erhebung von Steuern und damit einer Körperschaftsteuer überhaupt gelten, denn die Finanzierung des Staatshaushaltes ist die Finanzierung der Leistungen des Staates an die Allgemeinheit.

Das zweite Fundamentalprinzip im *Haller*schen Sinne ist das Prinzip der Besteuerung nach der wirtschaftlichen Leistungsfähigkeit. Es hängt eng zusammen mit einem weiteren wichtigen Grundsatz, nämlich dem der Gleichmäßigkeit der Besteuerung, wobei letzterer jedoch weiter gefaßt ist als der erstgenannte: Der Grundsatz der Gleichmäßigkeit ist auch dann bereits erfüllt, wenn von allen Steuersubjekten der gleiche Betrag entrichtet wird, was dem Leistungsfähigkeitsprinzip zuwiderläuft[18]. Insofern ist das Leistungsfähigkeitsprinzip eine Ausprägung des Gleichmäßigkeitsgrundsatzes. Dieser hat seinen Ausgangspunkt in dem in allen freiheitlich-demokratischen

18 Vgl. Neumark: Grundsätze ...., a.a.O., S. 90.

Verfassungen verankerten Gleichheitssatz[19]. Sieht man in der wirtschaftlichen Leistungsfähigkeit die "Steuerfähigkeit"[20] eines Unternehmens, so gilt es im folgenden Schritt, hierfür geeignete Indikatoren zu finden, da diese Größe selbst nicht meßbar und nicht einheitlich definiert ist.

Im Bereich natürlicher Personen ist dies in der Vergangenheit vielfach mit Hilfe der Grenznutzentheorie geschehen. Es wurde unterstellt, daß die Steuerzahlung bei den einzelnen Individuen zu einer relativ gleichen Einbuße an Bedürfnisbefriedigung zu führen habe; da jedoch der absolute Nutzenzuwachs einer zusätzlich verdienten Geldeinheit umso geringer wird, je höher das Gesamteinkommen steigt, kann auf diese Weise ein progressiver Einkommensteuertarif einleuchtend begründet werden[21]. Die Steuerfähigkeit wird damit als sich überproportional zum Einkommen entwickelnd angenommen[22]; fraglich bleibt aber, ob dasselbe auch für juristische Personen in Form von Kapitalgesellschaften gelten kann.

Zwar dienen Kapitalgesellschaften den natürlichen Personen zur Einkommenserzielung und damit zur Bedürfnisbefriedigung, doch wäre es falsch, schon auf deren Ebene von einer solchen zu sprechen. Das hätte zur Folge, daß der Gedanke der Besteuerung nach einer relativen Einbuße an Bedürfnisbefriedigung sowohl hier als auch ein zweites Mal auf der Ebene der Anteilseigner greifen würde; damit griffe man dem "Endzweck" der Einkommensteuererhebung vor, bevor das diesem zugrundeliegende Einkommen überhaupt entstanden wäre. Dies spricht wohlgemerkt nicht gegen eine Besteuerung der Körperschaften überhaupt, allerdings spricht es wohl gegen eine Gleichbehandlung dieser mit den natürlichen Personen, zumal lediglich bei den letztgenannten von einer Befürfnisbefriedigung die Rede sein kann.

Indessen empfiehlt sich das Einkommen dennoch als Indikator für die wirtschaftliche Leistungsfähigkeit und damit für die Steuerfähigkeit von Körperschaften. Es repräsentiert neben der Fähigkeit, bei den Gesellschaftern für Einkünfte zu sorgen, auch die Möglichkeit der Selbstfinanzierung und somit die Fähigkeit, wirtschaftliche Leistungen

---

19 vgl. Art. 3 GG.

20 Ossenbühl, Klaus-Hermann: Die gerechte Steuerlast, Heidelberg, 1972; S. 83

21 Vgl. etwa die "Steuerfähigkeitsfunktion" bei Ossenbühl, a.a.O.; mit ähnlichem Tenor: Haller, Die Steuern, a.a.O., S. 74 f.

22 Vgl. Ossenbühl, a.a.O., S. 103.

auch in Zukunft aus eigener Kraft zu erbringen.

Aus dem hier Gesagten wird deutlich, daß das Leistungsfähigkeitsprinzip als "Fundamentalprinzip" eher und besser in der Lage ist, eine Maxime für die Körperschaftsbesteuerung darzustellen als das Äquivalenzprinzip. Daraus folgt als Forderung an das zu entwickelnde Körperschaftsteuersystem die Orientierung an geeigneten Indikatoren der Leistungsfähigkeit, insbesondere am Einkommen.

5.3 Das Konzept der Neutralität der Besteuerung

5.3.1 Wettbewerbsneutralität der Besteuerung als Grundnorm

Eine einheitliche Definition der "Neutralität der Besteuerung" und insbesondere der Körperschaftsbesteuerung gibt es nicht, vielmehr wird dieser Terminus je nach momentaner Anforderung mit verschiedenen Inhalten versehen.

Als grundlegend für alle Bemühungen um eine neutrale Besteuerung kann jedoch der Grundsatz des "leave them as you find them" angesehen werden[23]. Diese sogenannte "Edinburgher Regel" geht bereits auf den britischen Nationalökonom James St. *Mill*[24] zurück und besagt im Prinzip, daß die relative Einkommens- und Vermögensposition der Wirtschaftssubjekte (im Verhältnis zu ihrer Situation vor Eingriff der Steuer) nicht durch die Besteuerung verändert werden soll. Es fordert also die verteilungspolitische Neutralität und steht damit im Gegensatz zu einem mit der Besteuerung heute oftmals offen verfolgten Zweck, nämlich der Umverteilung. Ferner ist das Festhalten am Neutralitätsziel um so schwieriger, je mehr man die Effekte der Verwendung der Steuererträge und die verschiedenen möglichen Reaktionen der Subjekte auf die Belastung mit einer Steuer in die Betrachtung einbezieht; damit wird deutlich, daß eine Steuer im volkswirtschaftlichen Sinne eigentlich niemals in ihrer Wirkung neutral sein kann.

Die Perspektive, von der aus eine Steuer oder eine Besteuerung als

---

23 Vgl. u.a. Tretner, C.-H.: Wettbewerbsneutrale Besteuerung, Köln/Opladen, 1963, S. 7.

24 Mill, James Stuart: "Principles", 2. Aufl. (1824), zitiert bei Neumark, Fritz: Grundsätze .... a.a.O., S. 33.

"neutral" gelten soll, wechselt häufig: In der Finanzwissenschaft wird der Standpunkt einer von außen beobachtenden, möglicherweise auch staatlichen Institution als Maßstab herangezogen[25]. Doch damit setzen bereits die Schwierigkeiten dieser Art der Betrachtung ein, denn im Gegensatz zu der von *Elschen/Hüchtebrock*[26] vertretenen Auffassung sollte dieser Beobachter keine staatliche Institution sein; die staatliche Verwaltung als steuererhebende Institution ist hierin immer befangen.

Demgegenüber ist die Perspektive der Betriebswirtschaft die des Entscheidungsträgers innerhalb einer Unternehmung, welcher, vergröbert, eine Besteuerung dann als neutral empfindet, wenn sie keinen Einfluß auf unternehmerische Entscheidungen ausübt. Dies ist zweifellos ein Idealzustand und fern jeder Realität, er soll hier als modellhafter Fall jedoch einmal postuliert werden. So ist es möglich, ein aus Sicht der Betriebswirtschaftslehre wünschenswertes und gleichzeitig realisationsfähiges Profil von Neutralitätseigenschaften einer EG-einheitlichen Körperschaftsbesteuerung zu entwickeln.

Da die Finanzwissenschaft diese Beschränkung auf die Sichtweise eines bestimmten Wirtschaftssubjektes nicht kennt, gerät ihr Neutralitätsbegriff ungleich komplexer.

Aufgrund der mangelnden Einheitlichkeit der Neutralitätsdefinition soll im folgenden eine solche Definition in einer dem vorliegenden Problem gerecht werdenden Weise erarbeitet werden. Dabei geht es zunächst darum, den Oberbegriff der "Wettbewerbsneutralität" in Bestandteile aufzugliedern und diese in den folgenden Unterabschnitten in konkrete Einzelanforderungen münden zu lassen.

Ziel des Neutralitätskonzeptes ist es, einen funktionierenden Wettbewerb auf allen Märkten zu sichern, da über diesen - wenigstens in westlichen Industrienationen - die Allokation der Ressourcen stattfindet. Deren Effizienz ist also unmittelbar davon abhängig, daß dieser Wettbewerb nicht durch Einflüsse von außen, d.h. von außerhalb der Märkte, verzerrt oder gestört wird. Aus diesem Grunde soll an dieser Stelle die Neutralität der Besteuerung - insbesondere der Körperschaftsbesteuerung - mit ihrer Nichteinflußnahme auf den Wett-

---

25 Vgl. Elschen, Rainer; Hüchtebrock, Michael: Steuerneutralität in Finanzwissenschaft und Betriebswirtschaftslehre - Diskrepanzen und Konsequenzen. In: FA 1983, S. 253 ff.

26 ebenda, S. 253.

bewerb gleichgesetzt werden.

Betrachtet man als Verzerrungen und Störungen des Wettbewerbs alle Veränderungen der nationalen und internationalen Wettbewerbsfähigkeit von Unternehmungen durch staatliche Eingriffe[27], so wird unmittelbar deutlich, daß eine vollkommene Neutralität einer gesonderten Ertragsbesteuerung von Körperschaften überhaupt nicht möglich sein kann. Allein die Erhebung einer Körperschaftsteuer beeinflußt mindestens die Höhe eines nach Abzug von Steuern zur Verfügung stehenden Gewinns und damit die Rentabilität des Einsatzes von Kapital in Produktivvermögen. Hierin liegt ein sehr wesentlicher Allokationseffekt, worauf unten in Abschnitt 5.4 zurückzukommen sein wird. Zu demselben Ergebnis kommt man, wenn *Schneiders* Grundsatz der "Nichtdiskriminierung konkurrierender rechtlicher und wirtschaftlicher Gestaltungsmöglichkeiten durch die Besteuerung"[28] zugrundegelegt wird. Es handelt sich auch hierbei um eine Variante der Wettbewerbsneutralität, denn der Begriff "konkurrierend" beinhaltet bereits die Feststellung, daß hier verschiedene Gestaltungsmöglichkeiten in gegenseitigem Wettbewerb stehen.

Es kann und soll also bei dem Entwurf eines Konzeptes der Neutralität nicht darum gehen, einen Zustand zu schaffen, der auch ohne Besteuerung gegeben wäre. Vielmehr ist darauf abzustellen, daß in erster Linie Grundsatzentscheidungen der Unternehmung nicht systembedingt von der Körperschaftsteuer beeinflußt werden.

Entsprechend der Vielschichtigkeit und der Anzahl der verschiedenen bestehenden Wettbewerbsformen sind Unterteilungen des Neutralitätsbegriffes auf diversen Ebenen denkbar, etwa hinsichtlich der geographisch-politischen Weite Wettbewerbsneutralität im internationalen, im nationalen Raum oder innerbetrieblich; eine weitere Differenzierung wäre die nach der Entstehung, der Verwendung und der Verteilung des Einkommens. Derartige Kategorien ließen sich in vielfältiger Weise weiter gliedern, so daß anhand eines solchen theoretischen Gerüsts eine in möglichst vielerlei Hinsicht neutrale Körperschaftsteuer konstruiert werden könnte.

Um sie auf die Tauglichkeit für die Entwicklung eines Körperschaft-

---

27 Vgl. Metze, Ingolf: Steuerharmonisierung in einer Wirtschaftsgemeinschaft, a.a.O., S. 29 f.

28 Schneider, Dieter in: Neumark, Fritz (Hrsg.): Handbuch der Finanzwissenschaft; Band II, 3. Aufl., Tübingen, 1983, S. 535.

steuersystems hin zu untersuchen, sollen diejenigen der bekannten Gliederungen des Neutralitätsbegriffes, die dafür in Frage kommen, hier kurz analysiert werden.

Zunächst ist zu beachten, daß die Neutralität der Besteuerung entweder in globaler oder aber in rein betriebswirtschaftlicher Weise gesehen werden kann. Je globaler das Konzept angelegt wird, desto unwahrscheinlicher wird die Realisationsmöglichkeit, da die Zahl und Qualität der zu erfüllenden Anforderungen zu weit steigen. Legt man die Konzeption dagegen zu eng an, droht der Vorwurf der Einseitigkeit und Unausgewogenheit.

Die bereits erwähnte finanzwissenschaftliche Gliederung[29] nach Entstehung, Verwendung und Verteilung des Einkommens geht einen vertretbaren Weg zwischen Aufwand und Durchführbarkeit. In betriebswirtschaftlicher Hinsicht ist an diesem Vorschlag insbesondere die Neutralität in bezug auf die Einkommensentstehung, also die Produktionsseite interessant. Unter diesem Punkt werden, soweit es um zwischenbetriebliche Wettbewerbsneutralität geht, die Neutralität der Besteuerung hinsichtlich der Rechtsform der Unternehmung, der Branche, Betriebsgröße und des Standortes subsumiert. Darüberhinaus kommt auf innerbetrieblicher Ebene die Neutralität hinsichtlich einzelner Investitionsentscheidungen hinzu, aber auch diejenige hinsichtlich einzelner Formen der Finanzierung.

Auf der Einkommensverwendungsseite stellt sich für die Körperschaftsteuer "nur" das Problem der Gewinnverwendungsneutralität. Hat sich ein Unternehmen für eine bestimmte Art der Gewinnverwendung entschieden, so kommen zwar möglicherweise weitere durch die Praxis geschaffene Fragestellungen hinzu, insbesondere die nach Rücklagendotierung bzw. Anwendung des "Schütt-aus-hol-zurück-Verfahrens". Speziell diese Problematik ist jedoch erst durch eine Aneutralität der Besteuerung bezüglich der Gewinnverwendung entstanden, so daß ein neu zu entwerfendes Körperschaftsteuersystem dies nicht zu berücksichtigen, sondern zu vermeiden hat.

Die Neutralität hinsichtlich der Einkommensverteilung ist weniger ein singuläres Problem der Körperschaftsteuer, als vielmehr eines des steuerlichen Gesamtsystems. Hier geht es vornehmlich darum, verschiedene Einkunftsarten gleich zu besteuern, also um den Grundsatz der Gleichmäßigkeit der Besteuerung. Unter diesem Punkt ist daher

---

29 Vgl. Elschen / Hüchtebrock, a.a.O., S. 257 ff.

hauptsächlich die Abstimmung der Steuerarten untereinander zu fordern. Fraglos kann hierunter auch das nicht näher zu erörternde Problem der Steuerüberwälzung erfaßt werden.

Eine andere, wenn auch ähnliche Kategorisierung der Steuerneutralität findet sich bei *Haller*[30]. Ausgehend von der Annahme, daß steuerliche Neutralität einen Zustand beschreibt, in welchem die Besteuerung keine störenden Einflüsse auf die marktwirtschaftlichen Abläufe, d.h. insbesondere den Preisbildungsprozeß ausübt, werden verschiedene Anforderungen an eine wettbewerbsneutrale Besteuerung formuliert. Deren erste resultiert aus dem Zusammenhang der Besteuerung und der Ausnutzung der Produktionsfaktoren, welcher idealerweise überhaupt nicht bestehe. Dann nämlich verhalte sich die Besteuerung neutral hinsichtlich der Verwendungsrichtung der Faktoren. Ähnliches gelte hinsichtlich des Ausnutzungsgrades der Produktionsfaktoren, des sog. Beschäftigungsgrades. Als drittes soll die Besteuerung im Idealfall konjunkturneutral sein; dies ist eine Forderung, der gelegentlich sehr bewußt zuwidergehandelt wird - Steuern eignen sich bisweilen besser für Belange der Konjunktursteuerung als dies aus z.B. steuersystematischen Gründen wünschenswert wäre.

Folgt man *Haller*, so ist eine Besteuerung immer dann als neutral anzusehen, wenn sie lediglich eine Einkommensverlagerung vom privaten zum staatlichen Sektor bewirkt[31]. In diesem Fall gäbe es nur eine Umschichtung von der privaten auf die öffentliche Nachfrage. Diese Ansicht ist jedoch nur dann haltbar, wenn unterstellt wird, daß die Struktur der staatlichen Nachfrage der der privaten entspricht, welche eingegriffen hätte, hätte eine Besteuerung nicht stattgefunden. Das jedoch ist sehr zweifelhaft.

Dieses Konzept kann in drei wesentlichen Begriffen zusammengefaßt werden, nämlich produktions- und marktmäßiger, konjunktureller und beschäftigungsmäßiger Neutralität der Besteuerung. Aus der Sicht der Unternehmung ist das Schwergewicht sicherlich auf die produktions- und marktmäßige Neutralität zu legen, womit - das sei nochmals hervorgehoben - die bereits erörterten betriebswirtschaftlichen Neutralitätsanforderungen nur insofern gestreift werden, als sie ein Ausfluß der Neutralität hinsichtlich der Faktorallokation sind. Dies läßt sich mit Einschränkungen für das Kriterium der Finanzierungsneutralität sagen, mit Sicherheit aber für die Forderung, daß eine

---

30 Haller, Heinz: Die Steuern, a.a.O., S. 213 ff.

31 Ebenda, S. 222 f.

Besteuerung arbeitsintensive Unternehmen nicht gegenüber kapitalintensiven diskriminieren darf und umgekehrt. Die Rechtsformneutralität fällt indes unter keine der drei *Haller*schen Neutralitätsforderungen, obgleich gerade darin eine essentielle Notwendigkeit für ein Funktionieren des Wettbewerbs zu sehen ist. Dies wird besonders hervorgehoben in der Begründung für den Gesetzentwurf der Bundesregierung für das Körperschaftsteuergesetz 1977[32]; die dort angeführten Fakten und Argumente gelten in gleicher Weise für alle anderen Staaten, in denen ein auf Wettbewerb beruhendes ökonomisches System herrscht.

Vielerorts wird insbesondere die Standortneutralität der Besteuerung hervorgehoben[33]. Diese ist im vorliegenden Zusammenhang naturgemäß von zentraler Bedeutung. Wenn es das Ziel ist, ein einheitliches und EG-weit anzuwendendes Körperschaftsteuersystem zu entwerfen, dann impliziert dies, daß damit Standortneutralität anstelle der heute noch bestehenden Unterschiede in der Körperschaftsbesteuerung gerade herbeigeführt werden soll, somit ist die Standortneutralität selbst das Ziel der Untersuchung und nicht eine auf dem Wege dorthin zu beachtende Bedingung. Ist mit der Vereinheitlichung des Systems der Körperschaftsteuer erst einmal eine der Bedingungen für Standortneutralität geschaffen, so ist es im Nachhinein durchaus möglich und auch legitim, auf dem Weg über die Variation der Bemessungsgrundlage und auch der Tarife Vorteile für strukturschwache oder sonst benachteiligte Standorte absichtsvoll herbeizuführen, so daß insgesamt Vor- und Nachteile der verschiedenen Standorte weitgehend ausgeglichen werden können.

Hier kommt die sog. "aktive Flexibilität"[34] eines Steuersystems zum Einsatz. Dies ist die Möglichkeit, ein Steuersystem insgesamt oder eine bestimmte Steuer aktiv zur Dämpfung konjunktureller Schwankungen und - wie eben hervorgehoben - auch zur regionalen Strukturförderung heranzuziehen. Gerade Gewinnsteuern jeder Art bieten hierzu gute Voraussetzungen.

Hinsichtlich der angeschnittenen Neutralitätskonzepte muß festgestellt werden, daß sie entweder zu komplex sind, um allein ein Körperschaftsteuersystem daran zu orientieren, oder aber sich nicht nahe genug an die betriebswirtschaftlichen Erfordernisse halten. Es wird

---

32 Vgl. Bundesregierung: Entwurf eines Dritten Steuerreformgesetzes. BT-Drucks. 7 / 1470. S. 326.

33 Vgl. z.B. Metze. Ingolf. a.a.O.. S. 27; Esser. Klaus. a.a.O.

34 Neumark: Grundsätze.... a.a.O.. S. 282 ff. (hier: S. 285).

daher erforderlich sein, die Neutralitätsanforderungen an ein Körperschaftsteuersystem auf diese Bedürfnisse einzuschränken bzw. auszuweiten. Wenn von Wettbewerbsneutralität als Oberbegriff gesprochen wird, so ist bei der Bestimmung der Neutralitätsanforderungen von einzelnen Teilbereichen auszugehen, in denen jeweils verschiedene Möglichkeiten zur Wahl stehen, also miteinander konkurrieren. Hinsichtlich dieser Ausprägungen hat sich das Körperschaftsteuersystem neutral zu verhalten, um insgesamt als wettbewerbsneutral gelten zu können.

Setzt man als nächstliegenden Fall voraus, daß der Wettbewerb erstens zwischen nach Gewinn strebenden Unternehmen und zweitens auf einem homogenen Güter- oder Dienstleistungsmarkt stattfindet, so kommen als Konkurrenten im wesentlichen zwei große Gruppen von Unternehmungen in Frage: Einmal die körperschaftlich organisierten, wobei die Betrachtung hier auf Kapitalgesellschaften beschränkt werden soll, und zum anderen Einzelunternehmen und Personengesellschaften. Auf verschiedenen Märkten treten zwar zu den Personen- und Kapitalgesellschaften noch verschiedene andere Rechtsformen hinzu, dies ist insbesondere im Banken- und Versicherungsbereich der Fall; doch fallen diese nach bisherigem deutschen Recht auch unter das Körperschaftsteuergesetz[35]. Damit ist bereits gesagt, worin ein wesentlicher Neutralitätsaspekt zu erblicken ist, nämlich in der Neutralität der Steuer hinsichtlich der Rechtsform der Unternehmen.

Doch auch im Hinblick auf den Wettbewerb der Kapitalgesellschaften untereinander gilt es, der Körperschaftsteuer keinen entscheidendnen Einfluß einzuräumen. So ist unbedingt zu gewährleisten, daß Gewinne nicht je nach ihrer Verwendung unterschiedlich behandelt werden, so daß Erscheinungen wie das o.a. Schütt-aus-hol-zurück-Verfahren gar nicht erst erforderlich werden. Des weiteren ist darauf zu achten, daß das angestrebte System neutral bezüglich der Finanzierung des Unternehmens ist. Zu diesen Punkten, die im folgenden einzeln erörtert werden sollen, kommen zwei weitere Anforderungen hinzu, die speziell aus der Erfahrung mit dem in der Bundesrepublik Deutschland bis zum Jahr 1976 gültigen Körperschaftsteuerrecht heraus geboren sind, nämlich die Vermeidung von Interessenkonflikten zwischen Groß- und Kleinaktionären sowie des Ausländereffektes. Schließlich soll nicht unbeachtet bleiben, daß im Vergleich mit den derzeit herrschenden Regelungen eine Aufkommensneutralität zumindest erwünscht wäre.

35 Insbesondere Genossenschaften sowie Versicherungsvereine a.G., vgl. § 1 Abs. 1 Nrn. 2 und 3 KStG.

5.3.2 Rechtsformneutralität

Die Forderung nach Rechtsformneutralität der Besteuerung und hier speziell der Körperschaftsteuer bedeutet im Prinzip, daß die Körperschaftsteuer in einer Weise ausgestaltet sein soll, die weder eine Bevorzugung noch eine Benachteiligung von Kapital- gegenüber Personengesellschaften erlaubt. Damit werden zwei Aspekte gleichzeitig berührt: Erstens die zu vermeidende steuerliche Beeinflussung der Rechtsformwahl und zweitens der nicht erwünschte Einfluß der Besteuerung auf den Wettbewerb zwischen bestehenden Unternehmen verschiedener Rechtsformen.

Naturgemäß ist der Einfluß der Besteuerung auf die Wahl und den Wechsel der Rechtsform umso größer, je größer die Unterschiede in der Besteuerung der verschiedenen Rechtsformen sind.

Obgleich ein geeignetes Körperschaftsteuersystem - insbesondere der Tarif - viel zur Rechtsformneutralität der Besteuerung insgesamt beitragen kann, ist es doch offensichtlich, daß diese Eigenschaft ganz wesentlich von der Übereinstimmung der Bemessungsgrundlagen bei Einkommen- und Körperschaftsteuer abhängt. In diesem Zusammenhang seien nur die Anerkennung schuldrechtlicher Verträge zwischen Gesellschaft und Gesellschaftern und unterschiedliche Freibetragsregelungen genannt.

Andererseits offenbart sich an dieser Stelle das Problem der "Aufweichung" zivilrechtlicher Grundsätze; so z.B. die Frage, inwieweit einer Personengesellschaft zumindest auf steuerlichem Gebiet die Eigenschaften juristischer Personen zuerkannt werden sollen. Dies geschieht derzeit in unterschiedlichem Umfang in Belgien, Frankreich, Portugal und Spanien.

Eines der Hauptprobleme rechtsformneutraler Besteuerung liegt weiter darin, daß in den meisten Fällen die Personengesellschaften und natürlichen Personen einer progressiven Einkommensteuer, die Kapitalgesellschaften dagegen einer proportionalen Körperschaftsteuer unterliegen. Ein möglicher Ausweg wäre sicherlich die Einführung einer Teilhabersteuer, womit "durch die juristische Person hindurch" auf das Einkommen des Anteilseigners zugegriffen würde[36]. Ferner könnte im Rahmen einer umfassenden Gesamtsteuerreform die Einkommensteuer stärker der Körperschaftsteuer angepaßt werden. Am geeignetsten wird jedoch eine Lösung sein, die bei der Zweigleisigkeit

36 Vgl. dazu weiter unten, Abschnitt 6.2.2 dieser Arbeit.

bleibt, wenn unterstellt wird, daß in körperschaftlicher Form organisierte Unternehmen eine wirtschaftliche und damit steuerliche Leistungsfähigkeit besitzen, die derjenigen solcher Personengesellschaften entspricht, deren Gesellschafter das Gros ihres Einkommens zum oberen Proportionalsatz zu versteuern haben.

Freilich ist dieser Vergleich nicht durchgehend anwendbar, zumal solche Personenunternehmen, wenn sie mehrere Gesellschafter haben, sehr hohe Gewinne erwirtschaften müssen - es ist zu beachten, daß die Gesellschafter getrennt veranlagt werden und damit auch nicht so schnell in die höchsten Progressionsstufen vordringen, als wenn es sich um einen einzigen Inhaber handelte. Hinzu kommt, daß heute auch immer mehr kleinere Unternehmen in der Rechtsform der GmbH gegründet werden, deren Gewinneinbehaltungen dann deutlich höher besteuert würden, als die vergleichbarer Personenunternehmen.

Die implizite Unterstellung höherer wirtschaftlicher und also steuerlicher Leistungsfähigkeit der Kapitalgesellschaften unternimmt indessen auch die Steuerreformkommission in ihrem Gutachten aus dem Jahre 1971[37], wobei diese Annahme zur damaligen Zeit eher zugetroffen haben mag - der Trend zur Kapitalgesellschaft war bei weitem nicht so ausgeprägt. Ebenso geht die Bundesregierung in der Begründung zum KStG 1977[38] von diesem Umstand aus.

5.3.3 Gewinnverwendungsneutralität

Die Neutralität eines Steuersystems hinsichtlich der Gewinnverwendung ist in engem Zusammenhang mit der Finanzierungsneutralität zu sehen. In dem Augenblick, in dem nämlich erwirtschaftete Gewinne in einer bestimmten Richtung verwendet werden, wird damit auch bereits eine Vorentscheidung hinsichtlich der Neubildung und/oder Erhaltung von Eigenkapital getroffen. Vermehrte Ausschüttung von Gewinnen bedeutet tendenziell eine Schwächung des Eigenkapitalanteils und damit eine Entscheidung zugunsten der Fremdfinanzierung.

Des weiteren hängt das Vorhandensein oder Fehlen einer Gewinnverwendungsneutralität neben den körperschaftsteuersystematischen Bedingungen auch wesentlich von der Behandlung der Gewinnausschüttungen beim Anteilseigner und damit von der Gestaltung der einkommensteuerlichen Bemessungsgrundlage sowie vom Einkommen-

37 Vgl. Steuerreformkommission, Gutachten ..., a.a.O., Teil IV, S. 297

38 Vgl. BT-Drucks. 7 / 1470, S. 328

steuertarif ab, ferner von der Abstimmung zwischen Einkommen- und Körperschaftsteuertarif.

Damit hat der Steuergesetzgeber eine Reihe von Möglichkeiten der außerfiskalischen Nutzung der Körperschaftsteuer und des gesamten Steuersystems, welche gesamtwirtschaftlich unter Umständen durchaus wünschenswert sind. Dies kann z.B. im Hinblick darauf der Fall sein, daß die weitere Verringerung des Eigenkapitalanteils an der Unternehmensfinanzierung unterbunden werden soll. Nach verbreiteter, wenngleich nicht unwidersprochener Auffassung haben die Eigenkapitalquoten der Kapitalgesellschaften speziell in Deutschland seit dem Beginn dieses Jahrhunderts mit wenigen Abweichungen kontinuierlich abgenommen[39], wobei indessen seit dem Beginn der 80er Jahre ein leichter Wiederanstieg zu verzeichnen ist[40].

Damit erhebt sich die Frage, ob eine vollkommene Gewinnverwendungsneutralität überhaupt angestrebt werden kann, selbst, wenn man unterstellt, daß es nicht die eigentliche Aufgabe eines Steuersystems sein kann, nichtsteuerliche Zwecke zu erfüllen. Da jedoch auch die Auszehrung der Eigenkapitalbasis wenigstens zum Teil auf Einflüsse der Ertragsbesteuerung[41] zurückzuführen ist, können keine Bedenken dagegen bestehen, hier auch bei der Behebung des Mangels anzusetzen.

Dabei ist auch der Umstand zu berücksichtigen, daß nach herrschender Auffassung ohnehin nicht alle Neutralitätsziele in einem System verwirklicht werden können[42]. Dies ist bereits erkenntlich, wenn nur die beiden Ziele der Rechtsform- und Gewinnverwendungsneutralität herangezogen werden: Verlangt die gewinnverwendungsneutrale Körperschaftsteuer eine vollkommene Gleichbehandlung einbehaltener und ausgeschütteter Gewinne der Kapitalgesellschaften, so setzt demgegenüber eine Rechtsformneutralität die der Einkommensteuer

---

39 Vgl. Gruhler, Wolfram: Die Eigenkapitalausstattung der deutschen Unternehmen. In: Die Aktiengesellschaft 22. Jg. (1977), H. 3, S. 73 ff (S. 74f.).

40 Vgl. o.V.: Ertragslage und Finanzierungsverhältnisse der westdeutschen Unternehmen im Jahr 1989. In: Monatsberichte der Deutschen Bundesbank, 42. Jg., Nr. 11, November 1990, S. 16-31.

41 Vgl. ebenda, S. 20; die Bundesbank vertritt hier die Auffassung, daß daneben aufgrund der unterschiedlichen substanzsteuerlichen Behandlung von Eigen- und Fremdkapital die Eigenmittel nur bis zu einer bestimmten Mindestgrenze dotiert werden.

42 Vgl. Rädler, Albert J.: Struktur der Körperschaftsteuer-Systeme aus deutscher Sicht, a.a.O., S. 109. - Hier wird die Erreichung aller Neutralitätsziele gleichzeitig mit dem aus der Konjunkturpolitik bekannten "magischen Viereck" verglichen.

natürlicher Personen entsprechende progressive Besteuerung mindestens der ausgeschütteten Gewinne voraus, um eine Gleichbehandlung mit Personenunternehmen zu gewährleisten. Durch die Progression ergibt sich aber bis auf wenige Einzelfälle immer ein Unterschied zwischen der Gesamtsteuerlast auf den ausgeschütteten Gewinnen und der (proportionalen) Thesaurierungs-Körperschaftsteuer. Das gleichzeitige Erreichen beider genannter Neutralitätsziele ist also auf den Fall eingeschränkt, daß die individuelle Steuerbelastung der Gesellschafter von Personenunternehmen genau der Thesaurierungs-Körperschaftsteuer der Kapitalgesellschaften entspricht.

Es bleibt also festzuhalten, daß auf die Verwirklichung der Neutralitätspostulate teilweise verzichtet werden muß. Die daraus sich ergebende Frage ist nun, wo diese Einschränkungen sinnvollerweise liegen sollen. Eine Möglichkeit läge z.B. darin, zu Lasten der Gewinnverwendungsneutralität derjenigen bezüglich der Rechtsform Priorität einzuräumen. Dies hätte zwei Vorteile: Zum einen würde durch die weitgehende Herstellung der Rechtsformneutralität eine Ungleichbehandlung von Unternehmen und damit eine echte Wettbewerbsverzerrung beseitigt. Auf der anderen Seite hätte man bei einer geringfügigen steuerlichen Besserstellung der Thesaurierungen die Möglichkeit, die Bildung zusätzlichen Eigenkapitals anzuregen und so der bereits angesprochenen Auszehrung des Eigenkapitals an einer ihrer Ursachen zu begegnen.

Die Umsetzung in die Praxis hätte dann so zu erfolgen, daß Gewinnausschüttungen, etwa durch ein Anrechnungsverfahren, in die progressive Einkommensbesteuerung einbezogen würden, während Thesaurierungen mit einer proportionalen Körperschaftsteuer zu belasten wären. Zur Erreichung der o.a. Wirkung ist deren Steuersatz unterhalb des Einkommensteuer-Spitzensatzes anzusiedeln. Damit sind Ausschüttungen solange attraktiv, bis beim Gesellschafter ein Einkommensteuersatz in Höhe des Körperschaftsteuer-Thesaurierungsatzes erreicht wird. So würde für mittelständische Kapitalgesellschaften mit relativ geschlossenem Gesellschafterkreis ein gewisser Anreiz zur Rücklagenbildung geschaffen werden; bei diesen Gesellschaftern ist davon auszugehen, daß größere Teile des Einkommens zum Spitzensatz versteuert werden. - Ob dieser Weg auch unter den übrigen zu beachtenden Bedingungen gangbar ist, müssen die weiteren Untersuchungen zeigen.

Eine einfache Höherbesteuerung der Ausschüttungen, indem für diese ein erhöhter Körperschaftsteuertarif eingeführt wird, wäre ebenfalls denkbar, würde aber die bestehenden Probleme nicht lösen. Die

Gewinnverwendungsneutralität würde eingeschränkt, ohne andere Neutralitätsziele in höherem Grade zu erreichen, lediglich der Einbehaltungsanreiz wäre gegeben. Dieser Gedanke ist der Besteuerungspraxis bereits bekannt, und zwar in Form des sog. "Steueraufschlages" für Dividenden, der in den Niederlanden bis zum Jahr 1940 und in Großbritannien in der Zeit von 1947 bis 1958 galt[43] sowie im heutigen französischen Körperschaftsteuertarif. Diese Höherbesteuerung wurde damals auch mit gesamtwirtschaftlichen Motiven begründet, insbesondere mit der Erhöhung der "nationalen Ersparnis" und einer Verbesserung der Stabilität der Unternehmen.

Hinsichtlich der Gewinnverwendungsneutralität ist es besonders wichtig, daß die Betrachtung nicht auf eine bestimmte Perspektive, namentlich die des Unernehmens, eingeengt wird[44]. Verfährt man auf diese Weise, so erweist sich beispielsweise das sogenannte "klassische System" der Körperschaftsteuer, welches die Doppelbelastung der Dividenden mit Körperschaft- und Einkommensteuer des Anteilseigners beibehält, als gewinnverwendungsneutral, denn die Unternehmung zahlt auf jede Geldeinheit ihres Gewinns dieselbe Steuer - ob er ausgeschüttet oder einbehalten wird. Stellt man dagegen auf den Standpunkt des Gesellschafters ab, so macht es für diesen einen u. U. erheblichen Unterschied, ob der Gewinn ausgeschüttet oder thesauriert wird, da er zusätzlich zur Körperschaftsteuer der Gesellschaft die persönliche Einkommensteuer zu entrichten hat.

5,3,4 Finanzierungsneutralität

Auf diesen Punkt trifft in umgekehrter Weise das zu, was zuvor über die Gewinnverwendungsneutralität gesagt wurde, nämlich die o.a. wechselseitige Abhängigkeit. Wenn also gefordert wird, daß die Besteuerung der Kapitalgesellschaften keinen Einfluß auf das Verhältnis von Beteiligungs- zu Fremdkapital zu nehmen habe, so ist dabei zu beachten, daß schon im Augenblick der Entstehung eines Gewinns mit dessen Besteuerung Einfluß auf die (zukünftige) Unternehmensfinanzierung genommen wird. Ferner gilt auch hier das bereits über die Gewinnverwendungsneutralität Gesagte, daß nämlich die Erhaltung und Neubildung von Eigenkapital in begrenztem Umfange durchaus ertragsteuerlich gefördert werden sollten. Dies trifft besonders insoweit zu, als es eine Substanzbesteuerung gibt, die schon per se eigenkapitalfeindlich ist.

---

43 Vgl. van den Tempel, A.J.: Körperschaftsteuer und Einkommensteuer in den Europäischen Gemeinschaften, Brüssel, 1971, S. 17, TZ. 39.

44 Ebenda, S. 17, TZ. 40.

Gelegentlich wird die Forderung nach Finanzierungsneutralität damit begründet, daß gleiche Vergütungen ("Zinsen") für Fremd- und Eigenkapital mit Steuern in gleicher Höhe belastet werden sollen[45], um eine gleiche Steuerlast beim jeweiligen *Kapitalgeber* zu gewährleisten. Diese Argumentation verkennt jedoch, daß es in erster Linie darauf ankommt, daß die Entscheidung der *Unternehmung* zwischen Eigen- und Fremdfinanzierung nicht durch einen aus ihr resultierenden Unterschied in der Höhe der Steuerlast beeinflußt wird. Ferner sind die Fremdkapitalkosten nur dann quantifizierbar, wenn man von den sog. "qualitativen" Fremdkapitalkosten[46] abstrahiert, die in verschiedenen nicht zahlenmäßig erfaßbaren Risiken zum Ausdruck kommen. Dazu gehört z.B. das Risiko der Nichtverlängerung einer Kreditfazilität[47].

Es soll an dieser Stelle nicht bestritten werden, daß eine Finanzierungsneutralität der Besteuerung allgemein sehr wohl auch im Interesse des Kapitalgebers in seiner Eigenschaft als Anleger liegt. Die Entscheidung, ob dieser seine freien Mittel in Form von Risikokapital in einer Unternehmung anlegt oder aber als Gläubiger, also Fremdkapitalgeber, zur Verfügung stellt, sollte idealerweise einzig durch Abwägung von Chancen und Risiken zustande kommen und weniger unter Einfluß von Besteuerungsgrößen. Jedoch steht dieses Problem im Rahmen der körperschaftsteuerlichen Finanzierungsneutralität gar nicht zur Diskussion, denn "der Anleger", welcher i.d.R. Privatvermögen verwaltet, wird hierdurch nicht berührt. Er ist, abgesehen von institutionellen Anlegern, Einkommensteuerzahler. Diese institutionellen Anleger jedoch - soweit es sich dabei um Versicherungsgesellschaften o.ä. handelt - sind qua Gesetz gezwungen, in einer ganz bestimmten Weise anzulegen[48], nämlich meist in Rentenwerten und Immobilien. Soweit es sich um Fondsverwaltungsgesellschaften (Investmentfonds) handelt, sind diese wiederum Sachwalter privater Vermögensinteressen.

Das Problem einer finanzierungsneutralen Körperschaftsteuer wird im Rahmen der Neuentwicklung eines Systems besonders kompliziert werden und, gleichgültig, wie die Lösung aussehen wird, nicht zur

---

45 So z.B. in der Begründung des KStG 1977 durch die Bundesregierung, a.a.O., S. 327.

46 Vgl. Lipfert, Helmut: Theorie der optimalen Unternehmensfinanzierung. In: ZfBF, 17. Jg. (1965), S. 60 ff. (S. 68)

47 Ebenda

48 ibs. in sog. deckungsstockfähigen Wertpapieren gem. §§ 66 ff. Versicherungsaufsichtsgesetz (VAG)

allseitigen Zufriedenheit gelöst werden können. Dies liegt darin begründet, daß auf der einen Seite zwar eine steuerliche Gleichbehandlung von Fremdkapitalzinsen und Dividenden gefordert wird, auf der anderen Seite aber die Ungleichbehandlung beider in ihrer eigenen Natur liegt: Fremdkapitalzinsen sind als gewinnmindernde Betriebsausgaben beim Schuldner in keinem Fall Bestandteil der körperschaftsteuerlichen Bemessungsgrundlage; für Dividendenzahlungen gilt dies im Ergebnis nur, soweit eine Entlastung der Dividenden von der Körperschaftsteuer eintritt.

Eine Gleichheit in der Steuerbelastung beider Finanzierungsarten setzt die steuerliche Gleichbehandlung der jeweiligen Verzinsung der als Eigen- oder Fremdkapital zur Verfügung gestellten Mittel voraus; dies wird in dem Systementwurf auf geeignete Weise zu berücksichtigen sein. Es wird hier jedoch erneut deutlich, daß für eine mögliche Ungleichbehandlung nicht die Ertrags- bzw. Gewinnbesteuerung allein verantwortlich ist, sondern im Rahmen einer Gesamtlösung auch die Substanzbesteuerung auf Gesellschaftsebene sowie die Belastung mit - länderspezifisch - verschiedenen weiteren Gewinnsteuern in die Reformbemühungen einbezogen werden müssen. Es wird damit wiederum deutlich, daß (auch) die Finanzierungsneutralität kein Problem ist, welches allein durch eine geeignete Regelung im Rahmen der Körperschaftsteuer gelöst werden könnte, sondern die gesamte Unternehmensbesteuerung betrifft.

Trotz dieser Problematik ist die Erreichung einer möglichst weitgehenden Finanzierungsneutralität der Körperschaftsbesteuerung von großer Bedeutung, da, wenn diese verfehlt wird, u.U. weitreichende Konsequenzen hinsichtlich der Unternehmensziele auftreten. Unternehmen, die vorrangig eine hohe Rentabilität verfolgen, werden unter Ausnutzung des Leverage-Effektes[49] einen erhöhten Fremdkapitalanteil anstreben, während solche, die dem Sicherheitsziel eine vergleichsweise hohe Priorität einräumen, verstärkte Selbst- bzw. Eigenfinanzierung bevorzugen. Selbstfinanzierung in Form von Rücklagenbildung wird insbesondere dann angestrebt werden, wenn es gilt, die Abhängigkeit von Gesellschaftern (besonders bei Publikums-Aktiengesellschaften) als auch von Fremdkapitalgebern zu minimieren[50].

---

49 Vgl. z.B. Lipfert, a.a.O. sowie Wöhe, Günter, Bilstein Jürgen: Grundzüge der Unternehmensfinanzierung, 3. Aufl., München, 1984, S. 307.

50 Vgl. Fischer, Lutz: Die Finanzierungsneutralität der Besteuerung als Forderung der Betriebswirtschaftslehre. In: ZfB, 40. Jg (1970), S. 313 ff.

5.3.5 Neutralität hinsichtlich der Unternehmens- und Betriebsgröße

Das Postulat der Betriebsgrößenneutralität der Besteuerung ist aus verschiedenen Gründen nicht unumstritten und seine Durchsetzung mit besonderen Schwierigkeiten verbunden. Eine dieser Komplikationen liegt sicher darin, daß eine Betriebsgrößenneutralität nicht allein durch die neutralitätsgerechte Ausgestaltung einer einzigen Steuer, im vorliegenden Fall also der Körperschaftsteuer, erreicht werden kann. Vielmehr wirken auch hier mehrere Steuerarten zusammen, wobei zum einen Teil die Höhe der Steuerbelastung mit zunehmender Unternehmensgröße sinkt und in anderen Fällen Kleinunternehmen steuerlich bevorzugt werden. Dadurch kann es zu dem nicht erwünschten Effekt kommen, daß eine für eine bestimmte Steuer erreichte Neutralität durch die Aneutralität einer oder mehrerer anderer Steuern konterkariert wird und damit das Gegenteil dessen eintritt, was ursprünglich beabsichtigt war.

Betrachtet man nicht nur die Wirkung der Steuern auf die Größe des Betriebes bzw. des einzelnen Unternehmens, sondern auch deren Einfluß auf die Bildung und den Umfang von Unternehmenszusammenschlüssen, so wird das Ausmaß der Steuerwirkung auf die Konzentration in der Wirtschaft deutlich. Dieses wird unter anderem dann erkennbar, wenn im Rahmen der Körperschaft- und/oder Vermögensteuer Schachtelprivilegien gewährt werden, um eine mögliche Doppelbelastung zu vermeiden. Diese Schachtelprivilegien setzen - national unterschiedlich - bei Beteiligungen bis zu 25 Prozent ein; dadurch wird ein Anreiz geschaffen, die durch die Mutter- an den jeweiligen Tochtergesellschaften gehaltenen Anteile mindestens auf die jeweilige Schachtelhöhe auszubauen bzw. von vornherein einen Anteil in entsprechender Höhe zu erwerben. Ähnlich ist tendenziell die Wirkung der Einheitsbesteuerung einzuschätzen.

Daraus ergibt sich die Notwendigkeit, die Forderung nach einer Betriebsgrößenneutralität der Körperschaftsteuer zu der nach einer Konzentrationsneutralität zu erweitern.

Es ist nicht das Ziel einer betriebsgrößenneutralen Besteuerung, die Wettbewerbsnachteile kleinerer Unternehmen, denen diese durch unwirtschaftlichere Produktion kleinerer Mengen, Mangel an Synergieeffekten und andere Einschränkungen unterliegen, durch eine mildere Besteuerung auszugleichen. Dies geschieht wenigstens zum Teil ohnehin schon dadurch, daß Kleinunternehmen häufiger in der

Rechtsform einer Personengesellschaft organisiert sind. Diese werden in den meisten EG-Staaten (Ausnahmen: Portugal, Belgien und Spanien sowie teilweise in Frankreich und in den Niederlanden) z. Zt. nach einem progressiven Einkommensteuertarif besteuert, dessen Spitzensatz den Körperschaftsteuersatz bzw. den Körperschaftsteuer-Thesaurierungssatz nicht übersteigt.

Nur ein Teil der für die Betriebsgrößenneutralität verantwortlichen Details in der Unternehmensgewinn-Besteuerung ist systemimmanent. Wichtige nicht systembedingte Anknüpfungspunkte sind Bestandteil der Bemessungsgrundlage, wie z.B. die Möglichkeit zur Bildung von Pensionsrückstellungen. Diese ist regelmäßig größeren Unternehmen vorbehalten, für die Pensionszusagen aufgrund absolut wie relativ höherer Ertragsstärke mit einem geringeren Risiko verbunden sind und die so über ein preiswertes Finanzierunginstrument verfügen[51]. Demgegenüber entfällt bei den oft in kleineren Unternehmen verwendeten Direktversicherungen die Finanzierungswirkung. Die dafür zu entrichtenden Prämien verursachen neben der Ertragswirkung lediglich einen Liquiditätsabfluß.

Die systembedingten Merkmale der Körperschaftsbesteuerung, die Einfluß auf die Betriebsgrößenneutralität nehmen, lassen sich in zwei Kategorien unterteilen. Zum einen kann unmittelbar an einem für die Unternehmensgröße repräsentativen Merkmal angeknüpft werden, so daß von einer direkten und bewußten Einflußnahme auf Betriebsgröße und auch auf wirtschaftliche Konzentration gesprochen werden kann.

Andererseits gibt es die Möglichkeit der Einflußnahme der Besteuerung auf ein mit der Betriebsgröße in nur mittelbarem Zusammenhang stehendes Merkmal, so daß die für die Betriebsgröße relevanten Merkmale zwar scheinbar gleichmäßig besteuert werden, de facto jedoch eine Ungleichbehandlung eintritt. Es wird im Schrifttum[52] mitunter die Auffassung vertreten, daß diese Art der Einflußnahme auf die Unternehmensgröße zwar unbewußt erfolge, jedoch eine in der Summe der Fälle erheblich größere Wirkung zeige als die direkte Einflußnahme. Der Grund dafür sei in der proportionalen Besteue-

---

51 Vgl. Ehrnsperger, Franz: Die Betriebsneutralität der Besteuerung als Grundlage der Steuersystemkonzeption, Diss., München, 1973, S. 122 ff.

52 Dieser Meinung sind z.B.: Pohmer, Dieter; Fischer, Klaus: Steuerliche Beeinflussung der Unternehmenskonzentration unter besonderer Berücksichtigung der Bundesrepublik Deutschland. In: Arndt, Helmut (Hrsg.): Die Konzentration in der Wirtschaft, 2. Aufl., Berlin, 1971., S. 805-853. Ehrnsperger (a.a.O.) übernimmt diese Ansicht.

rung einer einheitlich ermittelten Bemessungsgrundlage zu sehen. Dadurch würden größere Unternehmen tendenziell bevorzugt, da die Effizienz der Ausnutzung von Produktionsfaktoren mit größerer Menge der Einsatzfaktoren und größer werdendem Output steige. Jedoch kann diese Aussage nicht unwidersprochen bleiben, da bestimmte Aufwendungen erst mit einer gewissen Unternehmensgröße entstehen oder größere Ausmaße annehmen. Hierbei ist insbesondere an kostenintensive Forschung und Entwicklung zu denken, aber auch an Transport- und Kommunikationskosten sowie Aufwendungen für die Erfüllung gesetzlicher Auflagen, die i.d.R. mit der Unternehmensgröße wachsen, wie z.B. Hauptversammlungen, Aufsichtsräte, Betriebsräte u.a.m.

Ferner ist dem entgegenzuhalten, daß eine nichtproportionale Besteuerung in oben angeführter Weise direkten Einfluß auf die Unternehmensgröße nehmen kann, und zwar sowohl durch progressive als auch degressive Tarife. Es soll ja nicht nur die Förderung großer Unternehmen vermieden werden, sondern es ist eine Gleichbehandlung anzustreben - d.h., daß auch kleine Unternehmen den großen gegenüber nicht in den Genuß steuerlicher Vorteile kommen sollen.

Die Überlegung, daß ein gewisses Maß an Unternehmenskonzentration, besonders im produzierenden Gewerbe, mit Blick auf die internationale Wettbewerbsfähigkeit durchaus von Vorteil sein kann, darf hier keine Rolle spielen. Zum einen ist es schwierig, eine Grenze des noch Duldbaren oder Erwünschten zu ziehen und zum anderen müssen zur Erreichung dieses Ziels, wenn es denn volkswirtschaftlich erwünscht ist (was hier nicht diskutiert werden kann), andere als steuerliche Mittel herangezogen werden.

5.3.6 Vermeidung von Interessenkonflikten

Die Besteuerung von Kapitalgesellschaften kann zu Interessenkonflikten auf zwei verschiedenen Ebenen führen. Zum einen kann es Widersprüche in der Interessenlage der verschiedenen Gruppen von Gesellschaftern geben; dies gilt insbesondere, wenn die Doppelbelastung der ausgeschütteten Gewinne nicht oder nicht ganz ausgeräumt wird. In diesem Fall werden Anteilseigner mit niedrigem individuellen Einkommensteuersatz eher für eine Ausschüttung plädieren als solche, die einer hohen Progression unterliegen[53]. Letztere werden um so weniger an einer Ausschüttung interessiert sein, je weiter der Körper-

53 Vgl. u.a. Steuerreformkommission (Gutachten 1971), a.a.O., S. 291, TZ. IV / 19.

schaftsteuer-(Ausschüttungs-)satz vom Einkommensteuer-Spitzensatz nach unten abweicht.

Dieses Problem wird noch verschärft, wenn die Gewinne aus der Veräußerung von Anteilen, insbesondere Aktien, steuerfrei sind - durch Einbehaltung von Gewinnen kann dann eine möglicherweise ohnehin gegebene Wertsteigerung der Aktien weiter forciert werden. Dies bedeutete für Kleinaktionäre, daß sie auf die Realisierung ihres Gewinns eine längere Zeit zu warten hätten, während für Großaktionäre mit tendenziell höheren Einkommen und somit auch höheren Steuersätzen eine steuerliche Besserstellung eintritt, je geringer der Anteil des Gewinns ist, der ausgeschüttet wird.

Durch den Einfluß, den Großaktionäre über ihren Stimmenanteil in der Hauptversammlung auf die Gewinnverwendung ausüben können, tritt langfristig ein weiteres Problem hinzu: Die über längere Zeit niedrig gehaltene Ausschüttungsquote vermindert die laufende Rendite der Kapitalanlage in Aktien und ist somit geeignet, die Attraktivität dieser Anlageform in Grenzen zu halten oder gar zu verringern. Genau das Gegenteil, nämlich eine möglichst breite Streuung des Aktienbesitzes und damit eine Beteiligung breiterer Bevölkerungskreise am Produktivvermögen, ist jedoch gesamtwirtschaftlich anzustreben[54].

Die zweite Konfliktebene ist der mögliche Interessengegensatz zwischen Gesellschaft und Gesellschaftern hinsichtlich ihrer jeweiligen Primärziele. Während es das Ziel der Geschäftsführung bzw. des Vorstandes ist, langfristig die Existenz des Unternehmens (und zwar in seiner Eigenschaft als Einnahmequelle der Gesellschafter) zu sichern, sehen einzelne Gesellschafter mitunter kurzfristige Gewinnmaximierung als vordringlich an. Insoweit haben diese Gesellschafter kein wirkliches Interesse an der wirtschaftlichen "Gesundheit" der Gesellschaft. Möglich ist dies insbesondere wiederumn bei Publikumsgesellschaften. Hier erfüllt die Aktienbörse die Funktion der Fristentransformation: Ursprünglich langfristig konzipiertes Aktienkapital kann durch die Möglichkeit, die Anteile jederzeit wieder abzustoßen, für den Anleger zu einer kurzfristigen Geldanlage werden.

Beide Phänomene müssen weitgehend im Zusammenhang mit der Gewinnverwendungsneutralität der Körperschaftsbesteuerung gesehen werden. Im vorliegenden Zusammenhang ist also ein Ziel, eine "echte" Neutralität der Besteuerung hinsichtlich der Gewinnverwendung

54 S. dazu unten, Abschnitt 5.4.2

zu erreichen, d.h. die steuerlichen Folgen jeder Art der Gewinnverwendung sollen sich auch dann nicht voneinander unterscheiden, wenn die Perspektive des Betrachters gewechselt wird. Zu fordern ist deshalb eine Körperschaftsteuer, die erstens keinen "offenen" Einfluß auf die Gewinnverwendungsentscheidung - etwa durch unterschiedliche Steuersätze ohne entsprechende Ausgleichsmaßnahmen - ausübt und zweitens auch den "verdeckten" Einfluß, nämlich durch die erläuterten Interessenkonflikte, vermeidet.

5.3.7 Vermeidung von Auslandereffekten

Insbesondere solche Körperschaftsteuersysteme, in denen es einen gespaltenen Steuersatz gibt, d.h. ausgeschüttete und thesaurierte Gewinne unterschiedlichen Steuersätzen unterliegen, können einen sog. "begünstigenden Ausländereffekt" bergen. Darunter ist zu verstehen, daß an ausländische Muttergesellschaften ausgeschüttete Dividenden inländischer Tochtergesellschaften mit einer insgesamt niedrigeren Körperschaftsteuer belastet sind als Dividenden, die an inländische Muttergesellschaften oder inländische private Anteilseigner ausgeschüttet werden. Grund dafür ist, daß Ausschüttungsbelastung zuzüglich Kapitalertragsteuer, womit für die ausländische Muttergesellschaft die inländische Körperschaftsteuer abgegolten ist, zusammen niedriger sind als die Thesaurierungsbelastung einer inländischen Muttergesellschaft oder als die Summe aus Körperschaft- und Einkommensteuer eines inländischen Dividendenempfängers.

Voraussetzung für des Entstehen dieses Effektes ist neben einer genügend großen Differenz zwischen Ausschüttungs- und Thesaurierungsbelastung der inländischen Körperschaftsteuer entweder die indirekte Anrechnung der im Inland gezahlten Steuer bei der ausländischen Muttergesellschaft oder ein internationales Schachtelprivileg im Ausland. Im Fall des Schachtelprivilegs wären die Dividenden im Ausland praktisch steuerfrei gestellt, bei indirekter Anrechnung jedoch nur, falls das Steuerniveau im Ausland dasjenige des Inlands nicht übersteigt.

Bei einem Anrechnungsverfahren, welches die Anrechnung der Körperschaftsteuer auf inländische Anteilseigner einschränkt, und unter entsprechender Wahl der Steuersätze ist auch ein belastender, also negativer Ausländereffekt denkbar. Diese Gefahr besteht dann, wenn eine Kapitalertragsteuer erhoben wird und im Ausland keine Maßnahmen zur Vermeidung der internationalen Doppelbesteuerung greifen. Der negative Ausländereffekt vermindert die Wettbewerbschancen ausländischer Anbieter im Inland und ist daher in der Tendenz geeignet, die Nettorendite ausländischer Direktinvestitionen im Inland herabzusetzen. Bei Existenz solcher Effekte werden ausländische Unternehmen hinsichtlich dieser Investitionen deswegen eher zögern. Demgegenüber werden bei positiven Ausländereffekten die inländischen Unternehmen gegenüber ihren ausländischen Mitbewerbern benachteiligt.

Zur Wahrung der Wettbewerbsneutralität "über die Grenze" (worunter in diesem Fall die Außengrenze des EG-Binnenmarktes zu verstehen ist) sollten jedoch sowohl positiver als auch negativer Ausländereffekt vermieden werden.

5.4 Popularisierung der Anlageform "Produktivvermögen"

Bei der Gestaltung eines Körperschaftsteuersystems nimmt dessen Wirkung auf die Kapitalallokation eine bedeutende Stellung ein. Es ist von großer Bedeutung, daß die Anlage privater Ersparnisse in Risikokapital nicht behindert wird, womit nicht gesagt ist, daß diese Anlageform durch eine bestimmte Ausgestaltung der Körperschaftsteuer besonders gefördert werden solle. Im Gegenteil ist auch in dieser Hinsicht auf eine möglichst weitgehende Neutralität abzustellen.

Im Sinne einer Stärkung der Eigenkapitalbasis der Unternehmen ist eine Beteiligung breiterer Bevölkerungsschichten am Produktivkapital anzustreben. Aus diesem Grunde ist dieses Problem auch nur in engem Zusammenhang mit dem der Finanzierungsneutralität zu betrachten und auch nur so lösbar, denn im Kern geht es um die Attraktivität der Anlage in Aktien gegenüber der in Obligationen. Nicht-fungible Anteile von Kapitalgesellschaften, also solche von GmbH oder vergleichbaren in anderen EG-Ländern vorhandenen Gesellschaftsformen sind an dieser Stelle von untergeordneter Bedeutung, da sie dem durchschnittlichen Sparer nicht zum Erwerb zur Verfügung stehen. Sie sind nur insoweit indirekt betroffen, als es in gleicher Weise gilt, Neugründungen von kleineren Kapitalgesellschaften mit einer ausreichenden Eigenkapitalbasis auszustatten.

Es ist also ein Zustand anzustreben, in dem sowohl die Entscheidung des privaten Kapitalanlegers zwischen der Anlage in Aktien bzw.

Obligationen als auch die der Unternehmensleitung zwischen der Ausgabe junger Aktien und der von Industrieobligationen oder dergleichen von (körperschaft-)steuerlichen Überlegungen unbeeinflußt bleiben.

Vom Standpunkt der (potentiellen) Aktionäre aus gesehen, ist Voraussetzung zur Erreichung eines solchen Zustandes, daß die Verzinsung beider Anlageformen für denselben Anleger bei gleichem Risiko gleich ist. Dabei ist auf die Verzinsung nach Steuern abzustellen.

Jedoch läßt sich die Problematik nicht auf den Unterschied in der steuerlichen Belastung zwischen Eigen- und Fremdkapital reduzieren[55]; auch eine Lösung, die von körperschaftsteuerlicher Seite weitgehende Neutralität brächte, wäre nicht vollständig. Vielmehr muß berücksichtigt werden, daß der Mangel an Attraktivität, der im Hinblick auf die Aktie als Form der Kapitalanlage zu beklagen ist, vielfach sowohl nichtsteuerliche als auch steuerliche Ursachen hat, die nicht im Bereich der Körperschaftsteuer liegen. Diese mangelnde Attraktivität der Aktien ist ihrerseits wiederum als wichtige Ursache der fortschreitenden Eigenkapitalauszehrung anzusehen. Ferner ist sie dafür verantwortlich zu machen, daß die Zahl der Neueinführungen von Aktiengesellschaften an den Wertpapierbörsen in der Bundesrepublik Deutschland während der 60er und 70er Jahre stark zurückging, nachdem die vorhergehende Aktivität zum großen Teil auf den Kapitalbedarf für den Wiederaufbau zurückzuführen war[56]. Unter anderem durch Entlastung der Dividenden nach der Körperschaftsteuerreform von 1977 stieg die Zahl der Börseneinführungen ab etwa 1980 dagegen wieder an.

Zu den nichtsteuerlichen Hemmnissen gehören unter anderem der für kleinere Unternehmen schwierige Zugang zum Aktienmarkt, dessen Gründe in strenger Börsengesetzgebung und hohen Zulassungsvoraussetzungen für Aktien zum Börsenhandel liegen[57].

55 Vgl. oben Abschnitt 5.3.4

56 Vgl. Gruhler, Wolfram, a.a.O., S. 75 f.

57 Diese Zulassungsvoraussetzungen sind insbesondere die in den EG-Richtlinien für Zulassungsbedingungen (1979) und Börsenzulassungsprospekte (1980) niedergelegten Anforderungen, die in Deutschland im Börsenzulassungsgesetz, in den §§ 36 - 44d des Börsengesetzes und in der Börsenzulassungsverordnung ihren Niederschlag gefunden haben.

Wesentliche Faktoren, die der weiteren Verbreitung der Aktie im Wege stehen und durch die Besteuerung - jedoch außerhalb der Körperschaftsteuer - bedingt sind, sind im Bereich der Einkommensbesteuerung privater Ersparnis zu suchen. Hier steht der private Haushalt vor zwei verschiedenen Aufteilungsentscheidungen, die beide durch die Einkommens- und auch, soweit vorhanden, die Substanzbesteuerung zumindest am Rande beeinflußt werden[58]. Die zunächst zu treffende Entscheidung ist die zwischen Konsum und Ersparnisbildung. Hierbei spielt unter anderem die Frage eine Rolle, inwieweit der Konsumverzicht durch eine angemessene Verzinsung der Ersparnisse nach Steuern belohnt wird[59]. Schon hier übt die Besteuerung einen wesentlichen Einfluß aus und kann insofern bedeutende Kapitalfehlleitungen verursachen, als durch sie der Ersparnisbildung zugunsten des Konsums geringere Präferenzen eingeräumt werden, als es gesamtwirtschaftlich wünschenswert wäre.

Die zweite hier bedeutende Aufteilungsentscheidung des privaten Sektors, die durch die Besteuerung beeinflußt wird, ist diejenige zwischen Ersparnisbildung in Form von Zins- und Dividendentiteln, d.h. zwischen Kapitalanlagen, die für die Unternehmen einerseits Fremd-, andererseits haftendes Eigenkapital darstellen. Einflußreich ist bei dieser Entscheidung erstens die Möglichkeit, durch den Kauf niedrig verzinslicher Anleihen zu relativ niedrigem Kurs bei Rückzahlung zu pari einen steuerfreien Kursgewinn zu realisieren, der von vornherein absehbar ist[60]. Zwar können auch Kurssteigerungen von Aktien i.d.R. steuerfrei realisiert werden, deren Eintreten kann jedoch nicht als sicher unterstellt werden.

Ferner spielt die Erhebungsform der Einkommensteuer eine Rolle. Solange auf Zinseinkünfte keine Quellensteuer erhoben wird, können diese häufig steuerfrei gehalten werden. Demgegenüber wird auf Dividendeneinkünfte gegnwärtig vielfach[61] eine Kapitalertragsteuer erhoben, die immerhin zwischen 10% (Italien) und bis zu 53% (Grie-

---

58 D.h., daß ceteris paribus die Besteuerung den Ausschlag gibt.

59 Vgl. Weichert, Ronald: Probleme des Risikokapitalmarktes in der Bundesrepublik Deutschland. Ursachen, Auswirkungen, Lösungsmöglichkeiten. (Institut für Weltwirtschaft, Kiel) Tübingen, 1987. S. 74 f.

60 Diese Überlegung ist insbesondere für Anleger mit hoher Steuerprogression interessant, während solche mit niedrigem Individualsteuersatz sinnvollerweise höhere Nominalverzinsungen anstreben, die sofort zu realisieren sind.

61 Ausnahmen sind (bei Inländern): Frankreich, Irland und Großbritannien. Eine Kapitalertragsteuer auf Zinseinkünfte wird von Dänemark, Deutschland, Luxemburg und den Niederlanden nicht erhoben.

chenland) liegt. Ist die Ausschüttung darüber hinaus mit einer nichtanrechenbaren Körperschaftsteuer belastet, verliert die Kapitalanlage in Dividendenwerten dadurch weiter an Anziehungskraft. Besonders fragwürdig ist hieran die Tatsache, daß es nicht die Höhe der tariflichen Einkommensteuer ist, die hier die Anlageentscheidung beeinflußt, sondern eben die Form der *Erhebung*.

Eine weitere Diskriminierung der Kapitalgesellschaften im Wettbewerb um haftende Eigenmittel wird gelegentlich darin gesehen, daß im deutschen Recht Verluste, insbesondere in der Anlaufphase, nicht auf die Gesellschafterebene übertragbar sind[62]. Gesellschafter einer Personenunternehmung erhielten die auf das eingesetzte Kapital bereits entrichtete Einkommensteuer quasi rückerstattet, wenn sie die Verluste aus ihrem Mitunternehmeranteil mit positiven Einkünften anderer Einkunftsarten ausgleichen und dadurch einer niedrigeren Gesamtbesteuerung unterliegen. Gesellschafter einer Kapitalgesellschaft erleiden dieser Argumentation zufolge dagegen den Verlust ihres bereits als Einkommen versteuerten Kapitals im Falle der Auflösung der Gesellschaft nach der Verlustphase.

Dem ist entgegenzusetzen, daß die Kapitalgesellschaft im Normalfall nicht nach der Phase der Anlaufverluste liquidiert wird und insofern vom Verlustvortrag Gebrauch gemacht werden kann. Wenn anderenfalls in den Folgejahren Gewinne ausgeschüttet worden wären, profitierte der Gesellschafter so von niedrigerer Besteuerung durch geringere Ausschüttung; der Gesellschafter des Personenunternehmens sieht sich zu diesem Zeitpunkt schon der vollen Gewinnbesteuerung gegenüber. Zudem muß sich derjenige, der so argumentiert, auch fragen lassen, ob es denn der Hauptzweck einer Unternehmensgründung sei, wenig Steuern zu zahlen oder aber, langfristig Gewinne zu erwirtschaften, die notgedrungen die Ertragsbesteuerung hervorrufen.

Aus makroökonomischer Sicht ist es das Ziel, den Produktionsfaktor "Kapital" so effizient wie möglich einzusetzen. Dies ist genau dann der Fall, wenn seine Grenzproduktivität in allen Verwendungsrichtungen gleich ist. Im vorliegenden Zusammenhang muß nunmehr eine Möglichkeit gesucht werden, den hieraus entstehenden Zielkonflikt zwischen Unternehmen und Anteilseignern weitgehend zu entschärfen.

Das gesuchte Körperschaftsteuersystem muß also gewährleisten, daß aus der Sicht des Kapitalanbieters die Grenzproduktivität des Faktors

---

62 Vgl. Weichert, Ronald, a.a.O., S. 94 f.

Kapital in der Form von Eigenkapital nicht durch Einfluß der Körperschaftsteuer unter diejenige der als Fremdkapital zur Verfügung gestellten Mittel sinkt.

5.5 Praktische Einflußfaktoren

5.5.1 Politische Durchsetzbarkeit

Die Einführung eines EG-einheitlichen Körperschaftsteuersystems bedeutet für viele, wenn nicht (je nach der Art des gewählten Systems) die meisten der beteiligten Staaten eine Umstellung und damit eine Steuerreform von bedeutendem Ausmaß. Diese macht, wie jedes Gesetzgebungsverfahren in demokratisch verfaßten Staaten, die Verabschiedung durch eine Mehrheit in den parlamentarischen Gremien erforderlich. Somit erhebt sich das Problem der politischen Durchsetzbarkeit im vorliegenden Fall auf wenigstens zwei Ebenen: Auf derjenigen der Gemeinschaft, innerhalb derer zunächst ein Rahmen abgesteckt werden muß, und auf der nationalen Ebene der einzelnen Mitgliedstaaten, denen die genauere Ausgestaltung im Rahmen der nationalen Finanzverfassungen und speziellen Erfordernisse und Wünsche obliegt. Sobald es mehrere parlamentarische Ebenen gibt, wie z.B. in der Bundesrepublik Deutschland neben dem Bundestag den Bundesrat, entstehen zusätzliche Erschwernisse.

Die Hauptschwierigkeit auf Gemeinschaftsebene wird sein, daß die Mitgliedstaaten i.d.R. nicht bereit sein werden, von dem jeweils herrschenden System deutlich abzurücken, weshalb die Einigung auf einen gemeinsamen Systemrahmen schon als großer Fortschritt bezeichnet werden kann. Die Durchsetzung einer weitergehenden Harmonisierung dürfte auf praktisch unüberwindbare Probleme stoßen, deren Ursache in den nationalen Interessenlagen liegt. Die bei der innerstaatlichen Durchsetzung einer umfassenden Steuerreform zu berücksichtigenden Interessen sind - obwohl der Entscheidungsspielraum durch die gemeinschaftlichen Vorgaben schon eingeschränkt ist - außerordentlich vielschichtig. Ferner sehen sich die Staaten vor die Frage gestellt, wie der durch Belastungsminderung in anderen Industrieländern steigende Steuersenkungsdruck mit dem Eigeninteresse der Aufkommenserhaltung vereinbart werden kann.

In dem Zwang, möglichst vielen Gruppen- und Einzelinteressen gerecht werden zu wollen, handeln Regierungen tendenziell strategisch und wahltaktisch, denn eines ihrer vorrangigen Ziele ist der Erhalt der Macht. Aus diesem Grund wird die politische Dimension bei jeder Steuerreform zu einer bestimmenden Größe.

Durch die große Zahl der aufeinandertreffenden Interessen muß eine grundlegende Reform des Körperschaftsteuersystems notwendigerweise einen Kompromiß darstellen. Dies gilt nicht nur für die Art und Weise der Zielerreichung, sondern zunächst auch für die Zielsetzung und Zielinterpretation selbst sowie für den Anspruch an einen als befriedigend anzusehenden Zielerreichungsgrad[63]. Vorrangiges Anliegen der beteiligten Politiker ist dabei, eine möglichst hohe Akzeptanz der getroffenen Maßnahmen insbesondere bei den unmittelbar Betroffenen zu erreichen[64]; das sind in diesem Fall hauptsächlich Kapitalgesellschaften und Aktiensparer, wobei hier wiederum Groß- und Kleinaktionäre unterschiedliche Interessen verfolgen können.

Die Erhöhung der Akzeptanz kann u.a. durch die "Erzeugung von Illusion"[65] erreicht werden, d.h. Bagatellisierung von Nachteilen oder Hervorhebung gesamtwirtschaftlicher Notwendigkeiten. Auch der Einbau von Belastungsunterschieden in die Bemessungsgrundlage anstatt in den Tarif fiele hierunter. Wenngleich von dieser Methode gelegentlich Gebrauch gemacht wird, so ist doch vom Standpunkt einer rationalen und systematisch orientierten Steuerpolitik dringend von einem solchen Vorgehen abzuraten.

Ohne zunächst darauf eingehen zu wollen, in welcher Weise die Berücksichtigung von Einzelinteressen erfolgt, kann doch schon im Vorhinein festgestellt werden, daß die Rationalität der angestrebten Reform und damit die Durchsetzung eines in sich geschlossenen, konsistenten Steuersystems unter der Ausrichtung der politischen Entscheidungen nach allzu differenzierten Vorstellungen leidet. Eine pluralistische, demokratische Gesellschaft lebt von der Kompromißbildung zwischen den Positionen der staatstragenden Gruppierungen. Problematisch wird die Situation jedoch dann, wenn eine Regierung versucht, möglichst vielen Forderungen der sie unterstützenden Grup-

---

63 Vgl. Franke, Siegfried F.: Ein Beitrag zur Steuerreformpolitik in der Demokratie. In: Hansmeyer, Karl-Heinrich (Hrsg.): Staatsfinanzierung im Wandel, a.a.O., S. 171 - 187 (hier: S. 181).

64 Vgl. Schmölders, Günter: Finanzpolitik. 3. Aufl., Heidelberg / Berlin / New York 1970, S. 324.

65 Vgl. Folkers, Cay: Zu einer politischen Theorie der Steuerreform. In: Hansmeyer, Karl-Heinrich (Hrsg.): Staatsfinanzierung im Wandel, a.a.O., S. 189 - 211 (hier: S. 197).

pierungen gleichzeitig gerecht zu werden. In einem solchen Fall entsteht nicht ein Kompromiß zwischen den Positionen der Regierung und der Opposition, womit im Endeffekt die Wahrscheinlichkeit einer Vertretung der Interessen der Gesamtbevölkerung größer würde. Stattdessen wird ein Kompromiß zwischen den Forderungen einzelner Verbände mit sehr speziellen Interessen angestrebt, um das eigene Wählerpotential zu erhalten. Auffällig ist dabei, daß sich auch Gruppen, deren Zweck und Ausrichtung eine Kommentierung von Steuerreformvorhaben allgemein oder der Körperschaftsteuer im besonderen eigentlich nicht erwarten ließe, regelmäßig ihre Einwände berücksichtigt wissen möchten. Äußeres Zeichen ist hier die Formulierung sehr plakativer Kritiken, die in das Bewußtsein breiter Bevölkerungsschichten eindringen sollen; dies wird von der jeweiligen Opposition wahrgenommen, um schließlich mit Blick auf bevorstehende Wahlen auf die politische Stimmung Einfluß zu nehmen.

Demgegenüber werden die eigentlichen Spezialprobleme, die mit einer solchen Reform zusammenhängen, nur von einer kleinen Zahl kompetenter Individuen und Gruppen gesehen, die dann auch durch ihre Sachkenntnis legitimiert sind, Forderungen zu erheben und Lösungen anzubieten.

Eine bemerkenswerte Ausprägung der Beachtung verschiedener Partikularinteressen bildet die wahltaktische Ausrichtung der zeitlichen Durchführung von Steuerreformen. Eine Regierung wird bemüht sein, ein Projekt dieser Größenordnung, von dem immer wenigstens einige Gruppen oder Individuen in der Weise betroffen sein werden, daß sich ihre Position verschlechtert, an den Beginn einer Legislaturperiode zu legen. Dies hat zum einen die Wirkung, daß diese Individuen und Gruppen, an deren Ende, d.h. in zeitlicher Nähe zur nächsten Wahl, den erlittenen Nachteil nicht mehr in der Stärke empfinden wie unmittelbar nach der Maßnahme. Darüber hinaus erzeugt die Gewöhnung an den neuen Zustand ein "Gefühl der Angemessenheit"[66], wodurch ebenfalls negative Auswirkungen im Einzelfall gemildert werden können.

Das den verschiedenen Interessenlagen übergeordnete Problem ist das der "steuerlichen Gerechtigkeit". Da das Gerechtigkeitsempfinden mit der persönlichen Interessenlage und dem (politischen) Standort variiert, kommt es auch vor, daß sich mehrere Gruppen, die u.U. entge-

66 Schmölders, Günter: Finanzpolitik, a.a.O., S. 327.

gengerichtete Forderungen vertreten, "ungerecht" behandelt fühlen. Dadurch, daß die individuelle Steuerlast ohnehin in der Regel als zu hoch empfunden wird, wird die durch die Verbände vorgeprägte Erwartungshaltung weiter verstärkt; jedoch sind aus taktischen Gründen die Forderungen der Interessenverbände von vornherein überzeichnet, da man sich darüber im klaren ist, nicht die Gesamtforderung durchsetzen zu können[67]. Solcherart überzogene Forderungen entstehen ferner dadurch, daß die maßgebenden Vertreter der Interessengruppen ihren Mitgliedern gegenüber in einem gewissen Rechtfertigungszwang stehen.

Wird hingegen versucht, im Rahmen einer Steuerreform zuvor objektiv bestehende Ungerechtigkeiten zu beseitigen, so kann nicht davon ausgegangen werden, daß die nun ihren komparativen Vorteil verlierende Gruppe ihre Zustimmung dazu gibt. Vielmehr führt auch die Beseitigung bestehender Ungerechtigkeiten zu Protesten, da hierdurch immer einzelne Gruppen absolut oder relativ schlechter gestellt werden als vorher[68].

An diesen Möglichkeiten der Einflußnahme bestimmter Gruppen wird ein Dilemma deutlich, in dem sich eine demokratisch legitimierte Regierung unter anderem dann befindet, wenn es um die Durchsetzung einer wirksamen und gesamtwirtschaftlich sinnvollen Steuerreform geht. Sie benötigt einerseits, da sie aus einer Position der Unsicherheit heraus handelt[69], immer das Urteil und den Rat von "Experten" der verschiedenen Fachrichtungen und will sich andererseits nicht von unqualifizierten oder deutlich überzeichneten Stellungnahmen leiten lassen und hat darüber hinaus darauf zu achten, daß das entstehende Gesetzeswerk nicht überkompliziert wird, weil zuviele Einzelaspekte beachtet werden. Es muß also ein Weg gefunden werden, die notwendige und brauchbare von der redundanten Information zu trennen. Gleichzeitig ist zu beachten, daß auch die rationale Expertenmeinung nur dann durchsetzungsfähig ist, wenn sie politisch gewinnbringend ist, d.h., daß sie der oder den regierenden Partei(en) zu erhöhtem Ansehen verhilft.

Das bedeutet, daß der Ablauf des demokratischen Willensbildungs-

---

67 Vgl. Franke, Siegfried F., a.a.O., S. 177

68 Vgl. Neumark, Fritz: Zur Problematik von Steuerreformen in unserer Zeit. In: Geiger, Willi; Höhn, Ernst u.a. (Hrsg.): Der wirtschaftende Staat. Festschrift für Theo Keller. Bern/Stuttgart, 1971, S. 143 - 159 (hier: S. 153).

69 Vgl. Franke, Siegfried F., a.a.O., S. 175.

prozesses die Steuerpolitik wesentlich prägt. Für sie wird die Erschwernis umso größer, je mehr sich die Forderungen der "pressure groups"[70] am eigenen kurzfristigen Nutzengewinn orientieren und je weiter sie sich damit vom Ziel des gesamtwirtschaftlichen Wohlfahrtsgewinns entfernen. Ein grundsätzliches Interesse an der angestrebten Steuerreform besteht zwar in nahezu allen gesellschaftlichen Kreisen, doch weichen die verschiedenen Anliegen, wie dargestellt, stark voneinander ab. Es dürfte daher außerordentlich schwierig sein, den Reformprozeß in eine einheitliche Richtung zu lenken.

Im Sinne einer weitgehenden Zielerreichung, d.h. der Durchsetzung einer den in den vorangegangenen Abschnitten formulierten Ansprüchen gerecht werdenden Körperschaftsteuerreform sind als Konsequenz aus dem hier Gesagten möglichst viele der relevanten gesellschaftlichen Gruppen verantwortlich in den Gesetzgebungsprozeß einzubeziehen. Deren Beitrag darf sich nicht auf verbale Mißfallensäußerungen beschränken, sondern sollte in konstruktiver Kritik bestehen.

Der Zwang zum "politischen" Handeln, also zur mehr oder weniger weitgehenden Anpassung an die Forderungen der gesellschaftlichen Gruppen, wird ein an den Vorstellungen sowohl der wirtschaftlich einflußreichen als auch der aufgrund ihrer Größe und der Zahl der repräsentierten Mitglieder einflußreichen Gruppen ausgerichtetes Körperschaftsteuersystem bedingen. Erstere sind im wesentlichen die Unternehmensverbände als Vertreter der betroffenen Kapitalgesellschaften. Sie werden in erster Linie eine Herabsetzung der Tarifbelastung der Unternehmensbesteuerung fordern, da die Höhe der von den Unternehmen zu tragenden Steuerlast der entscheidende wettbewerbswirksame Standortfaktor im Zusammenhang mit der Besteuerung ist[71]. Weiterhin werden die Vertreter einzelner Branchen eine für sie "gerechtere" Besteuerung fordern, besonders hinsichtlich der Gleichbehandlung kapital- und arbeitsintensiver Branchen. Erst in nachgeordneter Position werden Forderungen laut, die dem einzelnen Bürger nicht geläufig und eingängig sind, wie z.B. Forderungen nach Neutralität der Besteuerung bezüglich der Rechtsformwahl.

---

70 Vgl. Neumark, F.: Zur Problematik von Steuerreformen in unserer Zeit, a.a.O., S. 154.

71 Vgl. Bundesverband der Deutschen Industrie: "Thesen zur Harmonisierung der Steuern in der Europäischen Gemeinschaft" vom 17. Januar 1989, Ibs. Thesen Nr. 2 - 5 und 9 - 11.

In die entgegengesetzte Richtung werden sich demgegenüber die Forderungen von Gewerkschaften und Sozialpolitikern richten, nämlich in Richtung auf eine steuerliche Entlastung der kleinen und mittleren Einkommen und eine stärkere Finanzierung des Staatshaushaltes aus Unternehmensgewinnen. Weiterhin wird von diesen gesellschaftlichen Gruppen eine Körperschaftsteuer verlangt werden, die den Erwerb und die Haltung von Aktien in den Händen der Geringerverdienenden fördert. Dies und die Forderung nach Entlastung kleinerer Einkommen läßt sich indessen mit dem Wunsch nach einer Verringerung der Unternehmensteuern vereinbaren, indem ein Weg zur Abschaffung bzw. Vermeidung der Doppelbelastung von Dividenden beschritten wird.

Das Begehren nach einer einfachen und auch für den Laien überschaubaren Besteuerung schließlich wird regelmäßig aus allen Kreisen der Gesellschaft geäußert. Von diesem Ziel scheint man sich jedoch mit zunehmender Zahl und zunehmendem Anspruch der zu berücksichtigenden strategischen Einzelinteressen immer weiter zu entfernen[72]. Je mehr Einzelwünsche in Sondervorschriften Berücksichtigung finden, desto komplizierter wird das Steuerrecht. Zu dieser Verkomplizierung trägt auch der Umstand bei, daß die Steuersysteme der EG-Länder sämtlich das Ergebnis inkrementaler Fortentwicklungsprozesse sind, die von den Regierungen aufgrund der Risikolage, aus der heraus sie handeln, der kompletten Neuentwicklung eines (Teil-) Steuersystems vorgezogen werden.

Diese Risikolage[73] stellt sich so dar, daß die Regierenden (bei dem Ziel der kurzfristigen Stimmenmaximierung) nur unvollständige Information über die tatsächlichen Langfristpräferenzen der Wähler haben und darüber hinaus die Wirkungen der von ihnen selbst getroffenen Maßnahmen im vorhinein kaum abschätzen können[74].

---

72 Vgl. Franke, Siegfried F., a.a.O., S. 183.

73 Vgl. Folkers, Cay, a.a.O., S. 199 f.

74 Vgl. hierzu z.B. die "Kapitalflucht"-Reaktionen auf die Einführung einer 10%igen Kapitalertragsteuer auf Zinseinkünfte zum 1. Januar 1989 in der Bundesrepublik Deutschland, die schließlich zur Wiederabschaffung der Steuer führten. S. dazu u.a.: "Ifo-Institut: Zinstrend und DM-Entwicklung beeinflußt / Quellensteuer erweist sich als Bumerang für den Staat" in: HB Nr. 64 v. 3.4.1989, S. 8 und "Quellensteuer / Regierungskoalition einig: § 34 EStG wird geändert" in: HB Nr. 81 vom 26.4.1989; S. 1.

5.5.2 Durchführbarkeit

Die Entwicklung eines allen bisher angeführten Anforderungen weitgehend gerecht werdenden Körperschaftsteuersystems erscheint möglich, wenn einmal von besonderen Vorstellungen einiger Länder abgesehen wird und sich der Blick nur auf die theoretische Machbarkeit richtet. Diese ist jedoch im vorliegenden Fall nicht allein ausschlaggebend. Vielmehr ist die pragmatische Dimension in die Überlegungen zum Systementwurf einzubeziehen. Das bedeutet, daß bei allem Streben nach Perfektion die praktische Handhabung und Übersichtlichkeit von entscheidender Bedeutung für einen späteren Erfolg des neuen Systems sein werden.

Abgesehen davon, daß auch die Art der Ermittlung von Bemessungsgrundlagen entscheidend zur Verkomplizierung des Steuerrechts beiträgt, liegt hier ein weiteres Dilemma und eine Schwierigkeit der Entwicklung und Reform von Steuersystemen ganz allgemein: Ein einfach und unkompliziert zu handhabendes System wird nicht sämtliche Forderungen nach Neutralität der Besteuerung und Vermeidung von Doppelbelastungen erfüllen können. Währenddessen wird ein Steuersystem, das diese Forderungen in möglichst großem Umfang beachtet, in der täglichen Anwendung zu kaum überwindbaren Problemen führen mit der Folge, daß sich Besteuerungsverfahren wesentlich länger hinziehen als dies ohnehin schon der Fall ist.

Jedoch ist im Zweifel der praktischen Durchführbarkeit der Vorzug vor steuersystematischem Perfektionismus zu geben. Dies trägt nicht nur zu einer größeren Zufriedenheit und höheren Akzeptanz unter den Steuersubjekten bei, sondern erleichtert auch denjenigen Staaten die Zustimmung, die nicht über eine Finanzverwaltung verfügen, deren Organisationsgrad dem der deutschen vergleichbar wäre und die deswegen mit kompliziert zu handhabenden Regelungen möglicherweise überfordert wären.

Die Forderung nach Praktikabilität eines Systems kann nicht an genau definierten Merkmalen festgemacht werden; stattdessen ist es im Nachhinein auf seine Durchführbarkeit zu untersuchen. Um jedoch ein Beispiel zu geben, kann gesagt werden, daß ein Körperschaftsteuersystem um so mehr Komplikationen hervorruft, je höher die Anzahl der verwendeten Steuersätze, also je differenzierter die Tarifstruktur ist. Im Fall einer relativ großen Zahl von Steuersätzen (wobei der Satz

"Null" für unbelastete Gewinnteile immer hinzukommt) verkompliziert sich automatisch die Gliederungsrechnung des verwendbaren Eigenkapitals oder das jeweils verwendete Äquivalent.

Ferner ist es evident, daß ein Anrechnungsverfahren einen höheren administrativen Aufwand verursacht als ein relativ "einfaches" sog. "klassisches System" mit voller Doppelbelastung der ausgeschütteten Gewinne.

Die Forderungen an ein Körperschaftsteuersystem hinsichtlich seiner Praktikabilität sind im wesentlichen folgende:

1. Zur Erreichung einer größtmöglichen Übersichtlichkeit ist das Steuersubjekt so genau wie möglich und mit so wenig Ausnahmen wie möglich zu definieren.

2. Der zur Durchführung der Vorschriften erforderliche Aufwand soll in einem angemessenen Verhältnis zum Ertrag stehen, d.h. unter dem Aspekt der Verwaltungs- und Steuererhebungskosten soll das System effizient sein. Gleichzeitig ist dahingehend ein Kompromiß zu suchen, daß bei geringem administrativen Aufwand die übrigen in den vorhergehenden Abschnitten entwickelten Anforderungen möglichst weitgehend erfüllt werden.

Ein Mittel, diese Ziele zu erreichen, wäre zum Beispiel die konsequentere Anwendung von Grundtatbeständen. Mit der Rückführung der Zahl der zusätzlich anwendbaren Ausnahmetatbestände könnte eine erhebliche Erhöhung der Effizienz des Systems erreicht werden.

Eine Einschränkung wird die Forderung nach Praktikabilität indessen dadurch erfahren, daß während einer Übergangszeit verkomplizierende Regelungen sich nicht werden vermeiden lassen, um Ungerechtigkeiten zu umgehen.

Hinzu tritt der Umstand, daß ein großer Teil der Komplexität eines Steuersystems nicht allein durch die vereinheitlichenden Vorschriften auf EG-Ebene, sondern wesentlich durch die nationalen Ausgestaltungen im jeweiligen Steuerrecht verursacht wird. Da in den hierdurch wiederum entstehenden Unterschieden jedoch auch ein bedeutender Wettbewerbsfaktor gesehen werden muß, ist der Spielraum für nationale Eigenheiten klein zu halten.

Einen Ansatz zur Optimierung der Besteuerung auch im Bereich der praktischen Durchführbarkeit hat Anfang der 70er Jahre die "Theorie der optimalen Besteuerung" (optimal taxation theory) entwickelt[75]. Sie baut jedoch auf verschiedenen Voraussetzungen auf, die man in der Praxis nicht bestätigt finden wird, wie z.B.:

- einen einheitlichen, vollkommenen (Binnen-) Markt;
- eine geschlossene Volkswirtschaft;
- Fehlen von Transaktions-, Verwaltungs- und Steuererhebungskosten.

Insbesondere kommt es hier auf die genaue Kenntnis der Preis-, Kreuzpreis- und Einkommenselastizitäten der Nachfrage an, die sich naturgemäß mit veränderter Besteuerung ebenfalls ändern. Diese Daten erstens empirisch zu ermitteln und zweitens für den hypothetischen Fall einer Steuerreform im voraus zu berechnen, ist außerordentlich schwierig.

Die hier bestehende Problematik kann also weniger als ein klassisches Optimierungsproblem (für welches die OT-Theorie brauchbare Ansätze liefert), sondern muß vielmehr als die "Suche nach dem Zweitbesten"[76] gesehen werden. Zu bedeutend sind diejenigen Faktoren, die sich nicht in Form einer geschlossenen Theorie und mathematischer Formeln ausdrücken lassen, sondern eher nach einer Lösung verlangen, die nicht ausschließlich rational geprägt ist.

75 Vgl. Mann, Hugo: Theorie und Politik der Steuerreform in der Demokratie. Frankfurt/Main, 1987, S. 43. Es werden hier theoretische sog. "Steuerreformregeln" formuliert, die jedoch im Rahmen einer praktischen Entscheidungsfindung nicht einzuhalten sein dürften.

76 Vgl. Neck, Reinhard: Zur politischen Ökonomie von Steuerreformen. In: Hansmeyer, Karl-Heinrich (Hrsg.): Staatsfinanzierung im Wandel. Berlin, 1983, S. 145 ff.

6. Teil

Kritik der bisherigen Systemvorschläge und Entwicklung eines Idealsystems der Körperschaftsteuer

6.1 Einführende Erläuterungen

Anknüpfend an die im vorangegangenen Teil ausgearbeiteten Anforderungen, soll nunmehr ein taugliches Körperschaftsteuer-Idealsystem gefunden werden, welches die realistische Chance hätte, mittelfristig in allen Mitgliedstaaten der Europäischen Gemeinschaft angewandt zu werden.

Es ist dazu unerläßlich, die bereits im Schrifttum diskutierten Ansätze zur grundlegenden Reform der Körperschaftsbesteuerung einer kritischen Betrachtung zu unterziehen, da sie vielfach den Anspruch erheben, auch und gerade im Hinblick auf eine Harmonisierung der direkten Steuern innerhalb der EG besondere Vorteile zu bieten. Dies sind insbesondere das Modell einer Betriebsteuer und das Teilhabersteuer-Modell. Während das erstgenannte einer Erprobung in der Praxis ermangelt, hat es für bestimmte Familienkapitalgesellschaften[1] eine der Teilhabersteuer ähnliche Besteuerung vor 1972 in Kanada gegeben[2]. Zwei weitere zu diskutierende Verfahren sind das des Primärdividendenabzugs und die Freistellung von Dividenden.

Daß diese in der Literatur angebotenen "Systeme" sich damit zufriedengeben, einen gangbaren Weg der Verhinderung oder Milderung der Doppelbelastung ausgeschütteter Gewinne aufzuzeigen - oder aber diese Doppelbelastung aus bestimmten Gründen gerade aufrechterhalten zu wollen -, sei hier schon einmal am Rande erwähnt. Demzufolge handelt es sich also nach der weiter oben entwickelten Definition des Begriffes "Körperschaftsteuersystem"[3] um kein komplettes System; dennoch decken alle diese Entwürfe den zweifellos wichtigsten und umstrittensten Teil eines solchen ab.

Diejenigen Verfahren, die aus der praktischen Anwendung bereits hinlänglich bekannt sind, sollen nicht mehr eingehend dargestellt

1 Vgl. Subsection 68, Paragraph 1 des kanadischen Income Tax Act 1952.

2 Vgl. Kellaugh, Howard J.; Mc Quillan, Peter E.: Taxation of Private Corporations and their Shareholders. Reihe "Canadian Tax Papers", No. 72, o.O., 1983, S. 31 ff.

3 Siehe dazu den 3. Teil dieser Arbeit.

werden. Es sind dies insbesondere die veschiedenen Teilentlastungsverfahren, deren Wirkung und spezielle Verhaltensweisen hinsichtlich des Neutralitätskonzeptes im Rahmen der Diskussion des Umfanges der Dividendenentlastung bearbeitet werden.

Für den Entwurf des körperschaftsteuerlichen Idealsystems ist schon im voraus absehbar, daß es sich um einen Kompromiß handeln muß und damit nicht alle Anforderungen, die zu erfüllen wünschenswert wäre, auch umgesetzt werden können. Dafür sind im wesentlichen zwei Faktoren verantwortlich: Erstens die im Zusammenhang mit den gewünschten Eigenschaften bereits festgestellten Zielkonflikte; hier gilt es, sachgerecht Prioritäten zu setzen. Zweitens der Umstand, daß die Umsetzung der Idee eines vereinheitlichten Körperschaftsteuersystems in die Praxis letztendlich eine politische Entscheidung und insofern immer eine Abwägung widerstrebender Interessen ist. Dieser Tatsache trägt auch der Umstand Rechnung, daß hier ein "unter den gegebenen Umständen" ideales System gesucht wird, welches auch die geringe Neigung der Mitgliedsländer berücksichtigt, größere und u.U. unpopuläre Änderungen in ihrer Steuergesetzgebung durchzuführen.

6.2 Kritik einiger bislang diskutierter "Körperschaftsteuersysteme"

6.2.1 Betriebsteuer-Modell

6.2.1.1 Inhalt

Die Idee der Betriebsteuer entspringt dem Wunsch nach möglichst einheitlicher Besteuerung aller Gewerbebetriebe, insbesondere ohne Rücksicht auf deren Rechtsform: Personenunternehmen sollten in derselben Weise besteuert werden wie Kapitalgesellschaften. Aus dieser Absicht heraus wurde der Gedanke geboren, daß die Körperschaftsteuer in ihrer bisherigen Form und die Einkommensteuer auf Einkünfte aus Gewerbebetrieb ganz abzuschaffen und durch eine einheitliche Steuer auf alle "Einkünfte aus Betrieb" zu ersetzen seien. Das bedeutet, daß der Betrieb zunächst den Gesamtgewinn ohne Ansehung seiner Verwendung versteuert. Für die spätere Behandlung auf Anteilseigner-Ebene gibt es unterschiedliche Vorstellungen, die weiter unten erläutert werden.

Stammen die ersten Überlegungen zu einer Betriebsteuer aus den 20er Jahren, so kann doch die Ausarbeitung des "Betriebsteuerausschusses" aus dem Jahre 1949 als erste detaillierte

Stellungnahme zu diesem Komplex gelten. Dieser Ausschuß hatte die Aufgabe, "das Problem der steuerlichen Erfassung und Belastung der Erträge gewerblicher Unternehmen wissenschaftlich zu bearbeiten" und die Möglichkeiten einer Reform der Unternehmensbesteuerung im Rahmen einer "organischen Steuerreform" aufzuzeigen[4]. Diese Arbeit mündete in konkreten Gesetzentwürfen zur Betriebsteuer.

Die Betriebsteuer ist bis heute in verschiedenen Varianten diskutiert worden, auf die im einzelnen noch näher einzugehen sein wird. Allen Vorschlägen gemeinsam ist jedoch die Idee, alle "Betriebsgewinne", wie immer diese im Einzelfall auch definiert sein mögen, mit einer Steuer zu belegen, die sämtliche Gewerbebetriebe ohne Rücksicht auf deren Rechtsform, Größe und andere Merkmale gleichmäßig trifft.

Daraus folgt, daß es sich bei der Betriebsteuer gemäß ihrer Konzeption um eine steuersystematische Mischform aus Subjekt- und Objektbesteuerung[5] handelt, worin bereits ein Kritikpunkt von erheblicher Bedeutung gesehen werden muß. Während nämlich - soweit Personenunternehmen betroffen sind - einerseits eine Besteuerung des Objektes "Ertrag des Gewerbebetriebes" stattfindet, werden gleichzeitig, weil in zivilrechtlicher Einheit mit dem Unternehmen zu betrachten, der bzw. die Unternehmer als Subjekt besteuert. Steuergegenstand - Objekt - ist aus dieser Blickrichtung das im Unternehmen erzielte Einkommen. Dasselbe gilt im Prinzip für Kapitalgesellschaften, jedoch ist hier die juristische Person als Steuersubjekt mit dem Objekt "Gewerbebetrieb" praktisch identisch. An dieser Stelle liegt also ein Systembruch vor.

Ursprüngliches Primärziel des Betriebsteuerausschusses bei der Formulierung seiner Gesetzentwürfe war nicht die Erreichung einer weitgehenden steuerlichen Neutralität, sondern - in der Zeit des Wiederaufbaus nur konsequent - die Förderung der betrieblichen Kapitalbildung. Zur Zeit der Einsetzung des Ausschusses konnte noch nicht abgesehen werden, daß sich die Wirtschaft in der Bundesrepu-

---

4 Vgl. Boettcher, Carl; Binder, Olido u.a. (Betriebsteuerausschuß der Verwaltung der Finanzen): Bericht und Gesetzentwürfe zur Betriebsteuer. In StuW, 26. Jg. (1949), Sp. 929 -1066 (hier: Sp. 931). Im folgenden zitiert als: Betriebsteuerausschuß.

5 Im Betriebsteuerausschuß bestanden Differenzen über die Frage, ob die Betriebsteuer als Objekt- oder Subjektsteuer anzusehen sei. Man kam zu dem Schluß, daß die Betrachtung als Besteuerung des Objektes "Betrieb" die geeignetere sei. - Vgl. Betriebsteuerausschuß, a.a.O.

blik Deutschland in relativ kurzer Zeit erholen würde; deswegen erschien es damals angemessen, den über lange Jahre zuvor andauernden Prozeß der Eigenkapitalauszehrung umkehren zu wollen.

Darüber hinaus schien die Bildung privaten Sparkapitals sowie die Anziehung ausländischen Investivkapitals vordringlich. Beides sollte deshalb mittels einer geeigneten Besteuerung zu forcieren versucht werden[6].

Erst in zweiter Linie wurde auch die Rechtsformneutralität der Unternehmensgewinnbesteuerung angestrebt, die man mittels einer Art "Einheitsbesteuerung" aller Gewinne von Gewerbebetrieben auf besonders einfache und gleichzeitig wirkungsvolle Weise erreichen zu können glaubte.

Von den Befürwortern einer Betriebsertragsteuer wird die proportionale Besteuerung des Betriebsgewinns angestrebt, wobei in jedem Falle ein Unternehmerlohn (wie bei Kapitalgesellschaften das Geschäftsführergehalt) bei der Ermittlung der Bemessungsgrundlage abzugsfähig sein soll. Dieser unterliegt dann im privaten Bereich der progressiven Einkommensteuer.

An dieser der Gleichmäßigkeit in der Unternehmensbesteuerung an sich förderlichen Idee ist indes zu kritisieren, daß - und dies gilt insbesondere für Personenunternehmen, da bei Kapitalgesellschaften schon von der zivilrechtlichen Konzeption her Anteilseigner und Management voneinander getrennte Institutionen sind - auch der erfolglose Unternehmer, dessen Unternehmen Verluste erbringt, einen Unternehmerlohn nicht nur vereinnahmt, sondern auch zu versteuern hat. Dies ist mit dem Gedanken der Personenbezogenheit, der vom bürgerlichen und Handelsrecht absichtsvoll herbeigeführten vermögensmäßigen Einheit von Unternehmens- und Privatsphäre, und damit auch mit der persönlichen Haftung nicht zu vereinbaren.

Damit wird eine der wesentlichen Schwächen der Betriebsteuer deutlich: Mit dem Versuch der steuerlichen Gleichbehandlung von Personenunternehmen und Kapitalgesellschaften werden gleichzeitig die zivilrechtlich bestehenden und erwünschten Unterschiede verwischt, d.h. der für einen Fortschritt in der Gleichmäßigkeit der Besteuerung zu zahlende Preis wäre ein Bruch mit den Prinzipien des Gesellschaftsrechts und damit die Nichteinhaltung des Gebotes der Einheit der Rechtsordnung.

---

6 Vgl. Betriebsteuerausschuß, a.a.O., Sp. 940 ff.

Voraussetzung für eine derartige Betriebsbesteuerung wäre, daß jeder Gewerbebetrieb, ob in der Rechtsform einer Personen- oder einer Kapitalgesellschaft betrieben, ertragsteuerlich als eine eigene rechtliche Sphäre aufgefaßt würde. Ein späterer Vorschlag zur Betriebsteuer[7] geht soweit, auch die Bemessungsgrundlage bei den Personengesellschaften in wesentlichen Punkten derjenigen bei den heute mit Körperschaftsteuer belasteten Kapitalgesellschaften anzupassen, indem beispielsweise schuldrechtliche Verträge steuerlich anzuerkennen seien. Wenn dieses Vorhaben im Sinne einer gleichmässigen Unternehmensgewinnbesteuerung auch in die richtige Richtung weist, so kann jedoch die dafür gelieferte Begründung nicht unwidersprochen bleiben. Sie behauptet, daß auch in Personenunternehmen die Geschäftsleitung von dem oder den Inhaber(n) als weitgehend losgelöst anzusehen und insofern der Bestand des Unternehmens nicht unmittelbar vom Wirken des Unternehmers abhänge. Damit sei der Unternehmensgewinn, abgesehen von dem als Unternehmerlohn gekennzeichneten Teil, ein "Objektivum"[8], wodurch seine Besteuerung mit einer objektbezogenen Steuer zu rechtfertigen sei.

Dem ist entgegenzusetzen, daß in den allermeisten Fällen von Personenunternehmen die Inhaber als tätige (Mit-)Unternehmer unmittelbar und direkt auf den Unternehmenserfolg einwirken. Etwas anderes gilt hingegen bei größeren Kapitalgesellschaften, insbesondere Publikums-Aktiengesellschaften, bei denen die Geschäftsführer oder Vorstände nicht beteiligt sind oder evtl. im Rahmen ihrer privaten Vermögensanlage *auch* Kapitalanteile halten.

6.2.1.2 Milderung der Doppelbelastung ausgeschütteter Gewinne

Die Behandlung der ausgeschütteten Gewinne der Unternehmen hinsichtlich ihrer möglichen Doppelbelastung mit Betriebsteuer und individueller Einkommensteuer des Inhabers bzw. Anteilseigners ist in den verschiedenen Entwürfen nicht einheitlich dargelegt. Der Betriebsteuer-Ausschuß hat hierzu drei verschiedene Lösungen angeboten[9].

Der erste Vorschlag sieht im Anschluß an die Versteuerung des ge-

7 Vgl. Flume, Werner: Die Betriebsertragsteuer als Möglichkeit der Steuerreform, in: DB, 24. Jg.(1971), S. 692 ff.

8 Ebenda.

9 Vgl. Betriebsteuerausschuß, a.a.O., Sp. 1011 ff.

samten Gewinns eines Betriebes durch das Unternehmen selbst vor, daß die auf späterhin entnommene bzw. ausgeschüttete Teile des Gewinns entfallende Steuer in vollem Umfange auf die persönliche Einkommensteuer des Inhabers bzw. Anteilseigners anzurechnen sei. Die Folge davon wäre eine Entlastung des in den privaten "Konsumfonds"[10] geflossenen Betrages von der Betrieb- und seine Belastung mit Einkommensteuer.

Dieses Vorgehen hätte aus heutiger Sicht eine Ausdehnung der Körperschaftsbesteuerung mitsamt dem deutschen Anrechnungsverfahren auf alle Unternehmen bedeutet, wie dies ja in einigen Mitgliedstaaten der EG - ohne Anrechnungsverfahren - bereits praktiziert wird. Ohne eine Anrechnung der Betrieb- auf die Einkommensteuer ist die Betriebsteuer, zumindest, soweit sie mit einem proportionalen Tarif erhoben wird, jedoch auch nicht geeignet, die Besteuerung nach der persönlichen Leistungsfähigkeit auf der individuellen Ebene zu gewährleisten. Ein Anrechnungsverfahren erscheint deswegen im Fall der Einführung einer derartigen Besteuerung unbedingt wünschenswert.

Es muß währenddessen bezweifelt werden, daß sich die Mitglieder des Betriebsteuerausschusses seinerzeit darüber im klaren gewesen sind, welche organisatorischen und verwaltungstechnischen Folgen ein solches Verfahren hätte, wäre es auf sämtliche Unternehmen anzuwenden. Da bislang die Kapitalgesellschaften noch unter 10 Prozent der Gesamtzahl aller gewerblichen Unternehmen ausmachen, fällt die Vorstellung nicht schwer, welchem Mehraufkommen an Arbeit die Finanzbehörden bei höchstens gleichen Einnahmen, also ohne die Möglichkeit, aus Steuermehrerträgen das Personal aufzustocken, ausgesetzt wären.

In dem zweiten der vorgelegten Entwürfe war eine Art Schedulenbesteuerung geplant, derzufolge verschiedene Einkunftsarten des Individuums jeweils einer eigenen - proportionalen - Einkommensbesteuerung unterlegen hätten, bevor das Gesamteinkommen einer progressiven Gesamt-Einkommensteuer unterworfen worden wäre. Dies hätte bedeutet, daß bei der Konzentration von mehreren Beteiligungen an verschiedenen Gewerbebetrieben in der Hand eines Individuums jede einzelne Beteiligung eine eigene "Einkunftsart" darstellt und eine eigene Besteuerung auslöst, ohne daß zwischen ihnen ein Verlustausgleich möglich gewesen wäre.

---

10 Lang, Joachim: Reform der Unternehmensbesteuerung. In: StuW. 66. (19.) Jg. (1989). H. 1. S. 3-17 (hier: S.12).

Nach dem Willen des Ausschusses hätten die ausgeschütteten Gewinnanteile also zusätzlich zur Betriebsteuer der übergeordneten Einkommensteuer unterlegen, womit eine echte Doppelbelastung entstanden wäre. Diese ist in der Begründung für den Entwurf mit der Existenz zweier rechtlicher Einheiten gerechtfertigt worden[11], was wiederum nur dann angenommen werden kann, wenn man auch Personengesellschaften als eigene Rechtspersönlichkeiten ansieht - was sie nach dem Handelsrecht der meisten EG-Staaten nicht sind. Dieser Entwurf ist unter anderem deswegen, aber auch wegen des in der Schedulenbesteuerung liegenden "Rückschrittes in der Rechtsentwicklung"[12] nicht ernsthaft diskutiert worden. Die Steuerreformkommission sah in einer solchen Aufteilung des Gesamteinkommens eine "Aushöhlung" des Einkommensbegriffs: tatsächlich widerspricht diese Rechtsauffassung dem die persönliche Leistungsfähigkeit anzeigenden Begriff des Gesamteinkommens und damit dem Bestreben, die Besteuerung nach dieser auszurichten.

Ein dritter Gesetzentwurf des Ausschusses zur Betriebsteuer sah schließlich die völlig getrennte Erhebung von Einkommen- und Betriebsteuer vor, also auch eine gewollte Doppelbelastung ausgeschütteter Gewinne. Im Endeffekt bedeutete dieses Modell also die Übernahme des sogenannten "klassischen" Körperschaftsteuersystems, das heute innerhalb der EG nur noch in den Niederlanden und Luxemburg praktiziert wird, auf alle Gewerbebetriebe. Auch hier ergäbe sich also der Nachteil einer doppelten Steuerbelastung ausgeschütteter Gewinnteile, und zwar im Gegensatz zur "klassischen" Körperschaftsteuer für alle Unternehmensformen. Wenn darin möglicherweise der Vorteil der Gleichbehandlung zu erblicken ist, so überwiegt doch der schwerwiegende Nachteil der Ausdehnung anstelle einer Einschränkung der Doppelbelastung von Gewinnen gegenüber dem geltenden Recht mit allen bereits beschriebenen negativen Begleiterscheinungen.

6.2.1.3 Weitere Einzelprobleme

Die Einführung einer wie auch immer gearteten Betriebsteuer hätte weitgehende Konsequenzen nicht nur, weil sie die bisherige Körperschaftsteuer ersetzen müßte, sondern auch in den Bereich der persönlichen Einkommensteuer hinein. Zweifellos brächte sie in dieser

11 Vgl. Betriebsteuerausschuß, a.a.O., Sp. 1013.

12 Vgl. Steuerreformkommission, Gutachten, a.a.O., TZ IV / 98, S. 315.

Hinsicht gewisse Vereinfachungen, wenn beispielsweise die Einkünfte aus Gewerbebetrieb, Land- und Forstwirtschaft, Vermietung und Verpachtung sowie (z.T.) aus Kapitalvermögen zu einer Einkunftsart "Einkünfte aus Betrieb"[13] zusammengefaßt würden. Wie auch immer die Ermittlung dieser Einkünfte technisch zu erfolgen hat - ob über einen privaten Beteiligungspool in Form einer "Privatholding"[14] oder eine anders geartete private Buchführung - letztlich führt jede Lösung dieses Problems zu einer unerwünschten Verkomplizierung. Ob auch Einkünfte aus selbständiger Arbeit in diejenigen aus Betrieb einbezogen werden, ist letztendlich eine Frage der Abgrenzung des Betriebsbegriffes.

Legt man den schon als "weit gefaßt" bezeichneten Betriebsbegriff des Betriebsteuerausschusses[15] zugrunde, so zählen dazu sämtliche Betriebe, die ihren Gewinn durch Bilanzierung ermitteln - ob freiwillig oder aufgrund gesetzlicher Vorschriften -, ferner betriebliche Vermögensverwaltung wie Vermietung und Verpachtung und die Verwaltung von Kapitalvermögen. Nicht als "Betriebe" im Sinne dieser Entwürfe gelten die Ausübung freier Berufe sowie Betriebe der Land- und Forstwirtschaft.

Diese Festlegung würde also die heute im deutschen Recht bestehende Abgrenzung der Einkünfte aus Gewerbebetrieb[16] um die betriebliche Vermögensverwaltung erweitern.

Da aber die Einkünfte aus der Beteiligung an Kapitalgesellschaften in den Fällen der Kleinaktionäre eigentlich Einkünfte aus privater Vermögensverwaltung darstellen, ergibt sich hier ein weiteres Abgrenzungsproblem, welches auch die Frage berührt, ob und ggf. ab welcher Größenordnung Einkünfte aus Vermietung und Verpachtung solche aus Betrieb oder aus privater Vermögensverwaltung sind - und falls letzteres zuträfe, ob man diese dann in die Betriebseinkünfte einbeziehen solle.

Wie man auch den Betriebsbegriff definiert, durch die erforderliche Grenzziehung zu Einkünften aus selbständiger Arbeit, gelegentlichen selbständigen Tätigkeiten oder aber aus Land- und Forstwirtschaft wird eine vollständig gleichmäßige Besteuerung nicht zu erreichen sein

---

13 Vgl. Lang, Joachim: Reform der Unternehmensbesteuerung, a.a.O. S. 13.

14 Ebenda, S. 11.

15 Vgl. Betriebsteuerausschuß, a.a.O., Sp. 995 ff.

16 Vgl. § 15 Abs. 2 EStG;

- es sei denn, die Bilanzierungspflicht würde auf alle Klein- und Kleinstbetriebe ausgedehnt. Dieses dürfte jedoch schon an der mangelnden Praktikabilität scheitern.

6.2.1.4 Resümee

Der auffallendste Vorteil einer Betriebsteuer ist die Möglichkeit der Erreichung einer weitgehenden Rechtsformneutralität der Ertragsbesteuerung unter der Voraussetzung, daß auch die Bemessungsgrundlage einheitlich definiert wird. Darüber hinaus bietet die Betriebsteuer eine reale Chance zur Betriebsgrößenneutralität, zumal sie gemäß Modell in einem proportionalen Tarif erhoben werden soll.

Die Einführung einer Betriebsteuer würde ferner die Präferenzen des Privatanlegers zugunsten der Zuführung von Fremdkapital anstelle risikobehafteten Eigenkapitals mindern, denn die Rendite beider wird durch die Betriebsteuer nicht unterschiedlich beeinflußt. Selbstverständlich sind Substanzsteuern sowie die Gewerbesteuern hierin nicht berücksichtigt, ebensowenig das mit beiden verbundene unterschiedliche Risiko.

Diesen Vorzügen stehen jedoch erhebliche Nachteile im Bereich der Systematik und des technischen Aufwands gegenüber, die die Betriebsteuer als ernsthafte Alternative zur Körperschaftsteuer ausscheiden lassen.

6.2.2 Teilhabersteuer

6.2.2.1 Inhalt und Ziele

Seit dem Ende der 60er Jahre befindet sich ein weiteres Modell der Unternehmensgewinnbesteuerung in der Diskussion, von dessen Verwirklichung sich die Urheber Fortschritte im Bereich der Neutralität und Gerechtigkeit der Besteuerung versprachen.

Dieses Reformmodell der sog. "Teilhabersteuer" ist in der deutschsprachigen Literatur erstmals von *Engels* und *Stützel*[17] in zusammenfassender Form fixiert worden, nachdem zuvor eine weitgehend

17 Engels, Wolfram; Stützel, Wolfgang: Teilhabersteuer, a.a.O. Alle folgenden Erläuterungen zur Teilhabersteuer beziehen sich auf diese Publikation, soweit nicht andere Quellen angegeben sind.

nichtöffentliche Auseinandersetzung "in Ausschüssen und Gremien"[18] stattgefunden hatte[19]

Bei *Engels/Stützel* rückten die steuersystematischen Motive einer Reform der Unternehmensgewinnbesteuerung zu Gunsten einer weitgehend verteilungspolitischen Argumentation in den Hintergrund, worin auch bereits ein wesentlicher Kritikpunkt zu erblicken ist. Da dadurch die Diskussion über ein so wichtiges und gesamtwirtschaftlich bedeutendes Projekt wie eine Reform der Unternehmensbesteuerung von der betriebswirtschaftlichen und juristischen Ebene auf ein eher politisch-emotional geprägtes Niveau verlagert wird, besteht hier die Gefahr der Beeinflussung durch kurzfristig orientierte Überlegungen.

Zunächst zur grundsätzlichen Idee der Teilhabersteuer. Kernpunkt der Pläne ist die Verlagerung der Besteuerung von der Unternehmens- auf die Gesellschafterebene, und zwar nicht nur für Personenunternehmungen, bei denen dieses ohnehin der Fall ist, sondern auch und gerade für Kapitalgesellschaften.

Daraus ergibt sich die Notwendigkeit, sämtliche Unternehmensgewinne den Anteilseignern zuzurechnen und sie als deren Einkommen zu betrachten, ohne Rücksicht auf das Ausschüttungsverhalten der Gesellschaft. D.h. im Extremfall, daß der Gesellschafter zwar keine Gewinnausschüttung erhielte, jedoch "seinen" ihm anteilig zugerechneten Gewinn zu versteuern hätte. Die Zurechnung hätte aufgrund der Beteiligungsverhältnisse zu erfolgen.

Die technische Abwicklung hätte dann - schon um die Liquidität der Anteilseigner von Kapitalgesellschaften möglichst nicht stärker als bisher zu belasten - etwa so auszusehen, daß die Unternehmung für ihre Gesellschafter eine Art Vorauszahlung auf die Teilhabersteuer entrichtet, die ihrer Art nach eine Quellensteuer wäre. Diese Quellensteuer dürfte, um der Steuerverkürzung vorzubeugen und möglichst viele Anteilseigner zu einer späteren Veranlagung mit ihren "Teilhabereinkünften" zu bewegen, nicht weit vom Einkommensteuer-Spitzensatz nach unten abweichen. Bei der Veranlagung der einzelnen Gesellschafter wäre der auf sie jeweils entfallende Teilhaber-

---

18 Vgl. Engels/Stützel, a.a.O., S. 3.

19 Unter der Bezeichnung "Integrationsverfahren" ist dieses System im Jahre 1967 von der kanadischen Steuerreformkommission untersucht worden. Vgl. Report of the Royal Commission on Taxation Vol. IV (1967), Reprint Ottawa, 1969; S. 1 - 98.

ertrag zu berechnen und als Teil des zu versteuernden Einkommens unter Anrechnung der von der Gesellschaft gezahlten Quellensteuer der Einkommensteuer zu unterwerfen.

Engels/Stützel gehen weiter davon aus, daß jeder Anteilseigner zur Vereinfachung der Veranlagung und der Handhabung auf Unternehmensebene eine Steuergutschrift bekommt, die über die Differenz zwischen der für den betreffenden Gesellschafter gezahlten Teilhaber-Quellensteuer und der aufgrund seines individuellen Einkommensteuersatzes tatsächlich zu entrichtenden Steuer Aufschluß gibt. Hierzu sei jedoch angemerkt, daß dies faktisch eher eine Verkomplizierung denn eine Erleichterung oder Vereinfachung des Steuerrechts darstellt und damit im Gegensatz zu einem der erklärten Ziele der Teilhabersteuer steht[20]. Ferner müßte das Unternehmen, das immerhin auch eine Publikums-Aktiengesellschaft mit vielen anonymen Teilhabern sein kann, Kenntnis der aktuellen Einkommensteuersätze jedes Gesellschafters haben. Ein solches ist erstens technisch sowie aus Gründen des Datenschutzes nicht zu realisieren und zweitens deswegen ausgeschlossen, weil das zu versteuernde Einkommen und damit der individuelle Einkommensteuersatz eines Gesellschafters erst unter Einbeziehung der "Teilhaber-Einkünfte", also ex post festgestellt werden kann.

In analoger Weise muß auch die Frage gestellt werden, wie der Gewinn der Gesellschaft bereits feststehen kann, wenn der Jahresabschluß noch nicht festgestellt ist. Dies ist von Bedeutung, wenn einem Anteilseigner, der seinen Anteil unterjährig veräußert, ein Gewinnanteil zugerechnet werden muß. Inmitten eines Geschäftsjahres läßt sich ein möglicherweise zu erwirtschaftendes Ergebnis auch nicht vorläufig ermitteln; findet der Wechsel im Eigentum des Gesellschaftsanteils in den ersten Monaten eines Geschäftsjahres statt, so steht noch nicht einmal das Ergebnis - auch kein vorläufiges - für das abgelaufene Jahr fest[21]. Ganz abgesehen von den hier angesprochenen verfahrenstechnischen Schwierigkeiten läge in dem für Zwecke der Besteuerung zu schaffenden Institut des "vorläufigen Abschlusses" neben dem noch zu besprechenden Durchgriff durch die juristische Person ein weiterer Bruch in der Einheit der Rechtsord-

20 Im Untertitel zu der Schrift von Engels/Stützel (a.a.O.) heißt es bereits: "Ein Beitrag zur Vermögenspolitik, zur Verbesserung der Kapitalstruktur und zur Vereinfachung des Steuerrechts".

21 Vgl. Rasch, Harold: Der Stützel - Plan. In: ZfgK 1968, H. 18, S. 870 - 872. Der Vorschlag der Feststellung eines "vorläufigen" Gewinns findet sich bei Engels/Stützel, a.a.O., S. 11.

nung. Abhilfe könnte eine entsprechende Anpassung des Handelsrechts an das Steuerrecht bringen[22]; dies jedoch erscheint mit Blick auf den vornehmlich fiskalischen Zweck der Steuererhebung äußerst unangemessen.

Der angesprochene unterjährige Wechsel des Eigentümers eines Anteils an einer Kapitalgesellschaft, der u.U. auch mehrfach während eines Geschäftsjahres geschehen kann, stellt auch im Hinblick auf die im System der Teilhabersteuer notwendige zeitanteilige Zurechnung des Ertrags auf die verschiedenen Besitzer ein besonderes Problem dar. Als praktikable Lösung wird dazu eine Aufteilung nach Art der Stückzinsenrechnung für festverzinsliche Wertpapiere vorgeschlagen, also eine Aufteilung des anteiligen Ertrages pro rata temporis[23]. Dieser Vorschlag ist in der Realität völlig unhaltbar, da er im Bereich der Banken, die die Aufteilung notwendig übernehmen müßten, zu einer Aufblähung der Verwaltungsarbeit für Beträge führen würde, die, einzeln betrachtet, oft genug als geringfügig anzusehen sind. Bedenkt man die an den Wertpapierbörsen gehandelten Gesamtmengen an Aktien, so wird deutlich, daß hierin ein sehr großes administratives Problem ruht. Dieses erhält um so größere Relevanz, als in den ärmeren Ländern der Europäischen Gemeinschaft wie Portugal und Griechenland bei weitem nicht alle Banken solch hochentwickelte Anlagen zur elektronischen Datenverarbeitung einsetzen wie der deutsche Depot- und damit Bankkunde es gewohnt ist.

Es wird hier schon an einer geringen Zahl von Detailüberlegungen deutlich, daß die Einführung einer derartigen Teilhabersteuer von vornherein dazu verurteilt ist, an praktischen Überlegungen zu scheitern. Es ist dennoch von Interesse, einen Blick auf die mit dieser Steuer verbundenen Absichten sowie auf ihre durchaus auch vorhandenen Vorzüge und weitere Kritikpunkte zu werfen.

Zunächst sei auf die Zielsetzungen näher eingegangen, mit denen seinerzeit die Einführung der Teilhabersteuer begründet wurde. Sie lassen zwar die Konzeption leichter verständlich werden, stehen jedoch andererseits im Widerspruch zu den nach der Vorstellung der Verfechter einer Teilhabersteuer zu ergreifenden Maßnahmen.

---

22 Diese Anpassung fordert z.B. Rasch, a.a.O., S. 871. Nach seiner Auffassung müßte die konsequente Anwendung und Durchführung der Teilhabersteuer zu einer vereinheitlichten Handels- und Steuerbilanz (Einheitsbilanz) führen.

23 Vgl. Engels/Stützel, a.a.O., S. 12.

Auf etwa gleicher Rangstufe standen das Ziel der Rechtsformneutralität der Besteuerung, das durch die gleiche Behandlung der Teilhabererträge in Personen- und Kapitalgesellschaften erreicht werden sollte, und die Forderung nach einer steuerlich induzierten Vermögensumverteilung. M.a.W., die Einführung der Teilhabersteuer sollte zunächst für eine erhöhte Populatität der Geldanlage in Anteilen von Kapitalgesellschaften und dadurch als zweiten Schritt für eine breitere Streuung des Produktivvermögens sorgen.

Das Ziel der Rechtsformneutralität der Unternehmensbesteuerung ließe sich mit Hilfe dieser Besteuerungsart tatsächlich weitgehend verwirklichen, wenn auch um den Preis der Mißachtung der Selbständigkeit der juristischen Person.

6.2.2.2 Ausgewählte verteilungspolitische Aspekte

Um zuerst - entsprechend der Priorität, die diesem Gesichtspunkt in der Argumentation bei *Engels/Stützel* eingeräumt wird - auf das Ziel der Vermögens-Umverteilung einzugehen, so ist hierzu folgendes anzumerken: Die Autoren erhoffen sich von einer Einbeziehung der thesaurierten Gewinne auch von Kapitalgesellschaften in die Bemessungsgrundlage der individuellen progressiven Einkommensteuer anstelle der proportionalen Körperschaftsbesteuerung eine gezielte "Bevorzugung des kleinen Mannes" durch eine Umkehrung der Wirkung der Progression, d.h. einen "Degressionseffekt"[24]. Anstatt gerade thesaurierte Gewinne mit einer höchstens der maximalen Einkommensteuer-Grenzbelastung entsprechenden proportionalen Steuer zu belegen, werden diese nunmehr - jedoch nur im Vergleich zur vorherigen höheren Besteuerung, also "von oben" betrachtet - "degressiv" belastet. Realiter handelt es sich keineswegs um eine degressive Besteuerung, die zur Bedingung hätte, daß die Grenzsteuerbelastung mit steigender Bemessungsgrundlage sinkt. Tatsächlich bringt dieser Vorschlag demgegenüber eine Ausdehnung der progressiven Besteuerung auf einbehaltene Gewinne von Kapitalgesellschaften, wenn auch mit insgesamt niedrigerer Belastung als im Falle einer proportionalen Steuer, deren Tarif an den Einkommensteuer-Spitzensatz angelehnt ist.

---

24 Vgl. Engels/Stützel, a.a.O., S. 7; ähnlich die Stellungnahme von Friauf, Karl Heinrich in dem Aufsatz "Die Teilhabersteuer als Ausweg aus dem Dilemma der Doppelbelastung von Körperschaftsgewinnen" in: FR, 24. Jg. (1969), H. 2, S. 27 - 31 (hier: S. 27).

An dieser Stelle drängt sich der Gedanke auf, daß die Ausdehnung der o.a. "Degression" auf die einbehaltenen Gewinne eine nicht beabsichtigte Wirkung zeigen kann: Angenommen, ein Anteilseigner habe ein relativ geringes Einkommen und unterliege damit der Einkommensteuer in einer niedrigen Progressionsstufe. Unter der weiteren Annahme, daß dieser Anteilseigner einen nicht unbedeutenden Teil seines unterstellten Vermögens in Anteilen eines Unternehmens angelegt haben möge, welches hohe Gewinne erwirtschaftet und diese zum großen Teil einbehält, kann dieser, dadurch, daß ihm die einbehaltenen Gewinne zugerechnet werden, in eine höhere Progressionsstufe gelangen und dadurch im Endeffekt eine unerwünschte Steuer-Mehrlast tragen müssen. Damit würde das Gegenteil des ursprünglich gewollten Zwecks erreicht.

Das Argument, daß sich durch die Einbeziehung der Besteuerung thesaurierter Körperschaftsgewinne in die persönliche Einkommensteuer der Anteilseigner eine gleichmäßigere Vermögensverteilung auf dem Wege über verstärkte Anlage von Geldvermögen in Beteiligungskapital erreichen ließe, läßt sich bei näherer Betrachtung nicht aufrechterhalten. Zwar ist es richtig, daß sich bei Beibehaltung des geltenden Einkommensteuertarifs gegenüber der Körperschaftsteuer (dies gilt für alle EG-Staaten) eine niedrigere Gesamtsteuerbelastung der Gewinne körperschaftlich organisierter Unternehmen ergibt. Möglicherweise wird wegen der für den Gesellschafter liquiditätsmäßig günstigeren Besteuerung auch die Nachfrage nach Beteiligungstiteln steigen. Durch eine aus Unternehmenssicht ungünstigere Besteuerung wird jedoch das Angebot nicht in demselben Maße wachsen. Steigen dadurch die Preise solcher Anlagen (dies sind unter anderem die Aktienkurse), so findet auf diesem Wege eo ipso ein Ausgleich zu den Renditen anderer Anlageformen statt.

In demselben Zusammenhang ist folgende weitere Inkonsistenz im Modell der Teilhabersteuer samt den daraus sich ergebenden Konsequenzen zu kritisieren: Die thesaurierten Gewinne fließen dem Anleger nicht zu, werden aber dennoch seinem zu versteuernden Einkommen hinzugerechnet. Diese Teilhabereinkünfte sind als Teil der Einkünfte aus Kapitalvermögen, also als Überschußeinkünfte anzusehen. Als solche sind sie definiert als Überschuß der Einnahmen über die Werbungskosten. Nicht ausgeschüttete Gewinne bilden jedoch für den Gesellschafter einer Kapitalgesellschaft keine Einnahme, weil sie für ihn weder mit dem Zufluß von Zahlungsmitteln noch mit dem

Erwerb einer Forderung verbunden sind[25].

Da die thesaurierten Gewinne also nicht unmittelbar zufließen, müssen sie zu einem späteren Zeitpunkt über eine Steigerung des Wertes der Anteile realisiert werden (d.h. bei Aktien: Kursgewinne). Damit werden aber erst in der Zukunft zu realisierende Gewinne in der Gegenwart besteuert. Es ist nicht einzusehen, warum so das handelsbilanzielle Realisationsprinzip steuerlich im Privatbereich unterlaufen werden soll.

Falls der Anlegernutzen über einen Kursgewinn realisiert werden kann, ist es keineswegs sicher, daß eine nennenswerte Zahl von Kleinanlegern dies als Anreiz auffaßt, zumal ein Aktienkurs nicht nur durch die Höhe der Gewinnrücklagen, sondern auch durch Erwartungen hinsichtlich zukünftiger Erträge und viele andere Faktoren bestimmt wird. Zudem würde das Eintreten dieser Vermutung zur Bedingung haben, daß auch Anteile nicht börsengängiger Kapitalgesellschaften - und das ist die weit überwiegende Zahl - relativ unkompliziert handelbar wären; eine Bedingung, die der Natur der GmbH und vergleichbarer Rechtsformen anderer Länder als meist kleinere Kapitalgesellschaft mit eng begrenztem Gesellschafterkreis zuwiderliefe.

Aus denselben Gründen wird es durch die Teilhabersteuer auch nicht zu einer verstärkten Vermögensbildung kommen können. Zu bezweifeln ist deswegen auch, ob sie - auf dem Wege über eine Attraktivierung der Geldanlage in Anteilen von Kapitalgesellschaften - zu einer Verbreiterung der Eigenkapitalbasis der Unternehmungen beitragen würde. Dieses Anliegen wird allein schon durch die angestrebte Höhe der Steuerbelastung[26] konterkariert.

Wenn die Teilhabersteuer, wie bereits erwähnt, in Form einer Quellensteuer erhoben werden sollte, bedeutete dies für die Unternehmen selbst auch keine Minderbelastung mit Ertragsteuern gegenüber einer Körperschaftsteuer; eine solche würde vielmehr später auf der Ebene des Anteilseigners greifen.

Es ist im Gegenteil sogar anzunehmen, daß anstelle einer steuerlichen Minderbelastung in denjenigen Fällen eine Mehrbelastung auf

25 Vgl. Wöhe, Günter: Einführung in die Allgemeine Betriebswirtschaftslehre. 16. Aufl., München, 1986, S. 879 ff.

26 Vgl. Engels / Stützel, a.a.O., S. 12.

die Unternehmen zukommt, in denen der Einkommensteuer-Spitzensatz und damit der Teilhabersteuersatz über dem bis dahin geltenden Körperschaftsteuer-Thesaurierungssatz liegt, wie es in dem Modell von *Engels/Stützel* geplant gewesen ist. Gleichzeitig bedeutet dies[27] eine u.U. erhebliche Belastung der Liquidität der Unternehmung, denn zu einem einzigen Zeitpunkt muß der gesamte Gewinn des Unternehmens zum Höchstsatz der Einkommensteuer versteuert werden.

Hinsichtlich der beabsichtigten Förderung des Kleinsparers sind dem bereits Gesagten noch einige Punkte hinzuzufügen. Eine der zu klärenden Fragen ist beispielsweise die, ob eine einseitige Förderung der Anlegerstruktur überhaupt wünschenswert ist. Zwar kann es gesamtwirtschaftlich als vorteilhaft angesehen werden, daß sich in den Händen auch der Bezieher niedrigerer Einkommen Anteile am Produktivvermögen sammeln, doch darf die Neutralität auch diesbezüglich nicht aus den Augen verloren werden. Die Besteuerung der Unternehmensgewinne darf also nicht eine Gruppe von Anlegern gezielt fördern oder bevorzugen, sondern soll sich hierin möglichst neutral verhalten.

Wenn die Begründer des Teilhabersteuer-Modells auch von einer offenen Bevorzugung der Kleinanleger sprechen, so bietet der Entwurf diese Neutralität indessen durchaus. Dadurch, daß alle einem Gesellschafter zugerechneten Gewinne mit dem seiner Leistungsfähigkeit entsprechenden Satz besteuert werden, ist eine offene Bevorzugung einzelner Gruppen nicht erkennbar.

Dieser Neutralitätsaspekt ist zweifellos auch mit Blick auf eine andere Bedingung erforderlich, der eine Unternehmensbesteuerung genügen sollte, nämlich die Vermeidung von Interessenkonflikten zwischen einzelnen Gruppen von Anteilseignern. Solche Interessengegensätze werden insbesondere im "klassischen System" der Körperschaftsteuer durch die Doppelbelastung von ausgeschütteten Gewinnen hervorgerufen, die Anleger mit hohen persönlichen Einkommensteuerbelastungen eine Thesaurierung bevorzugen läßt, während solche mit niedrigeren Einkommensteuerbelastungen höhere Ausschüttungen präferieren. Aufgrund des Umstandes, daß die Teilhabersteuer eine Doppelbelastung weitgehend vermeidet, kommt es auch nicht zu derartigen Konflikten.

---

27 In dieser Weise äußert sich auch das Gutachten der Steuerreformkommission, a.a.O., S. 319, TZ IV / 110.

Stattdessen bewirkt die Teilhabersteuer einen Interessengegensatz auf anderer Ebene, nämlich zwischen Unternehmungen mit wenigen Anteilseignern, die jeder einen relativ großen Kapitalanteil halten, einerseits und Publikumsgesellschaften andererseits[28]. Erstgenannte werden die Teilhabersteuer dann ablehnen, wenn der Steuersatz der zuvor erhobenen Körperschaftsteuer auf thesaurierte Gewinne niedriger liegt als der Steuersatz der Teilhabersteuer. Dann nämlich müssen sämtliche Gewinne, ob ausgeschüttet oder thesauriert, der Einkommensteuer zu deren Spitzensatz unterworfen werden - einmal unterstellt, das Einkommen der in Rede stehenden Anteilseigner erreiche eine dafür ausreichende Höhe. Kleinaktionäre von Publikumsgesellschaften hingegen werden die Teilhabersteuer dann der bisherigen Körperschaftsteuer vorziehen, wenn sie persönlich einen Liquiditätsgewinn (nämlich in Form der Steuergutschrift) zu erwarten haben. Es ist jedoch hervorzuheben, daß dieser "Interessenkonflikt" nicht mehr von Bedeutung ist, sobald die Teilhabersteuer einmal eingeführt ist. Er ist lediglich im Vorfeld des Gesetzgebungsverfahrens relevant.

Die als Quellensteuer erhobene Teilhabersteuer unterscheidet sich insoweit nur geringfügig von der Betriebsteuer, als in beiden Fällen die Vollversteuerung des gesamten Gewinns zunächst auf Unternehmensebene erfolgt. Auch hier liegt die Liquiditätsbelastung bei der Gesellschaft, wenn die Steuer so ausgestaltet wird, wie in dem Entwurf von *Engels/Stützel* geplant. Etwas anderes gilt nur dann, wenn das Unternehmen die "Teilhaber" nach Zahlung der Steuer mit dem diese jeweils betreffenden Steuerbetrag anteilig belastet, wenn also die Teilhabersteuer für das Unternehmen lediglich einen "durchlaufenden Posten" darstellt[29].

Sofern die Steuervorauszahlung durch das Unternehmen in Höhe des maximalen Grenzsteuersatzes der Einkommensteuer erfolgt, erhalten Bezieher niedriger Gesamteinkommen mit entsprechend geringer Durchschnittssteuerbelastung einen höheren Erstattungsanspruch als Bezieher höherer Einkommen.

6.2.2.3 Milderung der Doppelbelastung ausgeschütteter Gewinne

Auf diesem Gebiet, dem Hauptproblem der Körperschaftsteuersystem-Diskussion, liegt ein wesentlicher Vorzug der Teilhabersteuer.

---

28 Vgl. Friauf, Karl Heinrich, a.a.O., S. 28

29 So der Vorschlag von Ossenbühl, Klaus-Herrmann, a.a.O., S. 126.

Dadurch, daß der gesamte Gewinn eines Unternehmens dem zu versteuernden Einkommen des Anteilseigners zugerechnet wird, ist die nur einmalige Besteuerung des ausgeschütteten wie im übrigen auch des einbehaltenen Teils des Gewinns gewährleistet. Wenn auch die Steuerzahlung wie im Falle einer Körperschaftsteuer zunächst durch die Gesellschaft erfolgt, so hat doch der Gesellschafter im nachhinein keine weiteren Steuern auf den Teilhaberertrag zu entrichten. Er erhält im Gegenteil für den Fall einer Überzahlung seiner Einkommensteuerschuld eine Erstattung. Damit ist eine Mehrfachbelastung theoretisch ausgeschlossen.

In der Praxis könnte das Ergebnis ein anderes sein, da nicht sicherzustellen ist, daß sämtliche Anteilseigner sich auch einer Veranlagung unterziehen. Dieser Umstand kann dann jedoch nicht mehr der Einrichtung der Teilhabersteuer angelastet werden, da er im Verantwortungsbereich des einzelnen Gesellschafters liegt. Da der Gesellschafter fast immer eine positive Steuergutschrift zu erwarten hat, ist auch seinerseits ein Interesse an der Erklärung der Einkünfte gegeben und damit der Anreiz zur Steuervermeidung in diesem Bereich minimiert. Gleichzeitig wird die Nettorendite der Anlage in Beteiligungskapital für den Anleger, d.h. Gesellschafter, erhöht.

6.2.2.4 Ausländereffekte

Bei der Behandlung ausländischer Anteilseigner bereitet die Teilhabersteuer gewisse Schwierigkeiten. Die Gewinnausschüttungen von Kapitalgesellschaften sollen auch nach Abschaffung der herkömmlichen Körperschaftsteuer als Dividenden im Sinne des OECD-Musterdoppelbesteuerungsabkommens von 1977 (OECD-MDBA 1977) gelten. Hiernach[30] steht dem Wohnsitzstaat des Anteilseigners das Besteuerungsrecht zu, wobei der Sitzstaat der Gesellschaft berechtigt ist, eine Quellensteuer zu erheben. Das Konzept der Teilhabersteuer sieht jedoch die Abschaffung der Kapitalertragsteuer auf Dividenden vor, da aus den vorerwähnten Gründen angenommen wird, daß nahezu sämtliche - jedenfalls inländischen - Anteilseigner von Kapitalgesellschaften ohnehin eine Veranlagung beantragen werden[31].

Demzufolge müßten also nur zur Sicherstellung der Besteuerungsansprüche an ausländische Anteilseigner die Quellenbesteuerung

---

30 Vgl. Art. 10 Abs. 1 OECD - MDBA 1977

31 Vgl. Engels/Stützel, a.a.O., S. 15

beibehalten oder die Doppelbesteuerungsabkommen entsprechend geändert werden. Um beides zu umgehen, schlagen die Begründer der Teilhabersteuer-Pläne vor, die vom Unternehmen gezahlte Steuer im Falle ausländischer Anteilseigner als Definitivsteuer zu betrachten[32]. Doch wird auch diese Lösung eine Änderung der am OECD-Muster orientierten DBA erfordern. Anderenfalls ergäbe sich eine volle Doppelbesteuerung der Gewinnausschüttungen an Gebietsfremde, wenn und soweit der ausländische Staat von seinem Besteuerungsrecht Gebrauch macht[33].

Dies ist auch mit dem Grundgedanken der Teilhabersteuer nicht vereinbar: Für den beschränkt steuerpflichtigen Anteilseigner verliert die Steuer dadurch den Charakter einer erweiterten Einkommensteuer. Stattdessen versteuert er im Inland den einbehaltenen *und* den ausgeschütteten Teil des ihm zugerechneten Gewinns und im Wohnsitzstaat noch einmal den ausgeschütteten Teil. Im Gegensatz zum inländischen Gesellschafter, der mit einer Steuergutschrift rechnen kann, ist es möglich, daß auf diese Weise dem Ausländer nur ein praktisch nicht mehr nennenswerter Teil des ausgeschütteten Gewinns als Nettodividende verbleibt, denn es bleibt auch noch zu klären, ob ein Wohnsitzstaat den auf den thesaurierten Gewinnteil entfallenden Steuerbetrag im Rahmen der Anrechnung berücksichtigen wird.

Der gegenteilige Fall, nämlich ein begünstigender Ausländereffekt, tritt ein, wenn für beschränkt Steuerpflichtige die Teilhabersteuer überhaupt nicht, dafür jedoch allein eine Kapitalertragsteuer erhoben wird.

Der so entstehende Unterschied zwischen in- und ausländischen Gesellschaftern ist darüber hinaus mit Blick auf die Gleichmäßigkeit der Besteuerung fragwürdig.

6.2.2.5 Wirkung bei Verlusten

Keine befriedigende Lösung bietet die Teilhabersteuer auch bezüglich der Verlustbehandlung. Der vorgeschlagene Verlustvortrag läßt sich mit dem Ziel der Teilhabersteuer, die Unternehmensgewinne dem Anteilseigner zuzurechnen, nicht vereinbaren. Wenn einerseits Ge-

---

32 ebenda, S. 15.

33 Vgl. hierzu auch das Gutachten der Steuerreformkommission, a.a.O., S. 334 f, TZ IV / 150 ff.

winne direkt zugerechnet werden, dann muß aus Gründen der Systemtreue dasselbe auch für Verluste gelten; eine unterschiedliche Behandlung von Gewinnen und Verlusten wäre ein grober Systembruch. Konsequenterweise müßten also auch Verluste den einzelnen Gesellschaftern anteilig zugerechnet werden.

Es ist damit zu rechnen, daß sich insbesondere Kleinaktionäre mit geringem Einkommen und Vermögen dagegen wehren werden, auch wenn diese "Teilhaberverluste" beim Gesellschafter vortragsfähig sein sollten. Hingegen werden Gesellschafter mit hohem Jahreseinkommen die Zurechnung von Verlusten wegen der Möglichkeit, damit ihre Einkommensteuerschuld zu vermindern, eher begrüßen. Hinzu kommt, daß ein Vortrag der Verluste bei den Gesellschaftern auf Probleme in der praktischen Ausführung stößt, denn ein solches Verfahren würde ein weiteres Ansteigen des Arbeitsaufwandes im Bereich der Steuerverwaltung wie auch bei den depotführenden Banken bedeuten, der durch die übrigen mit der Durchführung der Teilhabersteuer verbundenen Maßnahmen ohnedies bereits angewachsen ist. Damit wären wiederum höhere Kosten der Steuererhebung als auch der Depotverwaltung verbunden. Beides kann jedoch nicht gewollt sein, besonders dann nicht, wenn eine breitere Vermögensstreuung gewünscht wird. Praktikabel wäre also nur das Belassen der Verluste auf Unternehmensebene mit der Einschränkung, daß dies einen Systembruch bedeutete.

6.2.2.6 Finanzierungswirkungen

Eine vollkommene Finanzierungsneutralität läßt sich auch mit der Teilhabersteuer, da sie Überschüsse besteuert, nicht erreichen - der Unterschied, daß Fremdkapitalzinsen im Gegensatz zu den "Zinsen" auf das Eigenkapital als Betriebsausgabe abzugsfähig sind, bleibt auch hierbei bestehen. Betrachtet man als Gesellschafter nur die ausgeschütteten Gewinnteile als Zinsen auf das eingesetzte Kapital, so bedeutet die Teilhabersteuer einen Rückschritt in Sachen Finanzierungsneutralität, da ja der Anteilseigner auch die einbehaltenen Gewinne und damit einen höheren als der erhaltenen Verzinsung entsprechenden Betrag zu versteuern hat. Faktisch wiegt dieses Problem weniger schwer, da das Unternehmen die Steuerzahlung auf die einbehaltenen Gewinne leistet.

Gegenüber der herkömmlichen Körperschaftsteuer wird dem Unternehmen die Selbstfinanzierung aus thesaurierten Gewinnen schwerer fallen[34], wenn der Steuersatz über dem Körperschaftsteuer-Thesaurierungssatz liegt. Gleichzeitig wird aber die Finanzierung durch Neuemission von Anteilen erleichtert, besonders dort, wo zuvor ausgeschüttete Gewinne doppelt mit Ertragsteuern belastet waren. Das ist dadurch zu erklären, daß die Doppelbelastung unter dem Regime der Teilhabersteuer beseitigt wird und der Investor durch die Steuergutschrift auch für einbehaltene Gewinne eine höhere Nettorendite des von ihm eingesetzten Kapitals erwarten kann.

6.2.2.7 Durchgriffsbesteuerung

Da man mit Hilfe der Teilhabersteuer einerseits eine weitgehende Rechtsformneutralität zu erreichen und insofern die Gesellschafter wie die Mitunternehmer einer Personengesellschaft zu besteuern sucht, muß im Gegenzug hingenommen werden, daß damit auch die Gesellschaft, welche handelsrechtlich über eine eigene Rechtspersönlichkeit verfügt, wichtige Merkmale dieser Selbständigkeit und Trennung von der Sphäre der Anteilseigner für Besteuerungszwecke verliert.

Die angestrebte Neutralität der Teilhabersteuer hinsichtlich der Rechtsformen wird durch diese Gleichstellung der Anteilseigner mit den Mitunternehmern in sehr hohem Maße erreicht. Besteuerungsunterschiede bestünden ggf. lediglich noch im Bereich der Vermögensteuer.

Jedoch liegt in der Mißachtung der Selbständigkeit der juristischen Personen ein schwerwiegender Bruch der Rechtsordnung und damit auch der Punkt, an dem die Meinungen zur Teilhabersteuer am weitesten auseinandergehen.

An dieser Stelle tritt auch der systematische Unterschied zur Betriebsteuer besonders deutlich zutage: Während bei dieser die Personenunternehmungen steuerlich praktisch wie Kapitalgesellschaften behandelt werden müßten, verlangt die Teilhabersteuer das genaue Gegenteil, nämlich die Behandlung der Kapitalgesellschaften wie Personenunternehmen.

Wenn sich die Einbeziehung der nicht ausgeschütteten Gewinne in

34 Vgl. auch Friauf, Karl Heinrich, a.a.O., S. 29 f.

das zu versteuernde Einkommen der Gesellschafter in seinen praktischen Auswirkungen auch auf die Gewährung der Steuergutschrift und die möglicherweise ansteigende Progression bei einzelnen Teilhabern beschränkt, d.h. daß der Anteilseigner nicht aus seinem übrigen zu versteuernden Einkommen die Teilhabersteuer auf die thesaurierten Gewinne zu zahlen hat, liegt hier dennoch eine Mißachtung der zivilrechtlich vorgegebenen Abgrenzung des Gebildes "Kapitalgesellschaft" als juristische Person gegenüber ihren Gesellschaftern vor, die die Bezeichnung des Durchgriffs erlaubt.

Ein solcher Durchgriff kann nicht hingenommen werden[35]. Das in erster Linie fiskalischen Zwecken dienende Steuerrecht darf nicht zivilrechtliche Gegebenheiten, die absichtsvoller Bestandteil der Konstruktion juristischer Personen sind, allein aus steuerlichen Gründen übergehen. Es soll im Gegenteil gemäß den oben aufgestellten Grundsätzen den bürgerlich-rechtlichen und handelsrechtlichen Gegebenheiten möglichst weit folgen.

Im vorliegenden Fall ist darüber hinaus nicht gewährleistet, daß der Unterschied zwischen den Gewinnanteilen und dem Arbeitseinkommen der geschäftsführend oder sonst für die Gesellschaft tätigen Gesellschafter deutlich erhalten bleibt. Ist dies im Rahmen der Einkunftsermittlung nicht unbedingt ein technisches Problem, so nimmt doch durch die Vermengung der Einkommenssphären von Gesellschaft und Anteilseigner die Kapitalgesellschaft zu sehr die Merkmale einer Personengesellschaft an mit der möglichen Konsequenz, daß im allgemeinen Ansehen langfristig die zwischen beiden Gesellschaftsformen bestehenden Unterschiede an Deutlichkeit und auch Bedeutung verlieren.

6.2.3 Dividendenabzugsverfahren

Auch das Verfahren des Dividendenabzugs verfolgt in erster Linie das Ziel der Beseitigung bzw. Nichtentstehung einer steuerlichen Doppelbelastung von ausgeschütteten Gewinnen. Jedoch geht dieser Ansatz nicht so weit, eine vollkommen neue Steuer einzuführen und die bisherige Körperschaftsteuer abschaffen zu wollen. Vielmehr wird hier von einer Beibehaltung der selbständigen Besteuerung juristischer

35 Vgl. Wingert, Karl-Dieter: Der XLIII. Kongreß der International Fiscal Association in Rio de Janeiro vom 10. bis 15. 9. 1989. In: IWB, F. 1 (IFA-Mitteilungen), S. 1255 ff.

Personen und der Abgrenzung zur Personengesellschaft, deren Gewinne weiterhin in der Sphäre der Mitunternehmer besteuert werden sollen, ausgegangen.

Obgleich verschiedene Varianten eines Dividendenabzugsverfahrens denkbar sind, die noch im einzelnen erörtert werden sollen, ist die Grundidee stets dieselbe. Zur Vermeidung der doppelten Besteuerung von Dividenden sollen diese als Betriebsausgabe abzugsfähig werden, so daß eine Besteuerung nur einmal, nämlich auf der Ebene des Anteilseigners eintritt. Hierin liegt einer der wesentlichen Unterschiede zu den beiden vorher behandelten Modellen. Über die im Rahmen jener erforderliche Umgestaltung der gesamten Ertragsbesteuerung hinaus findet dort die Entlastung der Dividenden von der durch das Unternehmen gezahlten Steuer auch auf der Ebene des Gesellschafters statt. Dies geschieht im Fall des Dividendenabzugsverfahrens bereits auf der Ebene der Gesellschaft. Das bedeutet, daß zunächst kein Unterschied zwischen Entlastungsberechtigten und nicht entlastungsberechtigten Anteilseignern gemacht wird. Nicht entlastungsberechtigt sind unter anderem ausländische Anteilseigner, da anderenfalls bei diesen - abgesehen von einer Kapitalertragsteuer - die Gewinnausschüttungen vollkommen steuerfrei wären. Die Folge einer solchen Entlastung auf Gesellschaftsebene wäre die Notwendigkeit eines komplizierten Nachversteuerungsverfahrens.

Die verschiedenen Ausprägungen des Verfahrens unterscheiden sich hinsichtlich des Umfanges der abzugsfähigen Gewinnausschüttungen. Im wesentlichen sind drei Versionen denkbar: Der Abzug einer Primärdividende, d.h. einer Grundverzinsung des eingesetzten Nettovermögens; der Abzug eines bestimmten Dividenden-Prozentsatzes, bezogen auf das Gesellschaftsvermögen und daneben die Berücksichtigung des gesamten jeweils ausgeschütteten Betrages ohne Ansehung seiner Höhe im Verhältnis zum Grund- oder eingesetzten Eigenkapital[36].

Die zuerst genannte Methode des Primärdividendenabzugs zeichnet sich dadurch aus, daß sie eine Steuerfreiheit der Mindestverzinsung des eingesetzten Eigenkapitals auf Gesellschaftsebene zu erreichen vermag. Dies ist dann prinzipiell anzustreben, wenn sichergestellt ist, daß dieser "Eigenkapitalzins" beim Anteilseigner der persönlichen Einkommensteuer unterworfen wird. Ist dies der Fall, dann stellt das

---

36 Vgl. u.a.: Van den Tempel, A.J.: Einkommensteuer und Körperschaftsteuer in den Europäischen Gemeinschaften, a.a.O., S. 37 f.

Primärdividenden-Abzugsverfahren hinsichtlich des Zielerreichungsgrades, also ohne Beachtung der entstehenden Komplikationen, von den drei hier erwähnten Arten des Dividendenabzugsverfahrens die sachlich beste Lösung dar.

Der Abzug eines bestimmten Dividendenprozentsatzes wäre lediglich ein Ersatz hierfür und würde nur eine grobe Annäherung an das Ziel liefern. Gleichwohl wird man sich mit einer solchen Vergröberung zufriedengeben müssen, denn bei näherer Betrachtung der Voraussetzungen wird schon die Berechnung einer primären Dividende, bezogen auf das gesamte Eigenkapital, derart aufwendig, daß das Verfahren als unpraktikabel anzusehen sein wird.

Die Berechnung eines solchen von der Körperschaftsteuer auszunehmenden Eigenkapitalzinses erfordert eine alljährliche Feststellung des realen Vermögens der Gesellschaft einschließlich der stillen Reserven[37], um neben den nominal der Gesellschaft zur Verfügung stehenden Eigenmitteln auch die den Gesellschaftern indirekt zuzurechnenden Mittel, gewissermaßen den Bruttoertrag der Geldanlage in Anteilen der Gesellschaft, zu erfassen.

Verzichtet man andererseits auf diese Komplikation und gibt sich mit dem Abzug eines Dividendenprozentsatzes zufrieden, so ist damit zu rechnen, daß offene Rücklagen, die aus betriebswirtschaftlicher Sicht solche bleiben sollten, vorzeitig in Nennkapital umgewandelt werden, um eine höhere Dividende von der Körperschaftsteuer befreien zu können. Beachtet man, daß die Gesellschafter in aller Regel einen niedrigeren persönlichen Einkommensteuersatz haben als den Höchst-(Thesaurierungs-)satz der Körperschaftsteuer, so kann auf diese Weise eine Steuervermeidung provoziert werden.

Dieser Zusammenhang macht deutlich, daß zwar der Abzug eines bestimmten Dividendensatzes praktikabler ist als der einer exakt ermittelten Primärdividende, seinerseits jedoch aufgrund der damit verbundenen unerwünschten Nebeneffekte nicht empfohlen werden kann. Schon hier stellt sich also heraus, daß ein Dividendenabzugsverfahren mit zu vielen Nachteilen behaftet ist, als daß seine Einführung ernsthaft erwogen werden könnte. Zusätzlich weisen beide Formen des Verfahrens einen Fehler in der Systematik auf. Dieser liegt darin, daß ein funktionaler Zusammenhang zwischen dem Kapital einer Unternehmung als Bestandsgröße einerseits und der Ertrag-

37 Vgl. van den Tempel, a.a.O., S. 30 und 27.

steuer, die eine Stromgröße belasten soll, andererseits hergestellt wird. Im Sinne der anzustrebenden Geschlossenheit des Systems kann eine solche Durchbrechung nicht hingenommen werden, zumal sie eine Ressourcen-Fehlallokation geradezu herausfordert.

Gleichviel, welche der beiden soeben diskutierten Methoden angewandt wird, es ist in jedem Fall sicherzustellen, daß der von der Körperschaftsteuer-Bemessungsgrundlage ausgenommene Betrag auch in jedem Falle ausgeschüttet wird. Anderenfalls kommt es zu einer völligen Steuerfreiheit des Eigenkapitalzinses, was weder mit Blick auf dessen Eigenschaft als Vergütung für die Bereitstellung des Kapitals durch den Gesellschafter noch angesichts der angestrebten Finanzierungsneutralität gewollt sein kann. Der Anteilseigner soll den bei der Gewinnermittlung der Gesellschaft abgezogenen Betrag als persönliches Einkommen analog einem Fremdkapitalgeber zu versteuern haben.

Als dritte Möglichkeit bleibt die Befreiung des jeweils ausgeschütteten Dividendenbetrages von der Körperschaftsteuer als eine sowohl im Sinne der internen Finanzierungsneutralität sachgerechte als auch praktikable Lösung. Dieses Verfahren befindet sich in Griechenland in der praktischen Anwendung. Es ist ein Spezialfall des "Systems des gespaltenen Satzes", nämlich mit einem Ausschüttungssatz von Null. Die "interne Finanzierungsneutralität" meint hier, daß kein Einfluß auf die Zusammensetzung des Eigenkapitals ausgeübt wird, da kein direkter Zusammenhang zwischen der Höhe des Kapitals und der Ertragsteuer besteht. Dies ist in den zuvor behandelten Fällen gegeben.

Ein solches Verfahren hätte insbesondere im Bereich der Besteuerungsneutralität verschiedene Vorteile. Werden - abweichend von der Theorie der Primärdividende - die jeweils ausgeschütteten Gewinnanteile als Eigenkapitalzins angesehen, so ergibt sich eine weitgehende Finanzierungsneutralität, da nunmehr Eigen- wie Fremdkapitalzinsen abzugsfähig sind. Damit scheint ein vertretbarer Kompromiß zwischen praktischer Durchführbarkeit und Erreichungsgrad dieses Neutralitätsziels gefunden. Der Nachteil der möglicherweise zu frühen Umwandlung von Gewinnrücklagen in Nominalkapital fällt in diesem Fall weniger stark ins Gewicht, da der abzugsfähige Teil des Gewinns nun nicht mehr von der Zusammensetzung des Eigenkapitals abhängt, sondern nur noch von der Gewinnverwendungsentscheidung.

Eine Neutralität hinsichtlich der Gewinnverwendung kann mittels des Dividendenabzugsverfahrens nicht erreicht werden, da ausgeschüttete Gewinne zum jeweiligen individuellen Einkommensteuersatz der Anteilseigner und einbehaltene zum - meist höheren - Körperschaftsteuer-Thesaurierungssatz versteuert werden. Eine Annäherung an die Gewinnverwendungsneutralität brächte eine Absenkung des Thesaurierungssatzes auf die durchschnittliche Einkommensteuerbelastung der Anteilseigner. Würde man diesen jedoch niedrig ansetzen, um auch die Kleinaktionäre einzubeziehen, so erreicht man bei einer großen Zahl von z.B. "geschlossenen" Gesellschaften mit kleinen Kreisen von Anteilseignern mit relativ hohen Einkommen das Gegenteil der gewünschten Gewinnverwendungsneutralität. Deren persönliche Einkommensteuer dürfte dann deutlich oberhalb des abgesenkten Körperschaftsteuer-Thesaurierungssatzes liegen, womit einer vermehrten Einbehaltung und Gewinnrealisierung über Anteilsveräußerung Vorschub geleistet wird.

Nur teilweise erreicht wird die Rechtsformneutralität, da durch die Abzugsfähigkeit von Dividenden lediglich ausgeschüttete Gewinne in Personen- und Kapitalgesellschaften gleichbehandelt werden. Die Ungleichbehandlung zwischen einbehaltenen Gewinnen der verschiedenen Rechtsformen besteht hingegen fort.

Die größten Probleme des Dividendenabzugsverfahrens liegen indessen im Bereich der grenzüberschreitenden Dividendenflüsse. Durch die Körperschaftsteuerfreiheit sind die Dividenden bei einem im Ausland ansässigen Anteilseigner lediglich mit einer Kapitalertragsteuer belastet. Wie bereits angedeutet, wird dadurch, daß die Entlastung der ausgeschütteten Gewinne von der Körperschaftsteuer bereits auf Ebene der Gesellschaft erfolgt, eine Nachversteuerung für ausländische Anteilseigner fällig, will man einen begünstigenden Ausländereffekt vermeiden[38]. Dieser Effekt wäre im vorliegenden Fall auch keineswegs geringfügig, würde er doch die Differenz zwischen der relativ niedrigen Kapitalertragsteuer und dem durchschnittlichen individuellen Einkommensteuersatz eines inländischen Anteilseigners ausmachen. Da der Wohnsitzstaat des Anteilseigners im Falle des Vorhandenseins eines Doppelbesteuerungsabkommens jedoch das (alleinige) Besteuerungsrecht hat[39], kann sich dieser Ausländereffekt

38 Mit dieser Begründung wurde das Dividendenabzugsverfahren auch von der Bundesregierung abgelehnt (Vgl. BT-Drucks. 7/1470. S. 329). Auch die Steuerreformkommission sah hierin einen schwerwiegenden Mangel (Vgl. Gutachten. a.a.O.. S. 325 f.. TZ 122 ff.

39 Vgl. Art. 10 Abs. 1 OECD - MDBA.

nur dann voll auswirken, wenn der ausgeschüttete Gewinn in vollem Umfang im Inland reinvestiert wird, ohne die Grenze jemals zu überschreiten. Der positive Ausländereffekt tritt jedoch nicht nur im Fall der Existenz eines DBA ein - dann ist die Ausnahme der Dividenden von der Besteuerung im Quellenstaat sogar erwünscht -, sondern auch, wenn ein solches fehlt.

Es wird leicht offenbar, daß die angeführten Vorzüge des Dividendenabzugsverfahrens - insbesondere die vollständige Beseitigung der Doppelbelastung von ausgeschütteten Gewinnen - nicht in der Lage sind, die gewichtigen Nachteile aufzuwiegen. Diese liegen wesentlich in der für eine gerechte Behandlung von Ausländern erforderlichen und nur unter größeren Komplikationen durchführbaren Nachversteuerung.

6.2.4 Dividendenfreistellungsverfahren

Nur der Vollständigkeit halber soll an dieser Stelle die völlige Freistellung ausgeschütteter Gewinne von der Besteuerung kurz diskutiert werden; die Nachteile dieses Verfahrens sind zu zahlreich und offensichtlich, als daß seine Einführung ernsthaft erwogen werden könnte. Aus diesem Grunde ist das Freistellungsverfahren auch nie ernsthaft in die deutsche Steuerreformdiskussion eingegangen, es ist allenfalls als eine (abzulehnende) Möglichkeit erwähnt worden[40].

Es sind zwei Varianten des Freistellungsverfahrens denkbar, die sich im Ergebnis allerdings grundlegend unterscheiden. Eine der Möglichkeiten betrifft die Befreiung der Dividenden lediglich von der Körperschaftsteuer und deren anschließende Unterwerfung unter die individuelle Einkommensteuer des Anteilseigners, was im wirtschaftlichen Ergebnis - ähnlich dem Abzugsverfahren bei Abzug der jeweils ausgeschütteten Dividende - dem "System des gespaltenen Satzes" mit einem Ausschüttungssatz von Null entspräche.

Das "reine" Freistellungsverfahren geht jedoch wesentlich weiter und sieht eine völlige Freistellung der Dividenden von jeder Besteuerung vor, wie der Begründung des Körperschaftsteuergesetzes 1977 durch die Bundesregierung zu entnehmen ist.

---

40 Vgl. Begründung des KStG 1977, BT-Drucksache 7/1470, S. 329 sowie: Wissenschaftlicher Beirat beim Bundesministerium der Finanzen: Gutachten zur Reform der direkten Steuern (Einkommensteuer, Körperschaftsteuer, Vermögensteuer, Erbschaftsteuer) in der Bundesrepublik Deutschland, Schriftenreihe des BMF, H. 9, Bonn-Bad Godesberg, 1967, S. 51.

Es kann nicht bestritten werden, daß dieses Verfahren einige Vorzüge bietet. Diese sind insbesondere in der Vermeidung jedweder steuerlicher Doppelbelastung der Dividenden (sie werden in diesem Fall nicht einmal einfach belastet), in der verwaltungstechnischen Einfachheit - hier besonders der Entlastung des Bankensektors von Arbeiten im Zusammenhang mit der Abführung der Quellensteuer und Körperschaftsteuererstattung in Nichtveranlagungsfällen - und einem bedeutenden Attraktivitätsgewinn für die Geldanlage in Aktien zu sehen.

Diesen Vorteilen stehen andererseits jedoch gravierende Nachteile gegenüber, die dieses Verfahren für die Praxis ungeeignet werden lassen. Diese Nachteile sollen kurz erläutert werden:

1. Das Verfahren verstößt in zweifacher Weise gegen das Gebot der Gleichmäßigkeit der Besteuerung. Es wird nicht nur eine bestimmte Teil-Einkunftsart, nämlich Dividendeneinkünfte als Untergruppe der Einkünfte aus Kapitalvermögen, gegenüber anderen Einkunftsarten bevorzugt, sondern es tritt zudem auf der zweiten Stufe der Dividendenbesteuerung - in der Sphäre des Anteilseigners - ein Vorteil für Bezieher hoher Einkommen auf, der in der Progression des Einkommensteuertarifs begründet liegt. D.h.: Je steiler der Progressionsverlauf, desto größer ist der relative Vorteil der Gruppen mit höherem Einkommen. Dieser Vorteil kann durch ein Freistellungsverfahren mit Progressionsvorbehalt gemildert, aber nicht beseitigt werden.

2. Mit der Einführung einer Freistellung von Dividenden erhielte die Besteuerung einen unangemessen großen Einfluß auf den Kapitalmarkt. Der bereits erwähnte Gewinn an Attraktivität für die Anlage privaten Vermögens in Beteiligungskapital an Kapitlagesellschaften wäre durch die Steuerfreiheit der daraus fließenden "Verzinsung" (und dadurch erheblich höhere Nettorenditen) vermutlich so groß, daß Obligationen in sehr viel geringerem Umfang als bislang nachgefragt werden dürften. Dies bedeutete einen unzulässigen Eingriff in die Ressourcenallokation, zumal das Finanzierungsinstrument der mittel- und langfristigen Anleihen sowohl für die öffentliche Hand als auch insbesondere im Bereich der Realkreditinstitute von überragender Bedeutung ist.

3. Weder Gewinnverwendungs-, noch Finanzierungsneutralität wären gegeben. Der Mangel an Gewinnverwendungsneutralität erklärt sich

daraus, daß aufgrund der Steuerfreiheit der Dividende von seiten der Anteilseigner die Gewinnausschüttung bevorzugt würde. Daraus ergibt sich ferner eine schwerwiegende Benachteiligung der Selbstfinanzierung von Kapitalgesellschaften; anstelle der Bildung offener Rücklagen dürfte die Umgehung der Körperschaftsteuerpflicht mittels der "Schütt-aus-hol-zurück"-Finanzierung erheblich an Bedeutung gewinnen. Damit würde das Ziel einer Erleichterung der Eigenkapitalbildung konterkariert.

4. Aus den schon unter 1. genannten Gründen verstößt das Dividendenfreistellungsverfahren auch gegen das Gebot der Besteuerung nach der wirtschaftlichen Leistungsfähigkeit. Es ist möglich, daß u.U. sehr hohe Einkünfte aus Kapitalvermögen, die eine entsprechende Leistungsfähigkeit repräsentieren, nicht der Besteuerung unterliegen.

5. Besondere Probleme entstehen hinsichtlich der ausländischen Anteilseigner inländischer Kapitalgesellschaften. Diese erhielten ihre Dividenden genau wie inländische Anteilseigner steuerfrei. Dies kann zwar einerseits zu einer Erhöhung der Direktinvestitionen ausländischer Muttergesellschaften im Inland führen, bedeutet aber gleichzeitig einen wahrscheinlich hohen Kapitalabfluß ins Ausland durch ausgeschüttete Gewinne.

Ein begünstigender Ausländereffekt tritt nur dann ein, wenn die Dividenden im Inland der Einkommensteuer des Anteilseigners unterworfen werden und der ausländische Aktionär weder Körperschaft- noch Einkommensteuer zahlt. Je nach Ausgestaltung kann er allerdings zu einer Quellensteuer herangezogen werden.

Die Erhebung einer Quellensteuer mit der Eigenschaft einer Vorauszahlung auf die Einkommensteuer ist ausgeschlossen, wenn die Dividende ganz steuerfrei bleibt.

6.3 Bestimmung der einzelnen Systemkomponenten

6.3.1 Subjekt

Die Frage, welche Subjektmerkmale gegenwärtig die unbeschränkte Körperschaftsteuerpflicht auslösen, ist in jedem der EG-Mitgliedstaaten unterschiedlich zu beantworten. Übereinstimmend kann für alle Mitgliedstaaten lediglich konstatiert werden, daß "Kapitalgesellschaften immer, Einzelunternehmen in keinem Fall"[41] der Körperschaftsteuer unterworfen sind (hierzu gibt es bereits zwei Ausnahmen: Einmann-GmbHs in Frankreich und generell alle GmbHs in Griechenland). Die Belastung der Kapitalgesellschaften mit der Körperschaftsteuer, die ja letztendlich der eigenständigen Besteuerung dieser Gesellschaften ihre Existenz verdankt, soll hier nicht in Frage gestellt werden. Ihre eigenständige Subjekteigenschaft ist unumstritten[42].

Unproblematisch sind auch die Fälle der in geringerer Zahl auftretenden Körperschaften wie Versicherungsvereine auf Gegenseitigkeit, gewerbliche Betriebe von Körperschaften des öffentlichen Rechts, aber auch Genossenschaften und Vereine. Diese Einrichtungen sind überall dort, wo es sie gibt, auch mit einer eigenen Rechtspersönlichkeit ausgestattet, so daß es einen Durchgriff durch die Körperschaft bedeutete, wenn man hier die einzelnen Anteilseigner oder Mitglieder für das Ergebnis der Institution besteuern wollte. Sie sind damit gewissermaßen "geborene" Körperschaftsteuersubjekte.

Im vorliegenden Fall kommt es jedoch in der Hauptsache darauf an, ein Körperschaftsteuersystem zu kreieren, welches auf seinem Gebiet für gleiche Wettbewerbsbedingungen der Unternehmen im zukünftigen europäischen Binnenmarkt sorgt. Damit ist umrissen, daß hier ganz wesentlich die gewerblichen Betriebe Gegenstand der Betrachtung sind, die in ihrer Eigenschaft als mögliche Subjekte einer vereinheitlichten Körperschaftsteuer in zwei große Gruppen zu unterteilen sind. Dies sind einerseits die Kapital- und andererseits die Personengesellschaften. Hinsichtlich der ersten Gruppe besteht Einigkeit; schwieriger liegen die Dinge bei den Personengesellschaften.

Im folgenden wird also ganz besonders die Frage von Interesse sein, ob und gegebenenfalls in welchem Umfang und mit welchen Einschränkungen Personengesellschaften in die Körperschaftsbesteuerung einbezogen werden sollen. Ferner kommt es darauf an, festzulegen, ob eine Gesellschaft in einem Mitgliedstaat aufgrund ihres Sitzes

---

41 Kommission der Europäischen Gemeinschaften: Bericht an den Rat über die Aussichten für eine Angleichung der Steuersysteme in der Gemeinschaft. In: Bulletin der Europäischen Gemeinschaften 1980. Beilage 1 (hier: S. 65). - In Portugal sind inzwischen auch Einzelunternehmen KSt-pflichtig.

42 Vgl. dazu ausführlich: Mössner, Jörg Manfred: Eigenständigkeit juristischer Personen und Kapitalgesellschaften im internationalen Steuerrecht. In: RIW. 32. Jg. (1986). H. 3, S. 208 - 213.

oder schon allein aufgrund der Eintragung in ein Register - wie in Großbritannien und Dänemark - Subjekt der Körperschaftsteuer sein soll. Weiterhin wird die geplante europäische Aktiengesellschaft einer kurzen Betrachtung unterzogen und die seit 1989 anwendbare neue Gesellschaftsform der "Europäischen Wirtschaftlichen Interessenvereinigung" (EWIV) auf ihr Verhalten hinsichtlich dieser Steuer untersucht.

Zunächst zu der mit den Personengesellschaften verbundenen Problematik. In folgenden Ländern der Gemeinschaft sind sie - in wechselndem Umfang - körperschaftsteuerpflichtig[43]:

1. Belgien: Offene Handelsgesellschaften und Kommanditgesellschaften. Sie sind hier mit eigener Rechtspersönlichkeit ausgestattet. womit deutlich wird, daß bei Betrachtung allein des belgischen Rechtssystems die Einheit der Rechtsordnung insoweit gewahrt bleibt, als die Rechtspersönlichkeit Kriterium für die Subjekteigenschaft ist. Etwas anderes gilt hinsichtlich der vermögensmäßigen Einheit zwischen Gesellschaft und Gesellschaftern.
2. Frankreich: Gewinnanteile von Gesellschaftern einer Personengesellschaft, die nur beschränkt haften (Kommanditisten einer KG) unterliegen der Körperschaftsbesteuerung. Jedoch können vollhaftende Gesellschafter von oHG und KG für diese Art der Besteuerung optieren.
3. Griechenland: Abgesehen davon, daß die Gewinne der GmbHs hier nicht der Körperschaft-, sondern der Einkommensteuer bei ihren Gesellschaftern unterliegen, sind die Betriebstätten ausländischer Personengesellschaften in Griechenland körperschaftsteuerpflichtig.
4. Niederlande: Körperschaftsteuerpflicht besteht für sog. "offene" Kommanditgesellschaften, bei denen die Übertragung von Kommanditanteilen nicht der Zustimmung der Gesellschafterversammlung bedarf.
5. Spanien: Körperschaftsteuerpflicht für alle Personengesellschaften, da diese hier - wie in Belgien - über eine eigene Rechtspersönlichkeit verfügen.
6. Italien: Betriebstätten ausländischer Personengesellschaften sind körperschaftsteuerpflichtig.
7. Portugal: Es gilt das für Belgien und Spanien Gesagte, ferner sind Einzelunternehmen körperschaftsteuerpflichtig.

Es ist anzumerken, daß zwar Doppelbesteuerung aufgrund des mit

43 Vgl. im einzelnen Teil 4 dieser Arbeit.

dieser Problematik verbundenen Qualifikationskonflikts weitgehend durch DBA ausgeschlossen ist[44]. Doch kommt es hier neben der Vermeidung einer Doppelbesteuerung auch auf die Wahrung bzw. Schaffung annähernd gleicher Wettbewerbsbedingungen an.

Dieses Ziel ist jedoch solange nicht erreicht, wie nicht nur die Ausgestaltung der Unternehmensbesteuerung an sich, und hier insbesondere der Körperschaftsteuer, von Staat zu Staat große Unterschiede aufweist, sondern schon in der Subjektabgrenzung Uneinigkeit besteht.

Dieser Aspekt kann besonders dann erhöhte Bedeutung erlangen, wenn Unternehmen aus Nicht-EG-Staaten in der Gemeinschaft eine Niederlassung gründen wollen, aber auch bei der Planung von Auslandsaktivitäten von EG-Unternehmen innerhalb des Gemeinsamen Marktes:

Steht in einem solchen Fall dem neu zu gründenden Unternehmen bei ausschließlicher Betrachtung ertragsteuerlicher Parameter die Wahl des Standortes innerhalb der Gemeinschaft sowie die der Rechtsform frei, so wird es die zur niedrigsten Besteuerung führende Kombination anstreben und sich damit Vorteile gegenüber etablierten Unternehmen verschaffen. Diese werden auch bei theoretisch gegebener Möglichkeit zur Verlagerung des Sitzes aus Kostengründen regelmäßig an ihrem alten Standort festhalten. Damit sehen sie sich nach zunehmender Liberalisierung des Handels den hinzugekommenen Mitbewerbern aus dem Ausland gegenüber, die sich durch die steuergünstige Wahl der Rechtsform-/Standort-Kombination einen Wettbewerbsvorteil gesichert haben.

Zwar mögen in der Praxis unterschiedliche Kriterien, z.B. hinsichtlich der Marktnähe und Logistik, neben denen der Besteuerung Bedeutung haben. Dennoch ist an dem hier aufgezeigten Problem die grundsätzliche Notwendigkeit erkennbar, im Rahmen der Steuersystemharmonisierung auch eine einheitliche Regelung der subjektiven Steuerpflicht anzustreben.

Wenn auch der nunmehr verworfene Richtlinienentwurf der EG-Kommission für ein einheitliches Körperschaftsteuersystem hierzu keine Maßgaben enthielt, so ist dessen Rücknahme doch auch diesbezüglich

---

44 Vgl. u.a. Art. 4 Abs. 4 i.V.m. Art. 3 Abs. 1 Buchst. f DBA Deutschland-Spanien vom 5. 12. 1966; außerdem Art. 4 i.V.m. Art. 3 Abs. 1 Buchst. e DBA Luxemburg-Spanien und DBA Dänemark-Spanien.

als Rückschritt anzusehen. Dies tritt um so deutlicher zutage, je mehr steuerliche Sachverhalte durch fortschreitende Integration und Rechtsvereinheitlichung auf anderen Gebieten relativ an Bedeutung gewinnen und damit auch die Wirkung von Unterschieden in der Besteuerung in Form abweichender Nettogewinne wächst.

Die Unterordnung des Harmonisierungsgedankens unter das Subsidiaritätsprinzip bedeutet hinsichtlich der Steuersubjekte die Beibehaltung der durch eine Vielfalt nationaler Einzelregelungen bedingten Besteuerungsunterschiede und damit Wettbewerbsverzerrungen. Um diese in weiterer Zukunft dennoch abzubauen, soll nachfolgend eine befriedigende Antwort auf die Frage gefunden werden, inwieweit Personengesellschaften im vereinheitlichten Körperschaftsteuersystem als Subjekte der Körperschaftsteuer zu gelten haben.

Für deren Einbeziehung in die Körperschaftsteuerpflicht sprechen im wesentlichen zwei Argumente: Erstens der damit verbundene Gewinn an Rechtsformneutralität der Besteuerung, zweitens - bei entsprechender Ausgestaltung des Systems - die Einfachheit der Steuererhebung bei einem Subjekt statt einer Vielzahl von Gesellschaftern. Dieses Subjekt hätte dann gleichzeitig auch Schuldner der Steuer zu sein.

Zum Argument der Rechtsformneutralität ist indes anzumerken, daß es zwar auf Personen- und Kapital*gesellschaften* zutrifft, Einzelunternehmungen mit der Ausnahme Portugals jedoch ausgegrenzt werden. Auch sie, die zahlenmäßig den weitaus größten Teil der Gewerbebetriebe ausmachen, hierunter zu erfassen, hieße jedoch, die Besteuerung unnötig zu verkomplizieren, da jedes dieser Unternehmen nunmehr fiktiv in zwei Sphären aufgeteilt würde. Ebenso müßten die Behandlung von "Gewinnausschüttungen" und die Berechnung eines "verwendbaren Eigenkapitals" für den Fall fingiert werden, daß verschiedene Steuersätze für ausgeschüttete und einbehaltene Gewinne gelten, denn kein Personenunternehmen schüttet im eigentlichen Sinne Gewinne aus. Die Trennung zwischen Gesellschafts- und Gesellschaftersphäre ist bei diesen, wie bereits hervorgehoben, zivilrechtlich nicht existent.

Eine solche Handhabung bedeutete also einen um der Verbesserung der Rechtsformneutralität der Besteuerung willen vorgenommenen Bruch der Rechtsordnung mit unverhältnismäßigen Folgen für die

Verwaltungspraxis. Die Anwendung der Körperschaftsteuer ist daher grundsätzlich auf diejenigen Subjekte zu beschränken, denen sie ursprünglich zugedacht war. Dies sind die Gesellschaften und anderen Rechtsgebilde mit eigenständiger Rechtspersönlichkeit, die sich durch eine scharfe Trennung der Ebenen von Gesellschaftern einerseits und der Gesellschaft andererseits auszeichnen. Die Erreichung der Neutralität der Besteuerung bezüglich der Rechtsform der Unternehmungen ist daher auf dem Wege über den Tarif sowie über ein geeignetes Verfahren zur Vermeidung der Doppelbelastung von Körperschaftsgewinnen anzustreben.

Ein Verfahren der wahlweisen Körperschaftsbesteuerung, wie es für vollhaftende Gesellschafter von Personenunternehmen in Frankreich praktiziert wird, ist wegen mangelnder Stringenz zu vermeiden. Wenn es auch den Vorteil hat, daß die Wahl zumindest der Rechtsform der Personengesellschaften nicht unmittelbar von der Besteuerung beeinflußt wird und überdies nur geringe Änderungen in den nationalen Steuergesetzen erforderlich machen würde, so unterminiert es doch die Teilung der Gewerbebetriebe in solche personenbezogener Art auf der einen und juristische Personen auf der anderen Seite.

Zur Wahrung der Einheit der Rechtsordnung und der Konsequenz im Steuersystem kann eine Regelung als ideal angesehen werden, die für die Gewinne der Personengesellschaften in den Fällen eine Einkommensbesteuerung auf Gesellschafterebene vorsieht, in denen die Gesellschafter im Sinne des deutschen Einkommensteuerrechts[45] als Mitunternehmer anzusehen sind. In den übrigen Fällen hätte zunächst eine Besteuerung auf Gesellschaftsebene stattzufinden. Jedoch kann es hierbei zu Abgrenzungsschwierigkeiten kommen, wenn die Mitunternehmereigenschaft nicht klar hervortritt. Dies trifft für die beschränkte Haftung zu, also für Kommanditisten einer Kommanditgesellschaft. In diesen Fällen erscheint es daher erwägenswert, die Körperschaftsbesteuerung optionsweise anzubieten.

Die nicht als Mitunternehmerschaft geltende typische stille Gesellschaft ist hierbei unbeachtlich. Sie ist keine Handelsgesellschaft und trägt weder rechtlich noch wirtschaftlich körperschaftliche Züge; vielmehr geht das Vermögen des stillen Gesellschafters in das des Inhabers über. Die Erträge daraus hätten insofern weiterhin als Einkünfte aus Kapitalvermögen der normalen Einkommensbesteuerung zu unterliegen.

---

45 § 15 Abs. 1 Nr. 2 EStG.

Eine solche Option läge auch aus anderen Gründen nahe: Sie wäre zunächst als Kompromiß zwischen den in der Gemeinschaft derzeit gebräuchlichen Regelungen konsensfähig und für die meisten Mitgliedsländer nicht mit besonders gravierenden Rechtsänderungen verbunden. Diesen Kompromiß könnten auch jene Länder akzeptieren, in denen die Körperschaftsbesteuerung der Personengesellschaften augenblicklich noch umfassender geregelt ist. Weiter spricht dafür, daß in dem Augenblick körperschaftliche Merkmale bei einer Kommanditgesellschaft in den Vordergrund treten, in dem die Kommanditisten zu passiven Gesellschaftern werden. Dann ist faktisch eine Vermögens- und Ertragseinheit mit der Gesellschaft nicht mehr gegeben; durch die beschränkte Haftung der Kommanditisten bekommt diese Argumentation zusätzlich Nahrung.

Gewichtige Faktoren sprechen aber auch gegen die Option. Zunächst einmal kann nicht sichergestellt werden, daß sie nur dann ausgeübt wird, wenn die Kommanditisten nicht als Mitunternehmer anzusehen sind. Stattdessen wird jeweils der steuerlich günstigste Weg gewählt werden, der wesentlich vom Vergleich der Tarife von Einkommen- und Körperschaftsteuer abhängt. Um Ungerechtigkeiten zu vermeiden, setzte eine solche Option ferner eine Identität der Bemessungsgrundlagen beider Steuerarten in allen beteiligten Ländern voraus. Weiterhin würde die steuerliche de-facto-Aufhebung wichtiger Eigenschaften der Personengesellschaften wie der unmittelbaren Ergebniszurechnung zu den Gesellschaftern und deren variablen Kapitalkonten das Gebot der Einheit der Rechtsordnung an entscheidenden Stellen in nicht hinnehmbarer Weise verletzen - zusätzlich zu dem Umstand, daß die Kommanditgesellschaften eben nur in zwei der zwölf beteiligten Länder als juristische Personen anerkannt sind.

Aus diesen Gründen, die die Vorteile der Option letztendlich überwiegen, ist diese ebenso abzulehnen wie eine generelle Körperschaftsteuerpflicht für Personengesellschaften.

Unbedingt körperschaftsteuerpflichtig wären dann nur "offene" Kommanditgesellschaften im Sinne des niederländischen Rechts und alle der KGaA ähnlichen Gesellschaften der verschiedenen EG-Staaten[46]. Entfallen würde die französische Regelung, nach der die den Kommanditisten zuzurechnenden Gewinnanteile der Kommanditgesellschaften stets der KSt unterliegen.

46 In diese Richtung geht auch die Empfehlung des 53. Deutschen Juristentages, Berlin 1980, in: NJW, 33.Jg. (1980), H. 46, S. 2505 ff (hier: S. 2514).

Für die beschränkte Steuerpflicht muß nach dem hier Gesagten gelten, daß von ihr die im jeweiligen Inland belegenen Betriebstätten der so beschriebenen Körperschaftsteuersubjekte betroffen sind.

Nachdem damit die Art der einzubeziehenden Steuersubjekte festliegt, ist noch zu klären, welcher Tatbestand deren subjektive Steuerpflicht auslösen soll. Hierfür gibt es verschiedene Ansatzpunkte:

Es ist zunächst zu unterscheiden zwischen dem Sitz einer Gesellschaft, dem Ort ihrer Geschäftsleitung und dem Ort der Eintragung in ein Handels- oder sonstiges Register. Die subjektive unbeschränkte Steuerpflicht wird auf unterschiedliche Weise an eines dieser drei Merkmale geknüpft.

Eine europaweite einheitliche Festlegung der zur Subjekteigenschaft führenden Tatbestände ist zum Zwecke der Vermeidung von Doppelbesteuerungskonflikten bereits auf nationalen Ebenen als wünschenswert anzusehen. Dennoch besteht in dieser Hinsicht kein unmittelbarer Handlungsbedarf, da in den DBA jeweils einschlägige Vorschriften getroffen worden sind. Sie sehen regelmäßig vor, eine Gesellschaft in dem Lande als ansässig und damit unbeschränkt steuerpflichtig anzusehen, in welchem sich der Ort ihrer Geschäftsleitung[47] befindet.

In Deutschland beispielsweise ist eine juristische Person dann körperschaftsteuerpflichtig, wenn sie hier entweder ihren Sitz hat *oder* sich der Ort ihrer Geschäftsleitung hier befindet[48]. Sitz und Registereintragungsort fallen hier regelmäßig zusammen[49].

Seit 1989 kommt es auch in Großbritannien[50] zur Begründung der unbeschränkten Steuerpflicht allein durch die Eintragung, doch ist sie, wie auch in anderen Ländern, nicht einziges Kriterium[51]. Wäre sie dies, so bedeutete es sicherlich eine erhebliche Präzisierung und gleichzeitig - vom Standpunkt der Finanzverwaltung aus gesehen - eine schwer zu akzeptierende Rücknahme der Besteuerungsansprüche.

47 Vgl. Art. 4 Abs. 2 OECD-MDBA; in einzelnen DBA der Bundesrepublik Deutschland und anderer EG-Länder untereinander findet sich die einschlägige Vorschrift z.T. an anderer Stelle.

48 Vgl. § 1 KStG.

49 Vgl. § 5 Abs. 2 AktG. § 7 Abs. 2 GmbHG. § 11 AO.

50 Vgl. FA 1988. sec. 66. paras. 1. 4.

51 Vgl. Bellstedt. Christoph: Die Besteuerung international verflochtener Gesellschaften. 3. Aufl.. Köln. 1973. S. 5 f.

Den Grund für die Änderung im britischen Recht bildete denn auch der Umstand, daß Kapitalgesellschaften nach britischem Recht gegründet wurden (public oder private limited companies), die jedoch von einer Steueroase aus kontrolliert wurden, ohne in Großbritannien eine Betriebstätte zu besitzen[52]; diese Ausnutzung der Vorteile sowohl des britischen Gesellschaftsrechts als auch des günstigeren ausländischen Steuerrechts sollte fortan unterbunden werden.

Um ein einheitliches europäisches Vorgehen in dieser Hinsicht zu gewährleisten, sollte auch EG-weit auf die Anknüpfungsmerkmale "Sitz" und "Ort der Geschäftsleitung" zurückgegriffen werden. Auf diese Weise würden verschiedene Bedingungen erfüllt, die notwendig an diesen Teil des Körperschaftsteuersystems zu stellen sind:

1) Diese Regelung ist international konsensfähig, da sie das in den weitaus meisten Industrieländern gebräuchliche Sitzstaat- bzw. Wohnsitzstaatprinzip[53] übernimmt. Für den Regelfall des Zusammentreffens von rechtlichem Sitz und dem Ort der Geschäftsleitung ist dadurch eine international klare Trennung gegeben, die Zweifelsfälle weitgehend vermeidet.

2) Bei Abweichungen zwischen Sitz und Ort der Geschäftsleitung können zur Abgrenzung der Besteuerungsansprüche weiterhin die geltenden DBA herangezogen werden. Damit ist sichergestellt, daß es jeweils nur einmal zu einer unbeschränkten Steuerpflicht kommen kann.

3) Hinsichtlich zweier weiterer Forderungen wird ein angemessener Zielerreichungsgrad verwirklicht, obgleich diese in einer gewissen Konkurrenz zueinander stehen: Nachdem besonders das deutsche Außensteuerrecht heute weitgehend rechtlichen Faktoren Bedeutung beimißt[54], ist von der Literatur[55] wiederholt die verstärkte Berücksichtigung wirtschaftlicher Sachverhalte verlangt worden. Dieser Anspruch wird mit der Heranziehung des Ortes der tatsächlichen Geschäftsleitung berücksichtigt. Gleichzeitig faßt man so den Kreis der potentiell Steuerpflichtigen weiter als mit einem Abheben auf den Ort des Sitzes oder der Eintragung, womit dem Verlangen nach

52 Vgl. Grotherr, Siegfried: Steuerrechtsänderungen in Großbritannien und Nordirland. In: IWB F. 5 (Großbritannien). Gr. 2. S. 257 - 268 (hier: S. 262).

53 Vgl. Fischer, Lutz: Warneke, Perygrin: Internationale Betriebswirtschaftliche Steuerlehre, 3. Aufl., Berlin, 1988, S. 39 m.w.N.

54 Vgl. Bellstedt, Christoph, a.a.O., S. 5

55 Vgl. u.a.: Neumark, Fritz: Grundsätze ... ; a.a.O., S. 86.

möglichst umfassender Formulierung dieses Kreises nachgekommen wird.

Nach den in diesem Abschnitt getroffenen Aussagen unterfällt auch die neu geschaffene Europäische Aktiengesellschaft als Subjekt der Körperschaftsteuer; dazu sollen einige Anmerkungen erfolgen:

Mit der Europa-AG wird das Ziel verfolgt, grenzüberschreitende Unternehmensverschmelzungen ohne die bisherigen Beschränkungen zu ermöglichen, denen solche Zusammenschlüsse durch das unterschiedliche Gesellschaftsrecht der Mitgliedstaaten unterworfen sind[56]. Auf diese Weise wäre es möglich, zwei Gesellschaften in verschiedenen EG-Mitgliedstaaten auf einer Ebene zu fusionieren, was bisher nur mittels einer Mutter-Tochter-Konstruktion oder einer gemeinsamen Holding möglich war.

Nach dem Statutsentwurf[57] der EG-Kommission wäre die Europa-AG als Kapitalgesellschaft global in dem Staat unbeschränkt körperschaftsteuerpflichtig, in welchem sie ihren Sitz hat[58]. Damit wird besonders deutlich, daß die Vereinheitlichung der Körperschaftsteuer in den Mitgliedstaaten auch hinsichtlich der Europa-AG vordringlich ist, denn im Falle größerer Unterschiede sowohl bei der Ermittlung der Bemessungsgrundlage als auch im System kann die Entscheidung über den zukünftigen Sitz einer solchen Gesellschaft von steuerlichen Erwägungen dominiert werden. Dies wird insbesondere dann vorkommen, wenn sich bislang unabhängige Gesellschaften in mehreren Staaten zu einer Europa-AG zusammenschließen und nun vor der Entscheidung stehen, welches der involvierten Länder der Hauptsitz der neuen Gesellschaft werden soll.

Zur Europäischen Wirtschaftlichen Interessenvereinigung sei folgendes angemerkt: Sie ist als Gesellschaftsform europäischen Rechts für Zusammenschlüsse von Unternehmen aus verschiedenen Mitgliedsländern der Gemeinschaft gedacht[59]. Ob diese Vereinigung in den ein-

56 Vgl. Bulletin der EG, Beil. 3/1985: "Vorschlag einer zehnten Richtlinie des Rates über die grenzüberschreitende Verschmelzung von Aktiengesellschaften".

57 Der erste Entwurf für ein Statut der Europäischen Aktiengesellschaft stammt aus dem Jahre 1970 (Bulletin der EG, Beilage 8/1970); eine revidierte Fassung folgte 1975 (Bulletin der EG, Beil. 4/1975).

58 Bulletin der EG, Beil. 3/1988, S. 7 und 17.

59 Vgl. Verordnung (EWG) Nr. 2137/85 des Rates vom 25.7.1985 über die Schaffung einer Europäischen Wirtschaftlichen Interessenvereinigung (EWIV). In: Abl. der EG Nr. L 199 vom 31.7.1985, hier: S. 1 f.

zelnen Ländern eine eigene Rechtspersönlichkeit erhält, liegt ausschließlich im Ermessen der Mitgliedstaaten selbst[60]. Es ist jedoch festgelegt, daß eine EWIV für sich selbst genommen keine Gewinne erzielen, sondern lediglich zur Verbesserung der Ergebnisse der Mitglieder der Vereinigung beitragen soll[61]; dies bedeutet allerdings kein Verbot der Gewinnerzielung. Entsprechend dieser Zielsetzung erfolgt die Besteuerung der EWIV auch nach dem Mitunternehmerprinzip, d.h., daß das Ergebnis den Mitgliedern anteilig zugerechnet wird. Demzufolge kann die EWIV nach dem hier unterbreiteten Vorschlag in keinem Mitgliedstaat selbständiges Subjekt der Körperschaftsteuer sein, stattdessen unterliegen ihre Gewinne nur der Körperschaftsteuer, soweit die Mitglieder der Vereinigung ihrerseits körperschaftsteuerpflichtig sind.

6.3.2 Tarif und Verfahren zur Milderung der wirtschaftlichen Doppelbelastung ausgeschütteter Gewinne

6.3.2.1 Vorbemerkung zur Zusammenbehandlung beider Systembestandteile

Es erweist sich als unausweichlich, die beiden Systemkomponenten "Tarif" und "Verfahren zur Milderung der Doppelbelastung ausgeschütteter Gewinne" zusammen zu diskutieren und einer Problemlösung zuzuführen. Eine andere Vorgehensweise ist aufgrund der zwischen beiden bestehenden Abhängigkeiten, insbesondere der Abhängigkeit des Tarifs vom gewählten Verfahren, weder sinnvoll noch zulässig.

Dies wird - als ein Beispiel - bereits daran deutlich, daß die Anzahl der Steuersätze, aus denen der Tarif bestehen soll, nur in unmittelbarem Zusammenhang mit der Beantwortung der Frage geklärt werden kann, inwieweit überhaupt eine Entlastung der Dividenden von der Körperschaftsteuer erfolgen soll; ähnliches gilt für die Anpassung

---

60 Vgl. Verordnung (EWG) Nr. 2137/85, a.a.O., Art. 1 Abs. 3.

61 Vgl. ebenda, Art. 3. In Deutschland ist diese "EWIV-VO" mit dem Ausführungsgesetz zur EWIV vom 14.4.1988 (EWIV-AG) in nationales Recht transferiert worden (BGBl. I 1988, S. 514). Dort wird u.a. bestimmt, daß die Vorschriften über die offene Handelsgesellschaft anzuwenden sind (§ 1 EWIV-AG sowie S. 7 der Begründung, BT-Drucks. Nr. 11/352 v. 25.5.1987).

des KSt-Ausschüttungssatzes an den Einkommensteuertarif[62]. Andererseits schlägt sich aber gerade dieser Grad der Entlastung - unter anderem - im Tarif nieder. Hierzu ist beispielsweise das "System des gespaltenen Satzes" als ein Weg zu nennen, die teilweise Entlastung der Dividenden mit Hilfe des körperschaftsteuerlichen Tarifs zu bewerkstelligen. So muß die Möglichkeit ausgeschlossen erscheinen, in der Diskussion dieser beiden Punkte eine strikte Trennung zu vollziehen.

Es soll in diesem Abschnitt deswegen wie folgt vorgegangen werden: Zunächst soll untersucht werden, ob und ggf. inwieweit die ausgeschütteten Gewinne von der Körperschaftsteuer zu entlasten sind, um im Anschluß daran die hierzu zur Verfügung stehenden Verfahren einer Analyse zu unterziehen und eine Lösung vorzuschlagen. Des weiteren soll auf die besondere, mit den grenzüberschreitenden Dividenden verbundene Problematik eingegangen werden; diese betreffen insbesondere international verbundene Unternehmen. Daneben und z.T. im Zusammenhang damit steht die Erörterung der Notwendigkeit einer Quellensteuer auf Dividenden.

6.3.2.2 Zum Umfang der Milderung der Doppelbelastung

In den Mitgliedstaaten der EG gibt es derzeit Beispiele für die gesamte Spannweite des diesbezüglich Möglichen: Von der ungemilderten Doppelbelastung in den Niederlanden und Luxemburg bis zur vollständigen Entlastung der Dividenden in Italien und Deutschland. Dabei kommen gleichzeitig sehr unterschiedliche Tarife zur Anwendung. In einigen nicht zur EG gehörenden Staaten innerhalb und ausserhalb Europas wird weiterhin von Entlastungen abgesehen, wenngleich dies mit in der Vergangenheit durchgeführten deutlichen Steuersatzsenkungen verbunden ist[63]. Dies zeigt, daß in besonderem Maße bezüglich dieses Punktes eine Angleichung der Körperschaftsteuersysteme zumindest unter den am zukünftigen Binnenmarkt beteiligten Staaten dringend geboten ist. Hinzu kommt ferner, daß sich durch die

---

62 Vgl. Andel, Norbert: Corporation Taxes, their Integration with Personal Income Taxes, and Capital Flows. In: Roskamp, Karl u.a. (Hrsg.): Reforms of Tax Systems, Taormina, 1979, S. 159 - 172; hier: S. 163 ff.

63 Senkung der Körperschaftsteuersätze z.B. in USA (1986) auf 34%; Österreich (1988) auf 30% mit der Erleichterung, daß beim Anteilseigner auf die Dividendeneinkünfte nur der halbe durchschnittliche Einkommensteuersatz gezahlt zu werden braucht; Schweden ab 1991 auf 30%.

Senkung der Steuersätze bei Beibehaltung der auf die Nettodividenden bezogenen Anrechnungsquoten bei Teilanrechnungsverfahren der tatsächliche Umfang der Mehrfachbelastung abnimmt[64].

Die vorgenannten Umstände führen zusammengenommen dazu, daß die steuerlichen Standortfaktoren und Rahmenbedingungen innerhalb der EG wie auch im Verhältnis zu Drittstaaten immer weniger vergleichbar sind. Da in der Praxis selten Steuerlastvergleiche aufgrund effektiver Grenzsteuerbelastungen angestellt werden, zumal diesbezüglich Uneinigkeit über die Methoden und ihre Qualität besteht[65], wird zur Beurteilung eines Unternehmensstandortes unter Steueraspekten verstärkt auf den bloßen Vergleich von Steuersätzen zurückgegriffen. Damit droht aber die Gefahr, daß der von der EG-Kommission[66] propagierte Wettbewerb der Steuersysteme in einen Steuersatzsenkungs-Wettbewerb der einzelnen Staaten verkehrt wird. Im Ergebnis wird damit die Beurteilung der steuerlichen und insbesondere der körperschaftsteuerlichen Rahmenbedingungen eher erschwert als erleichtert, womit nicht nur der Wettbewerb der Staaten um Unternehmensansiedlungen, sondern auch der Vergleich der Standorte durch die Unternehmen leidet. *Klein*[67] diagnostiziert bereits heute eine aus dem Steuersatzgefälle resultierende Ansammlung des für Europa bestimmten amerikanischen und japanischen Kapitals in Ländern mit vergleichsweise niedrigen Körperschaftsteuersätzen wie Großbritannien oder Irland, wo für Unternehmen des produzierenden Gewerbes ein Steuersatz von nur 10% gilt.

Es ist damit offensichtlich, daß die von der Kommission aufgrund mangelnden Konsenses zunächst favorisierte Subsidiarität der Systemharmonisierung keine befriedigende Lösung sein kann. Durch die im "Systemwettbewerb" entstehenden Unterschiede in der Unternehmensbesteuerung wird im Verlauf weniger Jahre das Gegenteil des Beabsichtigten bewirkt und damit im Ergebnis der Harmonisierungs-

---

64 Vgl. dazu die Änderungen im belgischen Körperschaftsteuertarif: Durch Absenkung des Steuersatzes von 41% auf 39% verringert sich die durch die verbleibende Körperschaftsteuer verursachte Mehrfachbelastung von 28.75% auf 24.25% der reinen Einkommensteuer. S. Berechnungsbeispiel im Anhang.

65 Vgl. Klein, Franz: Die nationale Besteuerung als Faktor des internationalen Wettbewerbs. In: StuW, 67. (20.) Jg. (1990), H. 4, S. 390-396.

66 Vgl. Kommission der EG, Pressemitteilung P-22, a.a.O.

67 Vgl. Klein, Franz, a.a.O., S. 395.

druck erhöht werden[68]. Überdies lehnen Rat und Kommission der EG die Harmonisierung trotz des Beschlusses der Kommission keineswegs ab. Vielmehr wird sie als Fernziel angesehen, wie u.a. aus der Formulierung in Art. 4 Abs. 3 der "Mutter-Tochter"-Richtlinie hervorgeht[69].

In der bisherigen, über mehrere Jahrzehnte geführten Diskussion zum Thema "Beibehaltung der Doppelbelastung oder Entlastung der Dividenden von der Körperschaftsteuer" lassen sich für beide Extrempositionen, aber auch für den "Mittelweg" der Teilentlastung, hinreichend Argumente finden. Dadurch ist es nicht möglich, genau eine Variante als die nach rationalen Kriterien allein geeignete zu bestimmen. Erschwerend kommt hinzu, daß Erfahrungen mit Vollentlastungssystemen lange Zeit fehlten und für Länder, die nicht über eine wie in der Bundesrepublik Deutschland perfektionierte Steuerverwaltung verfügen, nach wie vor fehlen. Italien bildet mit einem System der Vollanrechnung hierzu die Ausnahme.

Deswegen sollen hier die für diesen Teil relevanten Forderungen des 5. Teils der vorliegenden Arbeit, dies sind insbesondere die Anforderungen hinsichtlich des Neutralitätskonzeptes, daraufhin überprüft werden, ob und wie ihnen ein Körperschaftsteuersystem durch eine Be- oder Entlastung ausgeschütteter Gewinne am geeignetsten gerecht werden kann.

Der Gewinn von Personenunternehmen wird, ob ausgeschüttet oder nicht, nach einem mehr oder weniger stark progressiven Tarif besteuert, und zwar nur einmal. Um dieses Ergebnis auch für die ausgeschütteten Gewinne der Kapitalgesellschaften zu erreichen und damit hinsichtlich dieser eine **Rechtsformneutralität** herbeizuführen, ist eine möglichst weitgehende Entlastung der Dividenden von der Körperschaftsteuer angezeigt. Erst bei einer vollständigen Entlastung ist die Gleichbehandlung der Gewinnausschüttungen beider Rechtsformen dadurch gewährleistet, daß im Ergebnis nur die persönliche Einkommensteuer des Anteilseigners anfällt.

---

68 Vgl. Lang, Joachim: Reform der Unternehmensbesteuerung auf dem Weg zum europäischen Binnenmarkt und zur deutschen Einheit. In: StuW, 67. (20.) Jg. (1990), H. 2, S. 107-129 (hier: S. 109).

69 Vgl. Richtlinien des Rates über ein gemeinsames Steuersystem der Mutter- und Tochtergesellschaften verschiedener Mitgliedstaaten. In: Abl. der EG Nr. L 225 vom 20. 8. 1990, S. 6-8. In Art. 4 Abs. 3 heißt es: "Absatz 1 gilt bis zum Zeitpunkt der tatsächlichen Anwendung eines gemeinsamen Körperschaftsteursystems".

Thesaurierte Gewinne werden im Falle der Kapitalgesellschaften mit einem proportionalen Tarif besteuert, der in den meisten EG-Ländern im oberen Mittelfeld der Einkommensteuertarife angesiedelt ist[70]. Diese Handhabung ist im Hinblick darauf gerechtfertigt, daß Kapitalgesellschaften i.d.R. größere Unternehmen sind, die, wären sie Personengesellschaften, ähnlich hoch besteuert würden.

Die Abhängigkeit des Maßes, in dem die Rechtsformneutralität erreicht wird, vom Umfang der Dividendenentlastung wird besonders bei der Betrachtung von Gesellschaftern mit niedrigem Einkommen und daher niedriger Einkommensteuerbelastung deutlich. Bezieht dieser Personenkreis Gewinnausschüttungen aus Kapitalgesellschaften, so kann die ggf. auf den Dividenden lastende Körperschaftsteuer einen größeren Betrag als die auf sie entfallende Einkommensteuer ausmachen. Somit entsteht rechnerisch eine höhere Steuerlast, als das Zweifache des Betrages der Einkommensteuer und damit mehr als eine "Doppelbelastung", die sich für jeden Steuersatz errechnen läßt[71]. - Zwar meint der Begriff "Doppelbelastung" im allgemeinen nicht die Belastung mit dem exakt Zweifachen der Einkommensteuer oder auch der auf der Dividende lastenden Körperschaftsteuer, sondern mit zwei verschiedenen Ertragsteuern auf zwei Ebenen. Er ist also im Sinne einer Mehrfachbelastung um wechselnde Faktoren zu verstehen. Wäre dennoch derselbe Gesellschafter an einer Personenunternehmung beteiligt, wäre die auf seinen (gleich hohen) Gewinnanteil entfallende Einkommensteuer ceteris paribus um mehr als die Hälfte geringer.

Je weniger dagegen die Ausschüttungen noch mit KSt belastet sind, desto eher kann man hinsichtlich ihrer von rechtsformneutraler Besteuerung sprechen.

Es wird gelegentlich auch argumentiert, daß gerade aus dem Streben nach rechtsformneutraler Besteuerung heraus eine gewisse Mehrfachbelastung ausgeschütteter Gewinne der Kapitalgesellschaften angebracht sei - beispielsweise, weil die Gesellschafter der Kapitalgesellschaften eine höhere Steuer als Entgelt für einfachere Nachfolgeregelungen und gesellschafterunabhängige Geschäftsführungsmöglichkeit in Kauf zu nehmen hätten. Diese Argumente wie auch ihre

---

70 Vgl. dazu Tabelle 3 im Anhang.

71 Vgl. Cnossen, Sijbren: The imputation System in the EEC. In: Ders. (Hrsg.): Comparative Tax Studies. Essays in Honor of Richard Goode. Amsterdam/New York/Oxford, 1983, S. 85 - 106; hier: S. 86.

Entkräftung sind hinlänglich bekannt[72]. Zudem stehen sie wenigstens teilweise mit der Besteuerung in keinem Zusammenhang; derartige Begründungen sind selbst unter Zuhilfenahme des Äquivalenzprinzips nur schwer nachzuvollziehen und sollen hier keiner weiteren Erörterung unterzogen werden.

Ergänzend soll lediglich zu zwei wiederholt vorgebrachten Gründen für die Rechtfertigung einer Nicht-Entlastung der Dividenden kurz Stellung genommen werden:

Zu dem Argument, eine Kapitalgesellschaft habe bessere und vielfältigere Möglichkeiten der Kapitalbeschaffung, ist anzumerken, daß dies zwar für börsennotierte Aktiengesellschaften und für solche Unternehmen zutrifft, die sich aufgrund ihrer Größe am Rentenmarkt finanzieren können. Dennoch besteht die Gefahr, daß sich der potentielle Anleger zugunsten der Zuführung von Fremd- statt Eigenkapital entscheidet, falls die Nettorendite der Anlage in Eigenkapitalpapieren durch höhere Besteuerung geschmälert wird. Soll die Kapitalbeschaffung der Unternehmen also keine steuerinduzierten Verzerrungen aufweisen, so ist dieses Argument eher gegen denn für eine mögliche Mehrfachbelastung zu verwenden. Dieser Punkt betrifft gleichzeitig die Erfüllung des Postulats der Finanzierungsneutralität, welches weiter unten behandelt wird.

Es heißt weiterhin, daß - insbesondere große - Kapitalgesellschaften als Folge der o.a. Kapitalbeschaffungsvorteile gegenüber Personengesellschaften Wettbewerbsvorteile hätten, für die eine steuerliche Mehrfachbelastung der Gewinnausschüttungen einen Ausgleich darstellen sollen. Dem muß aus zwei Gründen widersprochen werden: Erstens unternehmen viele auch kleinere Gesellschaften gerade wegen der Beschaffung von zusätzlichem Eigenkapital den Gang an die Börse und nehmen damit durch besondere Publizitätsvorschriften entstehende hohe Kosten auf sich. Eine weitere Belastung durch höhere Besteuerung ist deswegen wenigstens fragwürdig. Zweitens setzt eine solche Besteuerung, soll sie Wettbewerbsnachteile der Personengesellschaften ausgleichen, bei den Gewinnausschüttungen an der falschen Stelle an. Diese sind nicht Ursache, sondern Folge der möglicherweise stärkeren Wettbewerbsposition solcher Unternehmen: Gewinne entstehen durch den Erfolg des Unternehmens am Markt.

72 Zusammengefaßt und ausführlich diskutiert werden diese Argumente im Gutachten der Steuerreformkommission von 1971 (a.a.O., TZ IV / 61 ff.), welches diesbezüglich nach wie vor als aktuell angesehen werden kann.

Während die Behandlung einbehaltener Gewinne wiederum auf die Konstitution eines Unternehmens rückwirkt, sind ausgeschüttete Gewinnteile dazu bestimmt, die Unternehmenssphäre endgültig zu verlassen.

Wollte man jedoch Gleichheit schaffen, so müßten die Ursachen der Ungleichheit reguliert werden. Dadurch würde indessen das bestehende Gesellschaftsrecht in Frage gestellt, was nicht das Ziel sein kann, da gewisse Unterschiede auch hinsichtlich der Finanzierung durchaus beabsichtigt sind.

Wenn eine Mehrfachbelastung der Dividenden aus den hier angeführten Gründen abgelehnt wird, kann auch eine Differenzierung nach der Unternehmensgröße nicht befürwortet werden, durch die ansonsten solche Unternehmen belastet werden könnten, die aus ihrer Eigenschaft als Kapitalgesellschaft oder durch diese in Kombination mit ihrer Größe besondere Vorteile ziehen. Gegen ein solches Vorgehen spricht neben dem Gleichheitsgrundsatz, der dadurch empfindlich verletzt würde, ein weiteres Mal die sich damit verschlechternde Situation der Kleinaktionäre. Diese hätten als Anteilseigner von Großunternehmen eine relativ höhere Steuerbelastung zu tragen als Gesellschafter einer kleinen GmbH, deren Einkünfte aus der Gesellschaft jedoch über dem der Kleinaktionäre läge. Darüberhinaus liegt in der Abgrenzung der steuerlich höher zu belastenden Unternehmen ein Problem der Steuergerechtigkeit[73]; ferner würde eine solche Regelung die Gründung steuerlich günstiger Rechtsformen provozieren und von daher die Rechtsformneutralität entgegen der ursprünglichen Absicht konterkarieren.

Im Hinblick auf die **Gewinnverwendungsneutralität** ist die Frage zu beantworten, ob und ggf. inwieweit eine körperschaftsteuerliche Bebzw. Entlastung der Gewinnausschüttungen die Ausschüttungsquote beeinflußt. Diese Fragestellung läßt sich in drei Teilprobleme gliedern, die im folgenden getrennt zu untersuchen sind:

a) Ist es sinnvoll, eine gleiche Belastung von einbehaltenen und ausgeschütteten Gewinnen anzustreben und, wenn ja, wie kann dies erreicht werden?
b) Unter welchen einkommen- bzw. körperschaftsteuerlichen Voraussetzungen ist der Anteilseigner bezüglich der Gewinnverwendung indifferent?

73 Zu der Möglichkeit der Schaffung eines progressiven Körperschaftsteuertarifs vgl. unten. Abschnitt 6.3.2.4 dieser Arbeit.

c) Unter welchen steuerlichen Voraussetzungen ist die Geschäftsleitung hinsichtlich der Gewinnverwendung indifferent?

zu a):
Die gleiche steuerliche Belastung einbehaltener und ausgeschütteter Gewinne, gewissermaßen die Gewinnverwendungsneutralität i.e.S., tritt genau dann ein, wenn die Körperschaftsteuerbelastung der einbehaltenen Gewinne exakt der Belastung des ausgeschütteten Gewinns mit Körperschaft- und individueller Einkommensteuer des Anteilseigners entspricht. Dieses Ziel kann, solange es eine progressive Einkommensteuer gibt, regelmäßig nur in Einzelfällen erreicht werden, nämlich dann, wenn die individuelle Einkommensteuer eines Gesellschafters genau der Differenz zwischen dem KSt-Thesaurierungssatz und der (niedrigeren) Ausschüttungsbelastung entspricht.

Eine exakte Gewinnverwendungsneutralität kann ferner durch Anwendung des "Schütt-aus-hol-zurück-Verfahrens" erreicht werden; in diesem Fall wären alle Gewinnteile mit der auf Ausschüttungen anzuwendenden Körperschaftsteuer, ggf. vermindert um Entlastungen, zuzüglich der Einkommensteuer der Gesellschafter belastet. Aufgrund unterschiedlich hoher und vom Körperschaftsteuer-Thesaurierungssatz abweichender individueller Einkommensteuer bei den Gesellschaftern ist jedoch Voraussetzung, daß der gesamte Gewinn zunächst ausgeschüttet wird, bevor Teile davon wieder eingelegt werden.

Jedoch darf dieses Verfahren nicht als Rechtfertigung für Einschränkungen hinsichtlich der Gewinnverwendungsneutralität im eigentlichen Körperschaftsteuersystem herangezogen werden, da seine Nachteile zu großes Gewicht haben. Diese sind insbesondere in der praktischen Durchführung des Verfahrens zu sehen, die um so problematischer wird, je größer die Anzahl der Gesellschafter ist. Unter ihnen setzt das Schütt-aus-hol-zurück-Verfahren weitgehende Einigkeit voraus, ohne daß gleichzeitig eine Pflicht zur Teilnahme bestünde. Dadurch wird eine Kalkulation des Rückflusses und damit des letztendlich thesaurierbaren Betrages erheblich erschwert und bei Publikumsgesellschaften praktisch unmöglich. .

Trotz der Möglichkeit der Anwendung dieses Verfahrens ist deswegen nach einem Weg zu suchen, auf dem eine weitgehende Gewinnverwendungsneutralität für das Gros der Anteilseigner hergestellt werden kann, d.h. unter der Voraussetzung, daß die Dividendeneinkünfte auf der Gesellschafterebene mit der Einkommensteuer eines repräsentativen Anteilseigners mit mittlerem bis gehobenem Einkommen belastet werden.

Wenn die Anwendung des Schütt-aus-hol-zurück-Verfahrens die Ausnahme bleiben soll, so ist zu beachten, daß eine weitgehende Neutralität bezüglich der Gewinnverwendung von zwei Faktoren abhängig ist:

Erstens davon, in welchem Bereich des progressiven Einkommensteuertarifs der Körperschaftsteuer-Thesaurierungssatz angesiedelt ist; auf dieses Niveau müßte die mittlere Gesamtsteuerbelastung der ausgeschütteten Gewinne durch Beibehaltung eines Teils der Körperschaftsteuerlast angehoben werden.

Zweitens bei gespaltenen Tarifen von der Differenz zwischen Thesaurierungs- und Ausschüttungssatz der Körperschaftsteuer: Ist der Ausschüttungssatz niedriger als der Thesaurierungssatz, so wird mit zunehmender Differenz zwischen beiden Sätzen der Anrechnungs- oder anderweitige Entlastungsbetrag im Verhältnis zur Bruttodividende geringer ausfallen müssen. Dadurch wird erreicht, daß die Summe aus individueller Einkommensteuer und Ausschüttungs-Körperschaftsteuer, vermindert um den Entlastungsbetrag, angenähert jeweils dem Niveau der Thesaurierungs-Körperschaftsteuer entspricht. Das Umgekehrte gilt für den Fall, daß der Ausschüttungssatz den Thesaurierungssatz übersteigt.

Für den Umfang der Dividendenentlastung ergibt sich damit aus Sicht der Gewinnverwendungsneutralität folgendes:

Wird die Körperschaftsteuer mit einem Einheitssatz erhoben, der im Bereich des Einkommensteuer-Spitzensatzes liegt, so hätte eine Teilentlastung in Höhe der durchschnittlichen Einkommensteuer zu erfolgen, um beide Arten der Gewinnverwendung in etwa in derselben Höhe, nämlich mit oder knapp unter dem Einkommensteuer-Spitzensatz zu belasten. Im Ergebnis läge dann eine Gesamtlast in Höhe der Summe aus Körperschaft- und tatsächlicher Einkommensteuer, vermindert um die durchschnittliche Einkommensteuer auf der Dividende.

Falls für die Ausschüttung ein niedrigerer Körperschaftsteuersatz gilt als für die Thesaurierung, so ist dies durch eine im Verhältnis etwas geringere Entlastung zu berücksichtigen, um zu demselben Ergebnis zu gelangen. Dementsprechend wäre bei über dem Thesaurierungssatz liegendem Ausschüttungssatz eine höhere Entlastung zu gewähren.

Liegt der Thesaurierungssatz der Körperschaftsteuer im Bereich der Einkommensteuer des o.a. repräsentativen Anteilseigners, so ist bei Ausschüttungen eine Vollentlastung vorzunehmen.

In dem Bestreben, die Rechtsform- und Gewinnverwendungsneutralität gleichermaßen zu berücksichtigen, tritt damit folgende Schwierigkeit auf:

Betrachtet man einmal nur die ausgeschütteten Gewinne, so ist, wie weiter oben erläutert, die Rechtsformneutralität weitgehend gegeben, wenn sie im Ergebnis vollständig von der Körperschaftsteuer entlastet werden. Demgegenüber legt die steuerliche Gleichbehandlung der Gewinnverwendungsarten unter bestimmten Voraussetzungen eine Teilentlastung nahe.

Die Frage, welchem der beiden Ziele die höhere Präferenz einzuräumen ist, ist mit dem bereits erwähnten Eigenkapitalargument zu beantworten:

Danach ist im Zweifel eine leichte Aneutralität hinsichtlich der Gewinnverwendung in Kauf zu nehmen, solange dadurch die Einbehaltung von Gewinnen, d.h. die Eigenkapitalbildung gefördert wird[74]. Zur Herbeiführung eines Kompromisses könnte daher so verfahren werden, daß Gewinnausschüttungen von der Körperschaftsteuer entlastet werden, somit hinsichtlich dieser die Rechtsformneutralität gewahrt ist, und gleichzeitig durch einen Thesaurierungssatz, der nicht am oberen Rand des Einkommensteuertarifs, sondern in dessen oberem Mittelfeld liegt, eine annähernde Gewinnverwendungsneutralität mit der Tendenz zur Bevorzugung der Thesaurierung erreicht wird.

Eine derartige Absenkung des Thesaurierungssatzes wäre auch mit der Rechtsformneutralität hinsichtlich der einbehaltenen Gewinne nicht unvereinbar, wenn bedacht wird, daß durch die progressive Besteuerung der Gewinne von Personengesellschaften für deren Gesellschafter ein Durchschnittssatz in Höhe des höchsten Grenzsteuersatzes nicht erreicht wird.

---

74 vgl. u.a. Krause-Junk, Gerold: Überlegungen zu einem künftigen europäischen Körperschaftsteuersystem. In: Konjunkturpolitik. 34. Jg. (1988). H. 5/6. S. 268 - 290 (hier: S. 284).

Aus den hier dargelegten Zusammenhängen ist bereits ersichtlich, daß eine Differenzierung zwischen dem Thesaurierungs- und Ausschüttungssatz, also eine Spaltung des Tarifs, aus der Sicht der Gewinnverwendungs- und auch der Rechtsformneutralität nicht zwingend erforderlich ist. Voraussetzung für einen einheitlichen Satz ist aber ein geeignetes Verfahren zur Entlastung der Gewinnausschüttungen von der Körperschaftsteuer.

zu b)

Für die Anteilseigner ist die Besteuerung nur ein Faktor unter vielen, die eine Präferenz zugunsten entweder der Thesaurierung oder der Ausschüttung verursachen. Das Kriterium "Besteuerung" kann hinsichtlich dieser unterschiedlichen Präferenzen, die es für verschiedene Gruppen von Anteilseignern hervorruft, nicht einheitlich beurteilt werden. Gesellschafter mit hohem individuellen Grenzsteuersatz werden eher die Gewinnthesaurierung vorziehen, so daß eine weitgehende Dividendenentlastung stattfinden muß, um bei diesen dieselbe Ausschüttungspräferenz herbeizuführen wie bei einem Kleinaktionär, dem es auf einen unmittelbaren Liquiditätszufluß ankommt.

Grundsätzlich gilt damit, daß jede Entlastung der Dividenden die Präferenz für Ausschüttungen erhöht, denn insbesondere Kleinaktionäre ziehen diese Barzuflüsse den potentiellen Wertsteigerungen der Anteile vor, die durch Gewinnthesaurierungen zu erwarten sind. Aufgrund des o.a. Zusammenhanges mit verschiedenen anderen Faktoren ist es nicht möglich, diese Höhereinschätzung der Ausschüttungen allgemeingültig zu quantifizieren[75]. Damit ändern die Präferenzen der Anteilseigner die zu a) erhaltenen Ergebnisse nicht.

zu c)

Die Unternehmensleitung zieht die Gewinnthesaurierung aus nichtsteuerlichen Gründen der Ausschüttung vor. Hauptmotiv dafür ist ihr Bestreben, Liquidität und Vermögen im Unternehmen zu belassen. Damit wird sie auch bei einer steuerlich gegebenen Gewinnverwendungsneutralität eher für die Einbehaltung votieren, in welchem Umfang und auf welche Weise auch immer die Dividenden entlastet werden mögen.

---

75 Vgl. z.B. van den Tempel, A.J.: Körperschaftsteuer und Einkommensteuer in den Europäischen Gemeinschaften, a.a.O., S. 21, TZ 57; ähnlich: Saß, Gert (1977): Zum Richtlinienvorschlag zur Harmonisierung der Körperschaftsteuersysteme in der EG. In: DStZ (A), 1977, S. 43 ff, S. 59 ff. (hier: S. 44 ff.). Im folgenden zitiert als: Saß, Gert (1977).

Selbst bei angenommen extrem hoher Steuerbelastung des thesaurierten Gewinns und gleichzeitiger weitgehender Entlastung der Ausschüttungen von der Körperschaftsteuer ist anzunehmen, daß die Unternehmensleitung der Thesaurierung den Vorzug gibt, zumal der Aufbau von Rücklagen in diesem Fall ein besonders langwieriger Prozeß ist. Dies gilt besonders für Unternehmen, die sich in den Händen einer großen Zahl von Gesellschaftern befinden, so daß die Durchführung des Schütt-aus-hol-zurück-Verfahrens auf Schwierigkeiten stößt.

Im Rahmen der **Finanzierungsneutralität** muß dafür Sorge getragen werden, daß die Körperschaftsteuer keinen - oder nur einen kontrollierten - Einfluß auf die Kapitalstruktur der Kapitalgesellschaften nimmt. Für das hier erörterte Problem der Belastung von Dividenden mit Körperschaftsteuer bedeutet dies, daß für Fremdkapitalzinsen und Eigenkapital-"zins" keine durch die Steuer verursachten Renditeunterschiede bestehen dürfen. Der Entscheidung eines Anlegers, ob er einem Unternehmen Eigen- in Form von Beteiligungskapital bzw. Fremdkapital in Form von Darlehen (auch Gesellschafterdarlehen) oder durch Kauf von Obligationen zur Verfügung stellt, sollten nach Möglichkeit keine steuerlichen Überlegungen zugrundeliegen. Da die "Zinsen" auf das Eigenkapital für den Anleger die ausgeschütteten Gewinne sind, muß die Gleichbehandlung bei diesen ansetzen.

Maßstab dabei ist der Umstand, daß Fremdkapitalzinsen bei den Unternehmen abzugsfähige Betriebsausgaben darstellen und insofern nur bei den Empfängern, nämlich den Anlegern, der Einkommensteuer unterliegen. während Gewinnausschüttungen sowohl Einkommen der Kapitalgesellschaft als auch solches des Anteilseigners sind. Daraus folgt, daß eine gewisse Aneutralität hinsichtlich der Finanzierungsformen jeder Gewinnbesteuerung inhärent ist[76]; das spezifische Problem der KSt liegt darin, daß sie im Falle einer Nichtentlastung der Dividende zwei Subjekte erfaßt.

Eine Gleichheit in der Steuerbelastung beider Finanzierungsarten ist also nur dann zu erreichen, wenn Dividenden im Ergebnis ebenfalls ausschließlich mit der Einkommensteuer des Anlegers belastet werden. Bedingung dafür wäre also zunächst einmal eine vollständige Entlastung von der Körperschaftsteuer, aber auch weitergehende Schritte im Rahmen einer umfassenden Unternehmensteuerreform[77].

---

76 Vgl. Cnossen. Sijbren. a.a.O.. S. 88

77 Vgl. dazu unten. 7. Teil dieser Arbeit.

Die Forderung nach Entlastung der Gewinnausschüttungen zur Erreichung der Finanzierungsneutralität erhält durch die Bedeutung der Zuführung zusätzlichen Eigenkapitals besonderes Gewicht[78] und ist dadurch auch eng mit dem Postulat der Gewinnverwendungsneutralität verzahnt. Die hierdurch sich ergebende Priorität für eine Entlastung ist höher einzustufen als möglicherweise gegen eine Vollentlastung sprechende, sich aus der Gewinnverwendungsneutralität ergebende Argumente, da die Gefährdung, die von zu schwacher Eigenkapitaldeckung ausgeht, gesamtwirtschaftlich erheblich bedeutender ist und eine schwererwiegende Fehlallokation darstellt als die o.a. Fehlleitung aufgrund steuerlich bedingter Gewinnverwendungsentscheidungen[79].

Als **Zwischenergebnis** läßt sich damit festhalten, daß zur Erreichung einer weitgehenden Neutralität der Körperschaftsteuer hinsichtlich sowohl der Rechtsformwahl als auch gleichzeitig der Gewinnverwendung und der Finanzierung eine möglichst weitreichende Entlastung der Gewinnausschüttungen von der Körperschaftsteuer anzustreben ist, ohne damit bereits auf die Art der Entlastung vorgreifen zu wollen.

Für eine Entlastung spricht außerdem, daß sie einem spezifischen Mangel der "klassischen" Körperschaftsteuer abhilft, nämlich dem Problem, daß *ein* optimaler Steuersatz kaum gefunden werden kann: Setzt man den Tarif relativ hoch an, so ist mit einer Flucht aus Beteiligungskapital zu rechnen, da die Doppelbelastung der Dividenden zu schwer wiegt. Liegt er dagegen niedrig, ist der Thesaurierungsanreiz zu groß, wodurch nicht nur eine gesamtwirtschaftlich möglicherweise falsche weil ineffiziente Verwendung des Gewinns, sondern auch eine Fehlleitung von Kapital in Fremdkapitalanlagen provoziert werden kann[80].

Wenn auch budgetäre Gründe zunächst gegen eine Entlastung sprechen mögen - die Befürchtung, daß durch sie das Gesamtsteueraufkommen sinken könnte, ist nicht abwegig -, so kann dem doch entgegengehalten werden, daß mit einer Entlastung der Dividenden, beson-

78 Vgl. Jacobs, Otto H.: Das unterkapitalisierte deutsche Unternehmen - Eigenkapitalbildung und Steuern. In: Steuerberaterkonkreß-Report 1985. München, 1985. S. 51 - 67 (hier: S. 55).

79 Vgl. z.B. Lang, Joachim: Reform der Unternehmensbesteuerung. a.a.O., S. 3 ff.

80 Vgl. Saß, Gert (1977), a.a.O., S. 44.

ders dann, wenn diese auf der Ebene des Anteilseigner erfolgt, eine größere Steuerehrlichkeit verbunden sein wird. Je höher die bereits von der Gesellschaft gezahlte KSt ist, desto größer ist für den Anteilseigner der Anreiz, sich einen Teil davon erstatten zu lassen. Dieser Effekt ist geeignet, die durch die Entlastung entstehende Aufkommensminderung zu einem großen Teil zu kompensieren.

Abschließend soll kurz auf die Frage eingegangen werden, ob sich eine Entlastung ausgeschütteter Gewinne möglicherweise nachteilig auf die Liquidität des Unternehmens auswirken kann. Eine höhere Liquiditätsbelastung als im Falle einer ungemilderten Doppelbelastung der Dividenden ergibt sich im Entlastungsfall jedoch nur dann, wenn die Entlastung beim Anteilseigner stattfindet, das Unternehmen bestrebt ist, eine gleichbleibende Bardividende auszuschütten und gleichzeitig der Steuersatz für Ausschüttungen über dem Tarif im konkurrierenden "klassischen System" liegt. In diesem Fall hätte das Unternehmen zum Zweck der Beibehaltung der Bardividende die Bruttoausschüttung zu erhöhen.

Da jedoch bei rationaler Sichtweise die Nettozuflüsse aus Dividenden nach Steuern relevant sind, wird sich, wenn diese gleichbleiben sollen, eher ein geringerer Liquiditätsabfluß ergeben als ohne Entlastung. Wird dagegen die Bruttoausschüttung konstant gehalten, so steigt naturgemäß der Nettozufluß beim Anteilseigner[81].

Zusammenfassend kann festgehalten werden, daß sowohl zur Wahrung der Neutralität der Besteuerung als auch aus Gründen der Kapitallenkung eine vollständige Entlastung der Gewinnausschüttungen von der Körperschaftsteuer anzustreben ist.

6.3.2.3 Problematik grenzüberschreitender Körperschaftsteuer-Entlastungen

6.3.2.3.1 Zielsetzung

Obgleich die "Ausländerproblematik" gelegentlich gegen jede Dividendenentlastung zu sprechen scheint[82] - ohne sie ginge man jedem

81 Vgl. Lindeiner, Hans-Chr. v.: Vergleich des bestehenden Körperschaft- und Einkommensteuersystems mit dem von der Steuerreformkommission vorgeschlagenen Anrechnungssystem. In: StuW. 48. (1.) Jg. (1971). H. 3. S. 247 - 252 (hier: S. 250).

82 Vgl. Saß, Gert (1971). a.a.O., S. 63.

Problem im Zusammenhang mit der Diskriminierung importierten Kapitals aus dem Wege -, darf dies nicht als Rechtfertigung für die Wiedereinführung bzw. Beibehaltung der Doppelbelastung auch für Inländer dienen. Im Gegenteil ist nach einem Weg zu suchen, der beide Gruppen, Inländer und Ausländer, gleichermaßen befriedigt.

Insbesondere angesichts der geplanten Wirtschafts- und Währungsunion innerhalb der Europäischen Gemeinschaft ist auch ein ungehinderter Kapitalfluß zu gewährleisten; mit der Beseitigung körperschaftsteuerlicher Diskriminierungen fiele ein bedeutendes administratives Hemmnis auf dem Weg zu diesem Gemeinsamen Markt fort.

Ziel der hier zu entwickelnden körperschaftsteuerlichen Behandlung der an nicht im Inland ansässige natürliche und juristische Personen fließenden Gewinnausschüttungen muß die Wahrung der Steuerneutralität hinsichtlich dieser aus in- und ausländischer Sicht sein. Da diese Behandlung der Dividenden die Entscheidung der ausländischen Anleger und Investoren, Kapital in bestimmte Länder fließen zu lassen, nachhaltig beeinflussen kann, kommt es hier insbesondere auf die Einhaltung der Grundsätze der Kapitalimport- und -exportneutralität an.

Kapitalimportneutralität bedeutet, daß für eine nicht im Aktivitätsland ansässige Person die steuerliche Gesamtbelastung bei internationaler Geschäftstätigkeit nicht die Belastung übersteigen darf, die bei einer ausschließlichen Tätigkeit im Aktivitätsland für eine dort ansässige Person entstünde[83]. Das heißt, daß die Geschäftstätigkeit einer ausländischen Person im Inland nicht höher besteuert werden darf, als wenn ein Inländer dieselbe Tätigkeit ausübte. Aus den bereits genannten Gründen ist jedoch auch eine Begünstigung, d.h. niedrigere Belastung der Ausländer auszuschließen.

Kapitalexportneutralität wird demgegenüber erreicht, wenn sich die Steuerbelastung einer inländischen Person bei internationaler Geschäftstätigkeit nicht von der bei einer Tätigkeit ausschließlich im Sitzstaat unterscheidet. Bei international differierenden Steuerniveaus kann i.d.R. auf dem Wege über Doppelbesteuerungsabkommen jeweils nur eines der beiden hier angeführten Neutralitätsziele erreicht werden. Um jedoch beide gleichzeitig wenigstens näherungsweise zu erreichen und damit einheitliche Wettbewerbsbedingungen in der ge-

83 Vgl. Fischer / Warneke, a.a.O., S. 25.

samten Gemeinschaft zu schaffen, ist es offensichlich unabdingbar, bei der Vereinheitlichung des Tarifs möglichst enge Grenzen zu setzen und auch die Behandlung grenzüberschreitender Dividenden zu harmonisieren. Dies natürlich immer unter der Voraussetzung, daß die körperschaftsteuerlichen Bemessungsgrundlagen bereits weitgehend übereinstimmen.

In engem Zusammenhang mit der Neutralität des Steuersystems hinsichtlich der Kapitalim- und -exporte ist die steuerliche Behandlung der Dividenden bei einer Weiterausschüttung zu sehen, also die Ausschüttung der bereits über eine Grenze von einer Tochter- an deren Muttergesellschaft geflossenen Dividenden an Anteilseigner im Sitzstaat dieser Muttergesellschaft. Da diese Dividenden im Sitzstaat der Muttergesellschaft häufig nach dem in den DBA vereinbarten Schachtelprivilegien steuerfrei gestellt sind, gelten sie hier als sog. steuerfreie Einkünfte.

Dies hat jedoch zur Folge, daß bei einer Weiterausschüttung entweder eine Ausgleichsteuer erhoben wird[84] oder das Anrechnungspotential für die Gesellschafter begrenzt wird, um zu vermeiden, daß ein höherer Steuerbetrag angerechnet werden kann, als auf Gesellschaftsebene gezahlt wurde[85]. Im Ergebnis führt dies dazu, daß die aus dem Ausland stammende Dividende sowohl mit der ausländischen Steuer als auch mit der Einkommensteuer des inländischen Anteilseigners bzw. - je nach dem Umfang der Anrechnungsmöglichkeit - zusätzlich mit inländischer Körperschaftsteuer belastet ist. Die ursprünglich gewollte Freistellung im (Wohn-)Sitzstaat wird nicht erreicht; damit tritt zumindest eine teilweise Doppelbesteuerung ein.

Aus dem hier Gesagten wird andererseits deutlich, daß bei Unternehmen mit hohen Anteilen ausländischer Einkünfte gegenwärtig ein Mangel an für Ausschüttungen zur Verfügung stehendem, tariflich belastetem Eigenkapital herrschen kann, so daß zur Bedienung der Anteilseigner relativ häufig auf "unbelastetes", faktisch aber bereits mit ausländischer Körperschaft- und oft auch Kapitalertragsteuer belastetes Eigenkapital zurückgegriffen werden muß, mit den oben geschilderten Folgen.

---

84 Vgl. z.B. den "précompte mobilier" des französischen Steuerrechts: in der Wirkung gleich ist die Herstellung der Ausschüttungsbelastung bei Ausschüttungen aus dem EK 01 nach §§ 27 ff. des deutschen KStG.

85 So z.B. im britischen Körperschaftsteuerrecht. Vgl. dazu auch Herzig, Norbert: Nationale und internationale Aspekte einer Reform der Körperschaftsteuer. In: StuW. 67. (20.) Jg. (1990). H. 1. S. 22 - 29 (hier: S. 24 ff.).

Auch diese Details tragen dazu bei, daß die derzeitige Konstellation von Körperschaftsteuern innerhalb der EG, aber auch hinsichtlich der Außenbeziehungen, die Steuerneutralität bezüglich der Kapitalim- und -exporte verletzt. Um dieser Ungleichbehandlung zu entgehen, sind Unternehmen bereits dazu übergegangen, ihren im Ausland ansässigen Tochtergesellschaften Fremdkapital in Form von Gesellschafterdarlehen anstelle von Eigenkapital zuzuführen. Die darauf entfallenden Zinsen werden, abgesehen von einer möglicherweise erhobenen Kapitalertragsteuer, als Gewinnbestandteile im Sitzstaat lediglich mit der Körperschaftsteuer des Empfängers belastet und unterliegen damit praktisch keiner Doppelbesteuerung[86]. Mit einer umfassenden und sachgerechten Regelung der Behandlung grenzüberschreitender Dividenden ist auch dieser Erscheinung zu begegnen, so daß Gesellschafter-Fremdkapital nur noch in dem ökonomisch notwendigen und gerechtfertigten Maß zugeführt wird.

Im Hinblick darauf, daß in der angestrebten Wirtschafts- und Währungsunion im Idealfall keine Unterschiede in der Höhe der Unternehmensbesteuerung bestehen sollen, sind als weiteres Merkmal des europäischen Körperschaftsteuersystems die Voraussetzungen für den vollständigen Verzicht auf die Erhebung einer Kapitalertragsteuer zu schaffen[87].

Diese dient im wesentlichen zwei Zwecken, nämlich der Sicherung des Steueraufkommens von inländischen Anteilseignern und der Vermeidung von begünstigenden Ausländereffekten.

Zur Sicherung der Besteuerungsansprüche gegenüber inländischen natürlichen Personen, um diese also zu einer Erklärung ihrer Einkünfte aus Kapitalvermögen zu bewegen, sollte der KSt-Einheitssatz idealerweise dem Einkommensteuer-Spitzensatz entsprechen. Zwar schwanken die ESt-Tarife zwischen den einzelnen Staaten stark, jedoch finden extrem hohe Steuersätze nur für sehr wenige natürliche Personen Anwendung. Daher und unter Beachtung der voneinander abweichenden Einkommensteuer-Bemessungsgrundlagen ist es sinnvoll, unter Verzicht auf eine Quellensteuer den einheitlichen

---

86 Vgl. u.a. Herzig, a.a.O., S. 24.

87 Diese Forderung ist dementsprechend in die "Mutter-Tochter"-Richtlinie eingegangen. Vgl. Rat der Europäischen Gemeinschaften: Richtlinie über das gemeinsame Steuersystem der Mutter- und Tochtergesellschaften verschiedener Mitgliedstaaten, a.a.O.; vgl. ferner: Wissenschaftlicher Beirat beim Bundesfinanzministerium: Stellungnahme zur Tarifstruktur der Körperschaftsteuer; Bonn, 1987, S. 41.

Körperschaftsteuertarif im oberen Viertel der Bandbreite der Einkommensteuertarife anzusiedeln.

Auch begünstigende Ausländereffekte lassen sich ohne Zuhilfenahme einer Kapitalertragsteuer vermeiden, sofern ein EG-einheitlicher Körperschaftsteuertarif existiert. Sollte dann überhaupt keine Regelung zur Entlastung internationaler Dividendenflüsse innerhalb der Gemeinschaft greifen, so wird die Körperschaftsteuer zur Definitivsteuer. Damit tragen Dividendenzahlungen an in- und ausländische Muttergesellschaften dieselbe Steuerlast. Hinzu käme je nach beteiligten Ländern und nach Maßgabe der involvierten DBA evtl. eine weitere Besteuerung im Sitzstaat der Muttergesellschaft bzw. des ausländischen Anteilseigners. Damit ist ausgeschlossen, daß an Ausländer fließende Dividenden insgesamt niedriger besteuert werden als solche, die im Inland verbleiben. Sollte jedoch - als entgegengesetztes Extrem - eine vollständige Entlastung dieser Dividenden von der Körperschaftsteuer des Quellenstaates vorgenommen werden, so trügen sie dennoch im Ergebnis die gleiche Steuerlast, EG-einheitliche Tarife vorausgesetzt. Der Unterschied bestünde allein darin, daß im Falle der Vollentlastung die Steuer des (Wohn-)Sitzstaates der Muttergesellschaft bzw. des Anteilseigners zum Tragen käme.

Gegen die Erhebung einer Kapitalertragsteuer spricht ferner, daß sie in der Vergangenheit bei international verbundenen Unternehmungen wiederholt zu Gestaltungen geführt hat, die nicht ökonomisch, sondern ausschließlich durch steuerliche "Sachzwänge" hervorgerufen wurden. Dies gilt zumal dann, wenn, wie in einigen deutschen DBA eine Suspensionsklausel im Zusammenhang mit einer bestimmten Beteiligungshöhe die Erhebung einer erhöhten Quellensteuer erlaubt. So wurden z.T. 100%ige Tochtergesellschaften ausländischer Muttergesellschaften auf fünf Beteiligungen zu je 20% aufgeteilt, um dieser Höherbesteuerung aus dem Wege zu gehen[88]. Solche künstlichen und nicht wirtschaftlich motivierten Konstruktionen sind künftig durch Beseitigung der Ursachen zu vermeiden.

Zu beachten ist schließlich auch das Verhältnis zu Drittstaaten. Hier gilt dasselbe wie für das Verhältnis von EG-Mitgliedern untereinander, wenn keine Entlastung grenzüberschreitender Dividenden vorgesehen ist. D.h., hier müßte durch eine geeignete Wahl des Tarifs dafür Sorge getragen werden, daß Anteilseigner in diesen Staaten nicht gegenüber solchen im Quellenstaat bevorzugt werden. Als

---

88 Vgl. dazu Fischer / Warneke, a.a.O., S. 171.

Alternative bietet sich eine differenzierte Behandlung von Dividenden an, etwa derart, daß solche Gewinnausschüttungen, deren Empfänger innerhalb der Gemeinschaft ihren Sitz haben, von der Quellensteuer befreit werden, während alle übrigen entweder mit der im Gesetz des jeweiligen Quellenstaates vorgesehenen Kapitalertragsteuer belastet werden oder nach Maßgabe des jeweiligen DBA eine Herabsetzung dieser Steuer gewährt wird.

Über die bereits erwähnten Punkte hinaus sollte eine mögliche Ausdehnung der körperschaftsteuerlichen Behandlung internationaler Dividendenflüsse auf die aus Drittstaaten außerhalb der Gemeinschaft stammenden Ausschüttungen nicht dazu führen, daß diese gegenüber der bisherigen Behandlung benachteiligt werden. Es ist also je nach Art der erwogenen Entlastungsmaßnahme zu untersuchen, ob aus Gründen der Praktikabilität eine generelle Anwendung in Frage kommt oder unterschieden werden muß zwischen innerhalb der Gemeinschaft fließenden Dividenden und solchen, die im Verkehr mit Drittstaaten fließen.

Als letzte wesentliche Forderung an die Methode zur Behandlung grenzüberschreitender Dividenden sei erwähnt, daß die zu installierende Regelung möglichst wenig organisatorischen Aufwand verursachen soll, und zwar sowohl in bezug auf mögliche zwischenstaatliche Kompensationszahlungen als auch im Hinblick auf die möglicherweise notwendig werdende Anpassung bestehender Doppelbesteuerungsabkommen.

6.3.2.3.2 Lösungsmöglichkeiten

Es erhebt sich nunmehr die Frage, welche Wege zur Erreichung dieser Forderungen zur Verfügung stehen. Die derzeit in vielen DBA bestehende Schachtelvergünstigung, nach welcher Auslandsdividenden im Sitzstaat einer Muttergesellschaft und bei dieser von einer weiteren Besteuerung freigestellt werden, um keine Doppelbesteuerung eintreten zu lassen, ist dabei als das Minimum des zu erreichenden anzusehen. Dieser Möglichkeit haften indessen noch die bereits erwähnten Nachteile im Falle der Weiterausschüttung an die Anteilseigner der Muttergesellschaft an.

Es bieten sich zwei Verfahren an, um diesen Mangel zu umgehen: Neben einer Körperschaftsteueranrechnung über Staatsgrenzen hinweg wäre es auch möglich, die im Quellenstaat bereits mit dieser Steuer belasteten Gewinne im Wohnsitzstaat von jeder weiteren Besteuerung freizustellen. Dies hätte unabhängig davon zu geschehen, ob der dortige Anteilseigner an dem dividendenzahlenden Unternehmen eine Schachtel- oder geringere Beteiligung hält, denn der letztgenannte Fall bedeutet derzeit regelmäßig eine Versteuerung im Wohnsitzstaat[89]. Ferner hätte diese Freistellung unabhängig von der weiteren Verwendung dieser Einkünfte durch eine Muttergesellschaft zu erfolgen, müßte also auch bei einer Weiterausschüttung an deren Anteilseigner wirksam bleiben.

Eine solche vollständige Freistellung hätte zunächst zur Bedingung, daß die ausländischen Einkünfte im Inland nicht mehr als "steuerfreie" Einkünfte mit der Konsequenz angesehen würden, daß sie bei einer Weiterausschüttung einer Ausgleichsteuer oder dem jeweiligen nationalen Pendant unterliegen. Stattdessen wären sie als tarifbelasteter Eigenkapitalteil anzusehen.

6.3.2.3.3 Einzelaspekte der Lösungsansätze

Für den erstgenannten Weg der grenzüberschreitenden Anrechnung von Körperschaftsteuern kann - zunächst auf den EG-Raum eingeschränkt - hinsichtlich der oben fixierten Zielvorgaben folgendes festgestellt werden:

Im Falle der Anwendung eines einheitlichen, d.h. nicht zwischen Gewinnthesaurierungen und -ausschüttungen unterscheidenden Körperschaftsteuertarifes ohne Kapitalertragsteuer ist sichergestellt, daß Dividenden auf importiertes Kapital sowohl im Importland, d.h. im Quellenstaat, als auch insgesamt, also unter Einschluß der steuerlichen Behandlung im Sitzstaat des Anteilseigners, nicht besser oder schlechter behandelt werden als solche, die allein Inländern zufliessen. Durch die vollständige Anrechnung der ausländischen Körperschaftsteuer auf die Steuer eines inländischen Anteilseigners ist auch die Kapitalexportneutralität gewährleistet, wiederum unter der Bedingung, daß eine Quellensteuer nicht erhoben wird.

Die internationale Anrechnung der KSt würde auch das Problem der Doppelbesteuerung bei Weiterausschüttung im Sitzstaat des Dividendenempfängers lösen, denn im Falle einer solchen Weiterausschüttung

89 Vgl. Art. 10 Abs. 1 OECD-MDBA.

würde die Kette der Anrechnungen lediglich um ein Glied erweitert. Für diese Ausschüttungen stünde daneben auch ausreichend tariflich belastetes Eigenkapital zur Verfügung, denn die Auslandsdividenden hätten im Rahmen der Gliederungsrechnung des verwendbaren Eigenkapitals oder der entsprechenden nationalen Einrichtungen als tarifbelastete Eigenkapitalteile eingestuft zu werden, sollen sie in die Anrechnung einbezogen werden.

Mit der Beseitigung der Doppelbesteuerungsgefahr für diese Auslandsdividenden ist auch die o.a. steuerliche Ursache für eine verstärkte Gesellschafter-Fremdfinanzierung entfallen. Es wird eine körperschaftsteuerliche Gleichbehandlung von international fließenden Zinsen und Dividenden erreicht, so daß die Finanzierung der ausländischen Tochtergesellschaften vermehrt durch ökonomische Faktoren beeinflußbar wird[90] .

Auf die Erhebung einer Kapitalertragsteuer kann zumindest insoweit verzichtet werden, als diese die Funktion hat, begünstigende Ausländereffekte zu verhindern. Diesen Zweck erfüllt die Erhebung der Körperschaftsteuer nach einem Einheitssatz, der im gesamten Gebiet der Gemeinschaft nach Möglichkeit in derselben Höhe festzusetzen ist. Die innergemeinschaftliche auch grenzüberschreitende Anrechnung hat auf die Entstehung von Ausländereffekten unter dieser Voraussetzung keinen Einfluß; etwas anderes gilt jedoch für den Fall nennenswerter Unterschiede in den Steuersätzen. Sollte nämlich im Wohnsitzstaat eine niedrigere Besteuerung greifen als im Quellenstaat, so sinkt die Steuerbelastung einer Dividende nach Anrechnung im Sitzstaat des Anteilseigners auf ein niedrigeres Niveau als die der an einen solchen mit Wohnsitz im Quellenstaat fließende Dividende. Hieran könnte eine Quellensteuer indes nur etwas ändern, wenn sie im Wohnsitzstaat nicht anrechenbar wäre, was einen Rückschritt in den Bemühungen um eine Harmonisierung und Vereinfachung des Steuerrechts bedeutete. Unter der vorzuziehenden Prämisse angeglichener Steuersätze ist eine Kapitalertragsteuer auf Dividenden bei internationaler Anrechnung nicht erforderlich.

Im Verhältnis zu Drittstaaten braucht die nur im EG-Rahmen geltende grenzüberschreitende Vollanrechnung nicht zu einer Änderung der bestehenden Regelungen, insbesondere der DBA, zu führen. Die Trennung zwischen solchen Auslandseinkünften, die in die EG-An-

---

90 Eine nach Art. 11 Abs. 2 OECD-MDBA sowie auch in allen nicht-DBA-Fällen mögliche Quellensteuererhebung bleibt unberührt.

rechnung einzubeziehen sind und solchen, für die die im jeweiligen Sitzstaat von Muttergesellschaften oder anderen Anteilseignern bisher geltenden uni- oder bilateralen Maßnahmen zur Vermeidung der Doppelbesteuerung weitergelten, gestaltet sich durch die Möglichkeit der Aufteilung in belastete und unbelastete Eigenkapitalbestandteile unproblematisch.

Die Entlastung internationaler Dividendenflüsse innerhalb der EG mittels einer grenzüberschreitenden Anrechnung auf die Körperschaft- bzw. Einkommensteuer des Anteilseigners im (Wohn-) Sitzstaat durchzuführen, wäre nach den soeben gewonnenen Erkenntnissen eine gründliche und bei unterschiedlichen Besteuerungsniveaus auch gerechte Methode. Bei ihrer praktischen Durchführung ergibt sich jedoch der gravierende Nachteil, daß der jeweilige Wohnsitz- oder Sitzstaat ein etwaiges Guthaben zu erstatten hätte, wenn z.B. bei natürlichen Personen oder Personengesellschaften die individuelle Einkommensteuer niedriger liegt als die bereits gezahlte Körperschaftsteuer. Er hätte diese Erstattung ungeachtet des Umstandes vorzunehmen, daß er die diese verursachende Körperschaftsteuer gar nicht vereinnahmt hat. Es ist damit zu rechnen, daß sich die jeweiligen Wohnsitzstaaten dagegen wehren werden, in anderen Staaten entstandene Steuern anzurechnen, damit ihr Steueraufkommen schmälern zu lassen und den Quellenstaat zu "subventionieren"[91].

Um hier Abhilfe zu schaffen, wäre ein kompliziertes und bürokratisches Verfahren der Fiskalkompensation zwischen den einzelnen Ländern erforderlich. Ein solches "Clearingverfahren" wäre zudem kostenintensiv und langwierig und steht einem der mit einer angestrebten gesamteuropäischen Körperschaftsteuerreform verbundenen Ziele entgegen, nämlich der Steuervereinfachung. Ein solches Kompensationsverfahren kann also im Rahmen der Entwicklung eines idealen und in sich geschlossenen Steuersystems nicht als optimale, sondern allenfalls als zweitbeste Lösung gelten.

Darüber hinaus wären die zwischen den Mitgliedstaaten der Gemeinschaft bestehenden DBA dahingehend einer Revision zu unterziehen, daß nunmehr auch Schachteldividenden nicht mehr von der weiteren Besteuerung im Sitzstaat freizustellen sind. Sie sind vielmehr der tariflichen Besteuerung im Sitzstaat unter Anrechnung der ausländischen Körperschaftsteuer zu unterwerfen.

Nach Durchführung der Anrechnung und des Fiskalausgleichs zwi-

---

91 Vgl. Herzig, Norbert, a.a.O., S. 33.

schen den beteiligten Staaten würde die international geflossene Dividende nun die Steuer des Wohnsitzstaates des Anteilseigners tragen, mithin bei einer Weiterausschüttung durch die Muttergesellschaft an deren Gesellschafter exakt dessen individuelle Einkommensteuer. Hierin ist jedoch ein Fehler in der Systematik zu erblicken, der im Extremfall dazu führt, daß der Quellenstaat in seiner Eigenschaft als Sitz der Tochtergesellschaft praktisch nicht an der Körperschaftsteuer partizipiert. Neben den o.a. mehr technischen Einwänden ist dies ein weiterer Grund, nach einer Alternative zur grenzüberschreitenden Anrechnung zu suchen.

Diese Alternative kann in der bereits kurz erwähnten vollständigen Freistellung der Dividenden von jeder weiteren Besteuerung im Wohnsitzstaat des Anteilseigners und deren Behandlung als bereits versteuertes, d.h. tarifbelastetes Eigenkapital gesehen werden. Es soll nunmehr geklärt werden, wie sich dieses Verfahren hinsichtlich der Einzelaspekte der Zielsetzung verhält.

Die Neutralität hinsichtlich des importierten Kapitals bzw. der darauf entfallenden Dividenden ist unter den bereits bei der Erörterung der grenzüberschreitenden Anrechnung genannten Voraussetzungen gegeben. Das Verhältnis zu Drittstaaten wird solange nicht berührt, wie sich die steuerliche Behandlung in diesen bzw. nach den mit diesen abgeschlossenen DBA nicht ändert. Generell kann jedoch gesagt werden, daß im Falle des Vorhandenseins eines DBA mit Freistellung für Schachteldividenden im Wohnsitzstaat des Anteilseigners eine Neutralität gegeben ist, wenn die Steuertarife der involvierten Staaten nicht oder nicht wesentlich voneinander abweichen. Im Falle des Fehlens eines DBA kann auch hier eine Höherbesteuerung der in das Ausland fließenden Dividenden eintreten; dieser Besteuerungsunterschied tritt um so deutlicher zutage, wenn im Verkehr mit diesen Drittstaaten weiterhin eine Quellensteuer erhoben wird, und zwar dann auch im DBA-Fall.

Die Kapitalexportneutralität ist für EG-Staaten untereinander wiederum gegeben und im Verhältnis zu Drittstaaten außer von deren Besteuerung und dem zugrundeliegenden DBA davon abhängig, ob die auch Weiterausschüttungen einschließende Totalfreistellung auf Dividendenzahlungen aus diesen Ländern ausgedehnt wird. Ist dies der Fall, so kann bei etwa gleichen Besteuerungsniveaus unter Nichtbeachtung der Quellensteuer des Drittstaates eine Neutralität angenommen werden.

Die weiteren mit der Kapitalexportneutralität zusammenhängenden Faktoren, die gegenwärtig zu steuerinduzierten Verzerrungen führen, lassen sich auch mit dieser Methode beheben:

Eine Doppelbelastung bei Weiterausschüttung an Anteilseigner der inländischen Muttergesellschaft einer ausländischen Tochtergesellschaft tritt schon definitionsgemäß nicht ein, vielmehr sollen die mit ausländischer Steuer belasteten Beträge ohne jede weitere Belastung, also auch ohne eine Ausgleichsteuer, an die Anteilseigner ausgeschüttet werden können.

Da auch hier die nur einmalige Besteuerung der Kapitalerträge sichergestellt ist, besteht auch das Problem der Gesellschafter-Fremdfinanzierung nicht. Ebensowenig ist zu befürchten, daß zuwenig ausschüttungsfähiges Eigenkapital zur Verfügung steht, denn die bereits im Ausland mit der Tarifsteuer belasteten Beträge können ohne eine weitere Besteuerung für Ausschüttungen verwendet werden.

Die Notwendigkeit einer Kapitalertragsteuererhebung ergibt sich auch in diesem Falle nicht, weder für die zwischen Mitgliedsländern der Gemeinschaft fließenden Dividenden, noch für solche, die an in Drittstaaten ansässige Muttergesellschaften gezahlt werden.

Für den Fall der Einbeziehung von Dividenden, die aus Drittstaaten an innerhalb der EG ansässige Unternehmen (Muttergesellschaften) gezahlt werden, in die Totalfreistellung handelt es sich um eine Ausdehnung des DBA-Schachtelprivilegs auf Minderheitsbeteiligungen. Da die am OECD-Muster orientierten Abkommen andererseits im Regelfall der Minderheitsbeteiligung die Besteuerung von Dividenden im Wohnsitzstaat des Empfängers vorsehen[92], bedarf es insoweit einer Anpassung dieser Abkommen.

Bei Fehlen eines DBA käme es für die Bezieher solcher Dividenden mit Sitz in einem EG-Land zu einem Vorteil gegenüber der bisherigen Regelung, falls nicht ohnehin als unilaterale Maßnahmen zur Vermeidung der Doppelbesteuerung ein internationales Schachtelprivileg schon bisher[93] vorgesehen ist .

---

92 Vgl. Art. 10 Abs. 1 OECD-MDBA.

93 Dies ist innerhalb der EG z.Zt. in Belgien. Frankreich und den Niederlanden der Fall.

6.3.2.3.4 Lösungsvorschlag

Wie sich herausstellt, erfüllen beide Ansätze die wesentlichen Anforderungen hinsichtlich der Neutralität. Jedoch können bei der Anrechnungslösung zwei wesentliche Nachteile nicht übersehen werden, nämlich die Notwendigkeit einer sehr aufwendigen Fiskalkompensation und der o.a. Systemfehler. Diesen vermeidet die Freistellungslösung, indem sie die Dividenden mit der Steuer des Quellenstaates belastet läßt.

Gegenüber einer Anrechnung der Körperschaftsteuer über Grenzen hinweg hätte das Modell einen weiteren unbestreitbaren Vorteil: Bestehen in einem Land für bestimmte Unternehmen steuerliche Vergünstigungen oder Steuerfreiheiten, so müßten diese durch die Erhebung einer Ausgleichsteuer aufgehoben werden, wenn im Ausland eine Anrechnung erfolgen sollte. Auf diese Ausgleichsteuer kann bei Freistellung im Ausland verzichtet werden, so daß der gewollte Steuervorteil ohne administrativen Mehraufwand erhalten bliebe[94].

Da der individuelle Einkommensteuersatz der ausländischen Anteilseigner, soweit es sich um natürliche Personen handelt, häufig unter dem Körperschaftsteuersatz liegen wird, ergibt sich für diese insoweit ein Nachteil gegenüber einer grenzüberschreitenden Anrechnung, als diese im Ergebnis lediglich zu einer Belastung mit der persönlichen Einkommensteuer führt. Dieser Nachteil ist jedoch, verglichen mit einer ungemilderten Doppelbesteuerung und mit Blick auf die Aufkommenssicherung bei inländischen Gesellschaftern, als tragbar anzusehen und wird durch einen entsprechenden Vorteil relativiert, den Anteilseigner mit höherem Einkommensteuersatz erlangen. Angesichts der insbesondere wichtigen Mutter-Tochter-Beziehungen verliert dieses Problem jedoch erheblich an Bedeutung, da bei einem international einheitlichen Körperschaftsteuersatz für juristische Personen keine Vor- oder Nachteile entstehen. Besonders bemerkenswert ist der Umstand, daß ohne Heranziehung einer Kapitalertragsteuer sowohl ein Ausländereffekt weitestgehend vermieden werden als auch das Steueraufkommen der inländischen Steuerschuldner gesichert werden kann. Die These, daß zur Vermeidung des einen und zur Sicherstellung des anderen eine Quellensteuer unabdingbar sei[95], kann damit im EG-Rahmen als widerlegt angesehen werden.

94 Vgl. Andel, Norbert, a.a.O., S. 166.

95 Vgl. Höppner, Horst-Dieter, a.a.O., S. 143 (Zur QSt-Regelung im EG-Richtlinienentwurf zur Vereinheitlichung der Körperschaftsteuersysteme und der Quellensteuer auf Dividenden von 1975).

Zur Beantwortung der Frage, ob die vollständige Freistellung aller Auslandsdividenden von der weiteren Körperschaft- und Einkommensbesteuerung auch auf die aus Drittstaaten vereinnahmten Dividenden ausgedehnt werden soll, ist wesentlich auf die Praktikabilität abzustellen. So bedeutet eine Einbeziehung der Drittstaaten zunächst eine Vereinfachung, da praktisch alle aus dem Ausland eingehenden Dividenden dieselbe Behandlung erfahren. Ferner bedeutete ein Ausschluß der Drittstaatendividenden eine nicht zu rechtfertigende Diskriminierung dieser Zahlungen gegenüber denen aus dem EG-Raum; es käme dann weiterhin zu den angesprochenen negativen Auswirkungen auf die Zusammensetzung des verwendbaren Eigenkapitals sowie die Finanzierung der Auslandstöchter. Aus dieser Sicht kann also eine Einbeziehung der Drittstaatendividenden durchaus empfohlen werden, wenn damit auch langfristig die Überarbeitung der DBA verbunden ist, um eine Gegenseitigkeit zu erreichen.

Diese Gegenseitigkeit sollte auch aus der Überlegung heraus angestrebt werden, daß die in die Drittstaaten fließenden Dividenden nunmehr mit einer vielfach gegenüber den derzeitigen Tarifen erhöhten Definitiv-Körperschaftsteuer belastet sind. Hier wie auch im Fall der EG-Staaten untereinander müßten die Empfängerstaaten auf ihr Besteuerungsrecht verzichten. Während dies im EG-Rahmen organisatorisch noch relativ unproblematisch ist und etwa in Form einer gemeinsamen Erklärung stattfinden kann, stellt sich dasselbe Problem in der Beziehung zu Drittstaaten erheblich schwieriger dar. Wenn diese jeweils weiterhin von ihrem Recht Gebrauch machen, so werden die Gewinnausschüttungen entgegen der Absicht nach dem DBA doppelt besteuert.

Jedoch weist der Wissenschaftliche Beirat beim Bundesfinanzministerium[96] nach, daß im Falle eines an die heute innerhalb der EG geltenden niedrigeren Körperschaftsteuersätze angeglichenen Tarifs nur ohne Existenz eines DBA nennenswerte Mehrbelastungen auftreten.

Um dieses Problem bei einem vertretbaren Mehraufwand lösen zu können, ohne gleichzeitig für in den Drittstaaten ansässige Gesellschafter eine Quellensteuer mit den ihr eigenen Nachteilen einführen zu müssen, ist zu erwägen, ob die in diese Drittstaaten gehenden

96 Vgl. Wissenschaftlicher Beirat beim Bundesfinanzministerium (1987), a.a.O., S. 18 ff.

Dividenden mit einem teilweisen Erstattungsanspruch ausgestattet werden könnten[97]. Dieser müßte so bemessen sein, daß die bei Grenzübertritt auf der Dividende verbleibende Steuerlast die bisherige Körperschaftsteuer nicht übersteigt. Da die innerhalb der EG erhobene Körperschaftsteuer aufgrund fehlender Subjektidentität in Drittstaaten regelmäßig nicht auf die dortige Einkommen- oder Körperschaftsteuer anrechenbar ist, darf die auf internationalen Dividenden lastende Steuer keinesfalls dieselbe Höhe aufweisen wie z.Zt. Körperschaft- und Kapitalertragsteuer gemeinsam.

Der so entstehende administrative Aufwand ist geringer einzuschätzen als derjenige einer alternativ vorzusehenden Fiskalkompensation und wird dadurch minimiert, daß Schachteldividenden durch das regelmäßig in DBA vereinbarte Schachtelprivileg[98] ausgenommen sind. Zusammengenommen kann festgestellt werden, daß die Vorteile des vorgeschlagenen Modells die Nachteile überwiegen.

6.3.2.4 Zum Entlastungsverfahren

Nachdem die Frage des Umfangs einer Körperschaftsteuerentlastung ausgeschütteter Gewinne bereits dahingehend beantwortet ist, daß diese möglichst vollständig zu erfolgen hat und die Verträglichkeit einer solchen Vollentlastung mit den speziellen Problemen grenzüberschreitender Investitionen als gegeben angesehen werden kann, geht es nunmehr um den geeigneten Weg einer Dividendenentlastung.

Aus der Abwägung der Vor- und Nachteile der verschiedenen theoretisch möglichen Verfahren einer Vollentlastung[99] zeigt sich, daß deren teilweise gravierende Nachteile ihre Vorzüge überwiegen. Eine realistische Chance zur befriedigenden Durchführung der Dividendenentlastung bietet deswegen, soviel wird offenbar, nur ein Anrechnungsverfahren. Im Hinblick auf die wünschenswerte Vollentlastung muß es sich also um eine Vollanrechnung der auf den Dividenden lastenden Körperschaftsteuer auf die individuelle Einkommen-

---

97 Auch dieser Vorschlag ist bereits in der erwähnten Stellungnahme des Wiss. Beirats genannt worden, wobei auf die Gefahren einer internationalen Steuerumverteilung hingewiesen worden ist.

98 S. Art. 10 Abs. 1 OECD-MDBA sowie Wilke, Kay-Michael: Lehrbuch des Internationalen Steuerrechts, 2. Aufl., Herne/Berlin, 1985; S. 103.

99 S. dazu Abschn. 6.2 dieser Arbeit, insbesondere die Abschnitte 6.2.2 und 6.2.4.

oder Körperschaftsteuer des Anteilseigners handeln. Diese hat im Rahmen der Einbeziehung der Gewinnausschüttungen und des Körperschaftsteuer-Anrechnungsguthabens in das zu versteuernde Einkommen des Gesellschafters zu erfolgen.

In ihrem Entwurf für eine Angleichung der Körperschaftsteuersysteme innerhalb der Europäischen Gemeinschaft[100] von 1975 erachtet auch die EG-Kommission die Vollanrechnung im Prinzip als das in der Sache beste Verfahren. Daß sie dennoch nur eine Teilanrechnung vorschlägt, ist allein durch die vermeintliche Notwendigkeit zur Kompromißbildung, verursacht durch die befürchtete Nichtdurchsetzbarkeit eines Vollanrechnungssystems in allen Mitgliedstaaten, bedingt.

Demgegenüber hat bis heute, mehr als 15 Jahre nach der Vorlage des Richtlinienentwurfs, und da dieser von der EG-Kommission bereits wieder zurückgenommen worden ist, das Problem der politischen Durchsetzbarkeit eines Vollanrechnungssystems bei den Mitgliedstaaten wesentlich aus zwei Gründen deutlich an Gewicht verloren:

Der Einwand, daß eine Reform der Körperschaftsteuer mit dem Ziel der Einführung einer Vollanrechnung in vielen Staaten nicht aufkommensneutral durchführbar sei, sondern mit Steuermindereinnahmen zu rechnen sei, ist nicht haltbar. Die Körperschaftsteuertarife sind seit der Vorlage des Richtlinienentwurfs in allen EG-Staaten gesenkt worden. In denjenigen Fällen, in denen heute noch keine Vollentlastung der Dividenden stattfindet, ist also eine Kompensation der entstehenden Aufkommensminderung durch eine Anpassung der Tarifbelastung nach oben vertretbar.

Ein wesentlicher Nachteil jedes Anrechnungsverfahrens ist ohne Zweifel der im Vergleich zum "klassischen System" relativ hohe Verwaltungsaufwand, der erforderlich ist, um die Anrechnung durchzuführen. Dieser muß jedoch, unabhängig vom Verfahren, immer dann in Kauf genommen werden, wenn eine Vollentlastung erreicht werden und gleichzeitig keine Bevorzugung ausländischer Anteilseigner bewirkt werden soll. M.a.W.: Sobald eine Entlastung stattfinden soll, findet - außer beim Dividendenfreistellungsverfahren - immer eine Übertragung körperschaftsteuerlicher Sachverhalte des Unternehmens

100 Vgl. Kommission der Europäischen Gemeinschaften: Vorschlag einer Richtlinie des Rates zur Harmonisierung der Körperschaftsteuersysteme ..., a.a.O.

auf die einkommensteuerliche Ebene des Anteilseigners statt, so daß zwangsläufig ein technischer Mehraufwand akzeptiert werden muß. Auch unterscheidet sich die Zahl und die Komplexität der durchzuführenden Schritte bei einer Vollanrechnung nicht von denen bei einer Teilanrechnung, wie sie die Kommission seinerzeit vorgeschlagen hat. Somit wird sich in dieser Hinsicht für die meisten der betroffenen Staaten kein erheblicher Mehraufwand ergeben.

Ein anderer wichtiger Nachteil des Anrechnungsverfahrens, der ebenfalls ein technisches Hindernis darstellt, ist die Erfordernis einer Gliederungsrechnung des für Ausschüttungen verwendbaren Eigenkapitals oder einer vergleichbaren Einrichtung. Auf diese Weise wird sichergestellt, daß ausgeschüttete Gewinnteile immer mit dem für Ausschüttungen vorgesehenen Steuersatz belastet sind, um zu vermeiden, daß die Anrechnung einer möglicherweise nicht gezahlten Steuer zu ungerechtfertigten Vorteilen führt oder Ausschüttungen zu hoch belastet sind und dadurch die spätere Anrechnung zu gering ausfällt.

Durch diese Gliederungsrechnung kann eine bestimmte Ausschüttungsreihenfolge für die verschiedenen Bestandteile des verwendbaren Eigenkapitals in der Weise fingiert werden, daß die am höchsten belasteten Eigenkapitalteile zuerst ausgeschüttet werden. Zusammen mit dieser Verwendungsfiktion ist eine exakte Körperschaftsteuererhöhung oder -minderung möglich, so daß die Belastung jeweils auf Tarifniveau gebracht werden kann. Es wird so vermieden, daß Gewinnausschüttungen in verschiedener Höhe mit Körperschaftsteuer belastet sein können, was zur Folge hätte, daß die ausschüttende Gesellschaft u.U. Steuergutschriften auszustellen hätte, die die jeweiligen unterschiedlichen Belastungen anzeigen.

Die Gliederungsrechnung bildet so die Verbindung zwischen Gewinnen und Ausschüttungen und wird damit zu einer "zentralen Größe des Anrechnungsverfahrens"[101]. Insbesondere ist die Gliederungsrechnung oder eine sie ersetzende Einrichtung[102] dann unerläßlich, wenn ein Tarif mit gespaltenem Steuersatz zur Anwendung kommt. Auch

---

101 Maenner, Günter: Grundfragen des körperschaftsteuerlichen Anrechnungsverfahrens. Diss., München 1983; S. 45.

102 z. B. das von *Krebs* in die Diskussion gebrachte Körperschaftsteuer-Guthabenmodell. Vgl. Krebs, Hans-Joachim: Überlegungen zur Vereinfachung bzw. Abschaffung der Gliederungsrechnung für das verwendbare Eigenkapital im Rahmen des Körperschaftsteuergesetzes. Hamburg (Institut für Ausländisches und Internationales Finanz- und Steuerwesen, Reihe "Hefte zur internationalen Besteuerung", H. 26), 1987.

beim Einheitssatz besteht jedoch noch immer das Problem der Unterscheidung zwischen belasteten und unbelasteten Eigenkapitalteilen; letztere bestehen nicht nur aus dem Nominalkapital, sondern können auch Gewinne enthalten, die beispielsweise durch nationale Investitionsförderungsmaßnahmen steuerfrei gestellt worden sind. Ferner werden hier Beträge eingestellt, die bei der Aufteilung von Eigenkapitalteilen entstehen, die aus Vorjahren mit anderen als den aktuellen Steuersätzen belastet sind[103] (sog. Altrücklagen).

Um also einerseits Schwierigkeiten in der Übergangsphase zu vermeiden und andererseits nationale Steuervergünstigungen für strukturschwache Gebiete oder ähnliche Zwecke, wie sie z. B. in Irland verstärkt üblich sind, nicht in ihrer Wirkung zu beschränken, ist sicherzustellen, daß erstens die sog. Altrücklagen eine geeignete Aufteilung und damit Fortführung erfahren und zweitens die unbelasteten Eigenkapitalteile aufgeteilt werden in solche, die bei einer Ausschüttung nachzuversteuern sind und andere, bei denen dies nicht der Fall ist.

Da es im Interesse der Praktikabilität liegt, diese Gliederungsrechnung möglichst unkompliziert zu gestalten, ist hierin neben den o.a. auslandsbezogenen Sachverhalten ein weiterer Grund für eine einfache Tarifgestaltung zu sehen.

Da unter den oben bereits dargelegten Bedingungen sowohl mit Blick auf die ausländischen Anteilseigner als auch hinsichtlich der Aufkommenssicherung auf die Tarifspaltung verzichtet werden kann, soll an dieser Stelle für einen Einheitstarif ohne Unterscheidung zwischen einbehaltenen und ausgeschütteten Gewinnen plädiert werden.

Zur Frage der Tarifhöhe ist bereits gesagt worden, daß diese sich weitgehend an den Einkommensteuer-Spitzensätzen in der Gemeinschaft zu orientieren hat. Da diese aber sehr weit auseinanderfallen, wird um so mehr offensichtlich, daß eine weitgehende körperschaftsteuerliche Systemharmonisierung nicht nur auch die Angleichung der Bemessungsgrundlagen, sondern zudem insbesondere der übrigen für die Unternehmensbesteuerung relevanten direkten Steuern voraussetzt; im

---

103 Bei Aufteilung eines EK-Teils, der höher als mit dem aktuellen KSt-(Einheits-)Satz belastet ist, entsteht nach dem z. Zt. in Deutschland geltenden Schema ein negatives EK 01; bei der Aufteilung von geringer belasteten EK-Teilen ein positives EK 01. - Vgl. Wittstock, Wilfried; Klein, Hans-Dieter: Körperschaftsteuerliche Tarifabsenkung und Ausschüttungspolitik nach dem StRefG 1990. In: DStR 1989, H. 6, S. 155 - 159.

vorliegenden Zusammenhang sei ganz besonders auf die Einkommensteuer verwiesen.

Ein Vergleich der einzelstaatlichen Einkommen- und Körperschaftsteuertarife[104] zeigt, daß die Körperschaftsteuersätze meist zwischen 35 % und 50 % und damit bereits heute in fast allen Fällen im oberen Mittelfeld bzw. nahe am Spitzensatz des Einkommensteuertarifs liegen. In diesen Fällen wäre ein proportionaler Einheitstarif von ca. 43% bei gleichzeitiger Einführung der Vollanrechnung weder für den Fiskus noch für ein Wirtschaftssubjekt nachteilig.

Für die abweichenden Fälle gilt folgendes:

Im Fall Spaniens liegt der Körperschaftsteuersatz z.Zt. bei 35% und damit am unteren Ende der Skala der Einkommensteuer. Hier brächte eine Anhebung um 8 Prozentpunkte allenfalls eine Verbesserung der Situation im Hinblick auf die Erklärung der Dividendeneinkünfte. Da in Spanien jedoch auch lokale und regionale Steuern die Unternehmen belasten, müßte in diesem Fall eine allgemeine strukturelle Anpassung vorgenommen werden, um eine deutliche Mehrbelastung der Unternehmen zu umgehen.

Für Luxemburg und die Niederlande wäre zwar eine deutliche Erhöhung des Körperschaftsteuersatzes erforderlich. Da diese Länder jedoch bisher als einzige keine Entlastung der Dividenden gewähren, würde durch die Einführung dieser Entlastung die Gesamtbelastung der Unternehmen und Gesellschafter etwa ausgeglichen.

Die in Großbritannien und Portugal erforderlich werdenden Tariferhöhungen führen dazu, daß hier zukünftig der Körperschaftsteuersatz - vorausgesetzt, die Einkommensteuer wird nicht angeglichen - über dem Einkommensteuerspitzensatz liegen wird. Die Differenz macht bei einem Tarif von 43% in Großbritannien drei, in Portugal hingegen acht Prozentpunkte aus. Gleichzeitig jedoch werden die Anteilseigner durch die Vollanrechnung einen Vorteil gegenüber dem geltenden Recht erhalten.

Um der Angleichung der Wettbewerbschancen willen muß dieser Mangel vorübergehend - bis zu einer Harmonisierung auch der Einkommensteuern - hingenommen werden. Darüber hinaus kann im

104 Vgl. dazu wiederum Tabelle 3 im Anhang

Rahmen einer Übergangsregelung für den Fall Portugals eine begrenzte Zeit ein niedrigerer Satz von etwa 40% mit der Begründung akzeptiert werden, daß es sich um ein besonders strukturschwaches Land handelt.

Die Wirkung eines Steuersatzes, der unterhalb des Einkommensteuer-Spitzensatzes angesiedelt ist, hinsichtlich der Rechtsformneutralität ist bereits angesprochen worden. Dieser Mangel kann dadurch, daß die durchschnittliche Einkommensteuerbelastung eines Individuums den Spitzen-Grenzsteuersatz niemals erreicht, getragen werden und wird ferner durch den Umstand gemildert, daß der angestrebte KSt-Satz für die meisten EG-Staaten nur geringfügig unterhalb des Spitzensatzes der Einkommensteuer liegt[105].

Mit dem Votum für einen proportionalen Einheitstarif ist die Möglichkeit eines progressiven Tarifverlaufes bereits ausgeschlossen worden. Dieser Vorschlag ist schon gelegentlich diskutiert worden[106], jedoch bisher immer mit negativem Ergebnis. Dies liegt daran, daß ein progressiver Körperschaftsteuertarif mit dem absoluten Gewinn als alleinigem Maßstab (Bemessungsgrundlage) das Prinzip der Besteuerung nach der wirtschaftlichen Leistungsfähigkeit verletzt, indem eine absolute Ergebnisgröße unabhängig von der Höhe des zu deren Erwirtschaftung eingesetzten Kapitals besteuert würde. Zur Ausräumung dieses Fehlers bedürfe es also der Besteuerung des Ergebnisses mit einem nach Rentabilitätsgrad progressiv gestaffelten Tarif[107].

Wäre dies, abgesehen von der damit verbundenen Verkomplizierung des Systems, noch relativ unproblematisch, so ist ein progressiver Körperschaftsteuertarif mit einer Anrechnung der auf den ausgeschütteten Gewinnen lastenden Steuer in der Sphäre der Anteilseigner nicht zu vereinbaren. Hierbei träte nämlich die Komplikation auf, daß es keinen festen Tarifsteuersatz gäbe, mit dem eine Dividende belastet wäre und insofern auch keine feste Verhältniszahl, bezogen auf die Brutto- oder Bardividende, für ein Anrechnungsguthaben zur

---

105 In ähnlicher Weise äußert sich neben dem Wissenschaftlichen Beirat beim Bundesfinanzministerium (Stellungnahme ..., a.a.O.) auch Leibfritz, Willi: Unternehmensteuerreform: Ein Überblick über Ziele, Probleme und Möglichkeiten. In: Ifo-Schnelldienst, 42. Jg. (1989), H. 12/13, S. 22 - 33.

106 Vgl. z.B. Neumark, Fritz: Probleme der Steuerprogression. In: Ders. (Hrsg.): Finanz- und Wirtschaftsprobleme des Interventionsstaates. Tübingen, 1961; S. 369 - 390 (hier: S. 379).

107 Eine solche Rentabilitätsbesteuerung findet in der Schweiz statt; hier gibt es allerdings kein Anrechnungsverfahren.

Verfügung stünde. Infolgedessen müßten, abhängig von der tatsächlich absolut gezahlten Steuer und dem absoluten Gewinn, für jeden einzelnen Anteilseigner jährlich wechselnde Steuergutschriften berechnet werden. Ein derartiges Verfahren ist insbesondere bei Publikumsgesellschaften nicht praktizierbar.

Zusätzlich zu diesen Schwächen wohnt der Progression beim Körperschaftsteuertarif, der ja praktisch ausschließlich Gewerbebetriebe betrifft, die Tendenz zur gezielten Ergebnisverlagerung inne. Diese hat zum Ziel, die Periodenergebnisse annähernd auf gleichem Niveau zu halten, um größere Ausschläge der Steuerprogression nach oben zu vermeiden. Ein progressiver Tarif würde also eine dementsprechende Bilanzpolitik fördern.

Ein weiterer nicht zu übersehender Nachteil der körperschaftsteuerlichen Progression ist die dann nicht mehr gegebene direkte Bindung an die obere Tarifregion der Einkommensteuer. Es gäbe lediglich entweder die Möglichkeit, die höchste Körperschaftsteuer-Progressionsstufe mit der höchsten Einkommensteuer-Progressionsstufe gleichzusetzen oder mit der körperschaftsteuerlichen Progression dort zu beginnen, wo die der Einkommensteuer endet.

Zum ersten Fall: Hiermit käme man der Rechtsformneutralität wahrscheinlich am nächsten. Dennoch muß befürchtet werden, daß Bezieher von Dividenden aus relativ unrentablen Unternehmen, auf denen also eine vergleichsweise geringe Körperschaftsteuer liegt, diese Einkünfte dann nicht erklären, wenn ihr individueller Einkommensteuersatz deutlich über der auf den Dividenden lastenden Steuer liegt.

Im zweiten Fall würden zwar sämtliche Dividendeneinkünfte erklärt, weil immer eine Erstattung zu erwarten wäre. Doch liegt der Nachteil nun in der weit verfehlten Rechtsformneutralität. Es ist damit offenkundig, daß eine Progression im Körperschaftsteuertarif im Zusammenhang mit einem Anrechnungsverfahren nicht zum Ziel einer leistungsgerechten, gleichmäßigen und neutralen Besteuerung beitragen kann.

Zusammenfassend sei kurz resümiert, wie der hier geäußerte Vorschlag den Anforderungen an ein körperschaftsteuerliches Idealsystem gerecht wird:

Die **Rechtsformneutralität** kann als erreicht angesehen werden, da ausgeschüttete Gewinne von Kapitalgesellschaften in derselben Höhe wie diejenigen der Personengesellschaften besteuert werden und einbehaltene Gewinne unter Berücksichtigung der einkommensteuerlichen Progression dann gleich besteuert werden, wenn, wie vorgeschlagen, der körperschaftsteuerliche Einheitssatz knapp unter dem Einkommensteuer-Spitzensatz liegt.

Hinsichtlich der **Finanzierungsneutralität** tritt mit der Vollentlastung der Gewinnausschüttungen eine Verbesserung gegenüber der Nicht- oder Teilentlastung ein, da nunmehr sichergestellt ist, daß die Verzinsung des Eigenkapitals körperschaftsteuerlich nicht mehr gegenüber der des Fremdkapitals diskriminiert wird. Dies darf nicht darüber hinwegtäuschen, daß im Rahmen anderer Ertrag- und insbesondere ertragsunabhängiger Steuern Diskriminierungen weiterhin bestehenbleiben.

Die körperschaftsteuerliche Gleichbehandlung einbehaltener und ausgeschütteter Gewinne, die **Gewinnverwendungsneutralität**, ist, wie im übrigen auch die Erreichung der Rechtsformneutralität, von der persönlichen Einkommensbesteuerung des Anteilseigners abhängig. Sie wird im Rahmen des Vollanrechnungssystems mit Einheitstarif aber mit Sicherheit in höherem Grade erreicht als bei jeder Körperschaftsteuer, die mit einer nur teilweisen Entlastung der Gewinnausschüttungen arbeitet. Wie bereits ausgeführt, wird eine exakte Gewinnverwendungsneutralität nur in wenigen Fällen zu erreichen sein. Dies trifft einmal für die Anwendung des Schütt-aus-hol-zurück-Verfahrens zu und zum zweiten bei Anteilseignern, deren persönliche Einkommensteuerbelastung dem Körperschaftsteuer-(Thesaurierungs-) satz entspricht.

Aufgrund des einheitlichen Körperschaftsteuersatzes, der wenig unterhalb des Spitzensatzes der Einkommensteuer angesiedelt sein soll, kann es vereinzelt zu **Interessengegensätzen** zwischen verschiedenen Gruppen von Anteilseignern kommen. Während der "durchschnittliche" Aktionär mit mittlerem Einkommen aufgrund der Vollanrechnung indifferent ist oder wegen persönlicher Liquiditätspräferenz zu Ausschüttungen neigt, wird ein Anteilseigner mit sehr hohem Einkommen, dessen Durchschnittssteuersatz den maximalen Grenzsteuersatz der Einkommensteuer nahezu erreicht, für Thesaurierungen plädieren. Auf diese Weise werden seine Gewinnanteile lediglich mit der Körperschaftsteuer in Höhe von ca. 43 % belastet und tragen zu einer mittelfristig steuerfrei zu realisierenden Wertsteigerung der Anteile bei, während er im Falle der Ausschüttung eine höhere Einkommensteuer zu entrichten hätte.

Dieser Mangel muß jedoch mit Blick auf eine durch die vorgeschlagene Lösung zu erreichende breitere Streuung des Aktienkapitals und auch die Durchsetzungsfähigkeit des Reformvorschlages in Kauf genommen werden. Eine Tarifdifferenzierung hätte weitere technische Komplizierungen, auch hinsichtlich der Eigenkapitalgliederung, zur Folge und wäre insofern mit großer Wahrscheinlichkeit chancenlos. Im vorliegenden Fall kann hingegen von einer innerhalb der Europäischen Gemeinschaft relativ hohen Akzeptanz ausgegangen werden, da, wie bereits erwähnt, Aufkommensminderungen sich in engen Grenzen halten werden und der technische Aufwand in denjenigen Ländern, die auch heute schon ein Voll- oder Teilentlastungssystem unterhalten, nur geringfügig steigen wird.

Im Hinblick auf die Einpassung der Körperschaftsteuer in das **steuerliche Gesamtsystem** wird es größtenteils keine Probleme geben, da sämtliche EG-Staaten über eine eigenständige Ertragsbesteuerung juristischer Personen verfügen. Wie bereits erwähnt, wird eine echte Harmonisierung und damit Angleichung der Wettbewerbsbedingungen ohnehin nur dann stattfinden können, wenn auch andere direkte Steuern und deren Bemessungsgrundlagen angeglichen werden.

Die Einführung der Vollanrechnung stellt in keinem Fall eine Systemwidrigkeit dar.

6.3.3 Behandlung verbundener Unternehmen

Hinsichtlich der körperschaftsteuerlichen Behandlung der Konzerne sind zwei Hauptfragen zu beantworten:

1. Ist eine Sonderbehandlung verbundener Unternehmen erforderlich oder wünschenswert?
2. Wie kann ggf. eine Regelung aussehen, die steuersystematischen wie auch praktischen Anforderungen gerecht wird?

Zur ersten Frage: Ziele einer besonderen Behandlung von verbundenen Unternehmen sind neben dem Ausschluß von Mehrfachbelastungen der Gewinne - und hierbei insbesondere der Ausschüttungen - die Verrechnung von Gewinnen und Verlusten im Konzern[108] und die Ver-

---

108 Vgl. Bundesregierung: Entwurf eines Dritten Steuerreformgesetzes (BT-Drucksache 7/1470), Anmerkungen zur Organschaft (S. 347 ff.).

einfachung des Verfahrens der Konzernbesteuerung.

Mit Blick auf das angestrebte Vollanrechnungsverfahren kann von vornherein festgestellt werden, daß eine besondere Konzernbesteuerung zur Gewährleistung der nur einmaligen Gewinnbesteuerung nicht notwendig ist. Das bedeutet, daß insoweit die Gleichmäßigkeit der Besteuerung auch ohne Sonderregelungen gewährleistet ist.

Jedoch ist neben der bloßen Körperschaftsteueranrechnung die Möglichkeit der Übertragung von Gewinnen und Verlusten innerhalb des Konzerns zu sehen. Sie dient der Ansammlung der Ergebnisse aller Konzernunternehmen bei der Obergesellschaft und bewirkt damit die Gleichstellung der Konzerne mit solchen Unternehmen, die nicht in Form mehrerer rechtlich selbständiger, untereinander kapitalmäßig verflochtener Gesellschaften organisiert sind (Einheitsunternehmen).

Eine Veränderung des Gesamtergebnisses ist damit regelmäßig nicht verbunden. Bei der Betrachtung über mehrere Perioden (im Extremfall als Totalperiode) ergibt sich auch keine Steuermehr- oder minderzahlung für den Gesamtkonzern gegenüber dem Zustand ohne direkte Verrechnungsmöglichkeit, wenn vorausgesetzt wird, daß entstehende Verluste in späteren Perioden durch Gewinne ausgeglichen werden.

Es kann jedoch vorkommen, daß ein Unternehmen des Konzerns von seiner Gründung bis zur Liquidation keinen Gewinn erzielt, während die Muttergesellschaft gleichzeitig positive Ergebnisse aufweist. In diesem Fall wäre der interperiodische Verlustausgleich nicht möglich. Damit hätte dieser Konzern ohne die Ergebnisübertragung zwischen Konzerngesellschaften gegenüber einem vergleichbaren Einheitsunternehmen einen Nachteil: Die Muttergesellschaft hätte die volle Steuerlast auf ihre Gewinne zu tragen, während das Einheitsunternehmen Ergebnisse verschiedener Betriebstätten, Geschäftszweige oder Sparten ausgleicht. - Bei dieser Konstellation tritt über alle betrachteten Perioden durch die steuerlich wirksame Ergebnisübertragung im Konzern auch eine Steuerminderzahlung gegenüber der getrennten Besteuerung der Konzernunternehmen ein.

Ein gewisser Zwang zur Einführung solcher Maßnahmen kann darin gesehen werden, daß innerhalb der Europäischen Gemeinschaft eine eindeutige Tendenz in diese Richtung besteht. In neun der zwölf Staaten (die Ausnahmen sind Belgien, Griechenland und Italien) gibt es gegenwärtig gesetzliche Regelungen zur Konzernbesteuerung in verschiedenen Ausprägungen, wobei hierunter auch die britische Group Taxation und die deutsche körperschaftsteuerliche Organschaft zusammengefaßt sind. Im Ergebnis ist allen diesen Verfahren gemein, daß sie die ertragsteuerliche Behandlung des Konzerns der des Einheitsunternehmens annähern. Sie gehen dabei jedoch verschieden weit: Während in Deutschland und ähnlich in Frankreich die Ergebnisse der Konzernunternehmen bei der Muttergesellschaft bzw. dem herrschenden Unternehmen zusammengefaßt werden, kennt das niederländische, aber auch das dänische Recht die Einheitsbesteuerung, die, vergröbert, sämtliche Konzernunternehmen als eine Einheit betrachtet und damit bei der Ergebnisermittlung auch Zwischengewinne eliminiert[109]. Im folgenden sollen alle angesprochenen Verfahren unter dem Begriff "Einheitsbesteuerung" subsumiert werden.

Das körperschaftsteuerliche Rechtsinstitut des Schachtelprivilegs braucht an dieser Stelle nicht diskutiert zu werden, da es mit der Einführung der Vollanrechnung obsolet wird. Zudem ist es kein Instrument der Einheitsbesteuerung, da es lediglich dazu dient, innerhalb des Konzerns fließende Dividenden zu begünstigen.

Als Zwischenergebnis kann also festgehalten werden, daß körperschaftsteuerliche Sonderbehandlungen für verbundene Unternehmen weder aus steuer- oder rechtssystematischen Gründen, noch aufgrund möglicherweise zu beseitigender Doppelbelastungen an sich erforderlich sind, eine Hinwendung dazu aber international zu beobachten ist.

Bei der Beurteilung der Frage, ob eine Einheitsbesteuerung möglicherweise aus anderen als den o.a. Gründen wünschenswert sein kann, ist auf die Vor- und Nachteile ihrer Wirkung abzustellen. Für die Einräumung einer Möglichkeit zur Einheitsbesteuerung spricht dabei besonders, daß damit in den Fällen, in denen zwischen verbundenen Unternehmen Ergebnisabführungsverträge bestehen, nunmehr auch steuerlich eine diesem handelsrechtlichen Instrument entsprechende Behandlung ermöglicht würde. Insoweit wäre das Ziel "Einheit der Rechtsordnung" zu einem höheren Grad erreicht, auch eingedenk der Tatsache, daß die nicht abgeführten Gewinnteile ebenfalls der Einheitsbesteuerung unterlägen.

---

109 Vgl. Beusch, Karl: Die Besteuerung der Konzerne als wirtschaftliche Einheit in internationaler Sicht - Ein Überblick. In: Jakobs, Horst-Heinrich; Knobbe-Keuk, Brigitte (Hrsg.): Festschrift für Werner Flume zum 70. Geburtstag, Bd. 2, Köln, 1978, S. 21 - 42 (hier: S. 25 u. 33 ff).

Gleichzeitig spricht aber die Systematik auch gegen die Einheitsbesteuerung, da, in welcher der bereits genannten Formen man sie auch verwirklicht, immer eine "Verschiebung"[110] des Steuerobjektes zwischen verschiedenen Subjekten stattfindet. In jedem Falle wird die Obergesellschaft de facto[111] zum alleinigen Subjekt der Körperschaftsteuer, dem das Einkommen der verbundenen Unternehmen zugerechnet[112] oder das als Einheitsunternehmen mit verschiedenen Betriebstätten angenommen wird; als letztere werden die untergeordneten Unternehmen fingiert. Will man das eine erreichen, so muß notwendigerweise das andere in Kauf genommen werden, denn die Grundlage des Gedankens der Einheitsbesteuerung ist die Zusammenfassung mehrerer Unternehmen unter einheitlicher Leitung, so daß die Tochterunternehmen als Produktionsstätten der Obergesellschaft angesehen werden können.

Eine Wirkung der Konzern-Einheitsbesteuerung, die nicht beabsichtigt sein kann, ist die Förderung der wirtschaftlichen Konzentration dadurch, daß Konzernaktivitäten steuerlich anscheinend günstiger behandelt werden als diejenigen kleinerer Einzel-Unternehmen. Eine Privilegierung der Konzerne tritt jedoch insoweit nicht ein, als langfristig die Summen der Steuerzahlungen nicht voneinander abweichen.

Beispielhaft sollen jeweils zwei Unternehmen gegenübergestellt werden, einmal verbundene und einheitlich besteuerte, zum anderen zwei unabhängig voneinander besteuerte Unternehmen. Jeweils eines der Unternehmen erwirtschafte für eine Periode einen Verlust, das andere einen Gewinn, beides jeweils in gleicher Höhe. Während im Konzernfall Gewinn und Verlust unmittelbar gegeneinander ausgeglichen werden können und somit bei dem mit Gewinn arbeitenden Unternehmen eine geringere Steuerzahlung eintritt als in dem Fall der vollen Versteuerung dieses Gewinns, hat das nicht konzerngebundene Unternehmen diese Steuerlast voll zu tragen, während das zweite konzernunabhängige Unternehmen durch Verluste keine Körperschaft-

---

110 Tipke/Lang, Steuerrecht, a.a.O., S. 420 - hier im Zusammenhang mit der Organschaft, für die der Begriff "schieben" eher zulässig ist als für die "echte" Einheitsbesteuerung, da Voraussetzung für die körperschaftsteuerliche Organschaft ein Ergebnisabführungsvertrag ist (vgl. § 14 KStG) und insofern ein tatsächlicher Ergebnistransfer stattfindet.

111 De jure ist dies nicht der Fall, solange lediglich eine Zurechnung des Einkommens der nachgeordneten Unternehmen auf die Obergesellschaft stattfindet. - Vgl. Tipke/Lang, ebenda.

112 Vgl. Wissenschaftlicher Beirat beim Bundesfinanzministerium: Gutachten (1967), a.a.O., S. 53.

steuer zahlt. Sobald jedoch die (ehemals) verlustträchtigen Unternehmen wieder Gewinne erbringen, findet der Ausgleich statt, wenn Verlustvorträge das zu versteuernde Einkommen des konzernunabhängigen Unternehmens mindern. Währenddessen hat das früher verlustreiche Konzernunternehmen (auf dem Wege über die Einheitsbesteuerung) seine Gewinne wieder vollen Umfangs zu versteuern. Die Summen der Steuerzahlungen entsprechen einander. Unbestreitbar ist allerdings, daß für den Konzern ein Zinsvorteil eintritt, indem hier durch die Übertragung von Verlusten innerhalb des Konzerns sofort Steuerminderzahlungen eintreten.

Hierin liegt jedoch nicht das Hauptmotiv für die Bildung von Unternehmenszusammenschlüssen. Vielmehr werden diese durch die Aussicht auf Ausübung unternehmerischen Einflusses auf das untergeordnete Unternehmen von Seiten des herrschenden Unternehmens verursacht, um somit unmittelbar am Markt wirksame Wettbewerbsvorteile zu erzielen. Die Besteuerungsvorteile sind kein oberstes Entscheidungskriterium, so daß die Unternehmenskonzentration auch ohne Einheitsbesteuerung der Konzerne stattfinden würde.

Zwar ergibt sich auch aus den bisherigen Ausführungen noch nicht der dringende Wunsch nach einer Einheitsbesteuerung, wenngleich sie auch keine wesentlichen negativen Aspekte aufweist, die unbedingt gegen ihre Einführung bzw. Beibehaltung sprächen. Jedoch ist für die weitere Beurteilung auch von Bedeutung, daß sich der europäische Raum mit anderen Industrieräumen, insbesondere Nordamerika und Fernost, im Wettbewerb befindet. Hierbei ist insbesondere die in den USA[113] angewandte Regelung zur Konzernbesteuerung hervorzuheben. Deren Wirkung auf die Ertragskraft ist zwar auch unter Einschluß des o.a. Zinseffektes als unbedeutend anzusehen, doch verstärkt dieser Umstand das Bild von der international vorherrschenden Tendenz in diese Richtung.

Es stellt sich nunmehr die Frage, ob eine Konzern- oder Einheitsbesteuerung im Hinblick auf die Neutralitätserfordernisse erwünscht ist, sich indifferent verhält oder eher schädlich wirkt.

Der Rechtsformneutralität kann eine Einheitsbesteuerung eines aus Kapitalgesellschaften bestehenden Konzerns insofern förderlich sein, als eine imaginäre Gruppe aus Personenunternehmen ebenfalls ein-

---

113 Es gibt dort eine sog. konsolidierte Besteuerung unter Eliminierung von Zwischengewinnen. Vgl. sec. 1501 ff. IRC.

heitlich besteuert wird, soweit die Gesellschafter der Obergesellschaft dieselben sind wie die der Tochterunternehmen. Sind an den untergeordneten Gesellschaften weitere Gesellschafter beteiligt, so ergibt sich ein ähnliches Problem wie im Konzern aus Kapitalgesellschaften, welches hier mit einer geeigneten Versteuerung etwaiger Ausgleichszahlungen an außenstehende Gesellschafter und dort im Rahmen der einheitlichen und gesonderten Gewinnfeststellung gelöst werden muß. Wird im Rahmen der Einheitsbesteuerung die Möglichkeit eingeräumt, auch eine Personengesellschaft als herrschendes Unternehmen zuzulassen und bei dieser die Einkünfte zusammenzufassen, so sind aus dem Blickwinkel der Rechtsformneutralität keine Bedenken dagegen zu äußern.

Gewinnverwendungsneutral verhält sich eine Einheitsbesteuerung nur dann, wenn sie die Geschäftsleitungen der Konzernunternehmen hinsichtlich der Ergebnisverwendung nicht bindet. Dies ist bei einer "vollkommenen" Einheitsbesteuerung unter Einschluß auch der thesaurierten Gewinne der Tochterunternehmen, etwa nach dem Beispiel der Niederlande, gegeben; hier werden, wie geschildert, die Ergebnisse aller Konzernunternehmen unabhängig von deren Verwendung so zusammengefaßt, als handele es sich um ein Einheitsunternehmen. Im Fall der Organschaft des deutschen Körperschaftsteuerrechts erfolgt die Zurechnung der Ergebnisse der Tochtergesellschaften auf die Muttergesellschaft aufgrund eines Ergebnisabführungsvertrages; dadurch ist die Ausschüttung des gesamten Gewinns mit Ausnahme der in § 300 Aktiengesetz genannten Beträge Voraussetzung für die organschaftliche Besteuerung. Damit ist die Gewinnverwendung bei den Tochtergesellschaften vorgegeben.

Soweit eine Pflicht zur Ergebnisabführung besteht, ist ferner dafür Sorge zu tragen, daß die an die außenstehenden Aktionäre geleisteten Ausgleichszahlungen bei der diese Zahlungen leistenden Tochtergesellschaft versteuert werden, denn da auch sie beim Empfänger als Dividenden gelten und insofern zur Körperschaftsteueranrechnung berechtigen, würde anderenfalls eine nicht gezahlte Steuer angerechnet und ggf. erstattet.

Gewinnverwendungsneutral verhielte sich also nur eine echte Einheitsbesteuerung.

Eine Wirkung auf die Unternehmensfinanzierung ist von einer Einheitsbesteuerung ebenfalls insoweit zu befürchten, als - und hier gilt das für die Gewinnverwendung Gesagte - ein Ergebnisabführungsvertrag die Voraussetzung bildet. Durch den Zwang zur Abführung der Gewinne besteht die Gefahr der Einschränkung der Selbstfinanzierung. Demgegenüber ist es jedoch so, daß ein Gewinnabführungsvertrag nicht nur deswegen geschlossen wird, um in der Folge die Konzernbesteuerung in Anspruch nehmen zu können, sondern vielmehr aus anderen ökonomischen Gründen, namentlich der Gewinnmaximierung der Obergesellschaft. Dennoch spricht dieser Umstand dafür, im Zweifel im Rahmen einer Einheitsbesteuerung einen Weg zu suchen, bei dem auf die Voraussetzung des Ergebnisabführungsvertrages verzichtet werden kann.

Die bisher in Europa existierenden Modelle der Konzernbesteuerung werden meist nur national eingesetzt. Realistischerweise kann eine Einheitsbesteuerung über Staatsgrenzen hinweg jedoch bei vereinheitlichtem Körperschaftsteuersystem innerhalb der EG nicht vorgeschlagen werden, da es dazu einer aufwendigen Fiskalkompensation und Aufteilung der entstehenden Körperschaftsteueransprüche unter den beteiligten Ländern bedarf. Würden international alle in einem Konzern zusammengefaßten Unternehmen als ein einheitliches Unternehmen besteuert, so brächte schon die Suche nach einem Modus zur Aufteilung der Gewinne auf die verschiedenen Länder größere Probleme mit sich, die nach den Erfahrungen z.B. mit der unitary taxation[114] und im Hinblick auf die Realisierung des gemeinsamen Körperschaftsteuersystems innerhalb einer angemessenen Zeit vermieden werden sollten.

Aus dem Vorerwähnten ergibt sich der Schluß, daß für Maßnahmen zur Einheitsbesteuerung von Konzernen im nationalen Bereich keine unmittelbare Notwendigkeit besteht, solange sichergestellt ist, daß Gewinnausschüttungen im Konzern durch ein Anrechnungsverfahren nur einfach mit Körperschaftsteuer belastet sind. Ihre Nachteile sind aber auch nicht so gravierend, als daß davon dringend abzuraten wäre. Da darüber hinaus international eine deutliche Tendenz zugunsten der Gewährung einer Einheitsbesteuerung zu erkennen ist und sie außerdem technische Vereinfachungen sowohl bei den betroffenen Unternehmen als auch in der Finanzverwaltung zur Folge hat, ist es sinnvoll, ein entsprechendes Instrument in das harmonisierte Körperschaftsteuersystem einzufügen.

Zur Beantwortung der zweiten eingangs gestellten Frage nach der

114 Vgl. z.B. Mössner, Jörg-M., a.a.O., S. 212.

näheren Ausgestaltung eines solchen Instruments kann als Resultat dieser Erörterungen festgehalten werden, daß die steuersystembezogenen Nachteile der "echten" Einheitsbesteuerung, d.h. der steuerlichen Behandlung von Tochtergesellschaften als Betriebstätten des Mutterunternehmens, und der Zurechnungsmethode, d.h. Zurechnung der getrennt ermittelten Gewinne aller Konzerngesellschaften auf die Muttergesellschaft, etwa gleich schwerwiegend sind. Unter diesem Aspekt ist der Einheitslösung gegenüber der Zurechnungslösung der Vorzug zu geben, da diese die Neutralitätserfordernisse besser zu erfüllen in der Lage ist. Hinzu kommt - dies ist für sich genommen indessen kein Argument für die Einheitsbesteuerung, sondern erleichtert lediglich die Entscheidung zu ihren Gunsten -, daß sie bereits weiter verbreitet ist als die Zurechnungslösung und damit für sie größere Chancen zur Durchsetzung auf politischer Ebene bestehen.

Um die Entstehung neuer Divergenzen auszuschließen, ist den Mitgliedstaaten die Einführung der Einheitsbesteuerung verbindlich vorzuschreiben und der Spielraum bei der Ausgestaltung relativ gering zu halten. Dies hat insbesondere Bedeutung hinsichtlich der Beteiligungshöhe, ab derer die Einheitsbesteuerung eingreifen kann. Wenn auch, wie ausgeführt, der Einfluß dieser Vorschrift auf Investitions- und Standortentscheidungen relativ gering einzuschätzen ist, ist es ein Gebot der Konsequenz, auch hier noch mögliche Einflüsse auf den Wettbewerb auszuschließen. Der komplette Neuentwurf eines europäischen Körperschaftsteuersystems bietet hierzu die geeignete Gelegenheit.

Da in keinem Land, in dem die Möglichkeit zur Einheitsbesteuerung besteht, diese ohne besonderen Antrag durchgeführt wird und eine Konzernbesteuerung "von Amts wegen" auch nicht im Interesse der Unternehmen liegen kann, ist auch in Zukunft diese Art der Besteuerung nur als Option für die Steuerpflichtigen vorzusehen.

Die Beteiligungsquote, von der an die Option zu gewähren ist, sollte so bemessen sein, daß der Begriff "Konzernbesteuerung" bzw. der der "verbundenen Unternehmen"[115] im harmonisierten Handels- wie im Steuerrecht mit demselben Inhalt gebraucht wird, nämlich von einer Beteiligungsquote von mehr als der Hälfte des gezeichneten Kapitals. Von dieser Größenordnung an steht der Muttergesellschaft regelmässig die Mehrheit der Stimmrechte bei der Tochtergesellschaft zu, so

115 Vgl. §§ 271 Abs. 2, 290 Abs. 2 HGB.

daß ein beherrschender Einfluß ausgeübt werden kann.

Es wäre ebenso denkbar, eine Mindestbeteiligung von 75% zu fordern, da dies die satzungsändernde Mehrheit ist und deswegen erst mit dieser Mehrheit z.B. Ergebnisabführungs- oder Beherrschungsverträge abgeschlossen werden können. Damit würde man jedoch all denjenigen faktischen Konzernen, in denen diese Mehrheit nicht besteht, in denen aber sehr wohl durch die Stimmrechtsmehrheit ein beherrschender Einfluß auf die untergeordneten Unternehmen ausgeübt wird, von der Regelung ausnehmen. Darin wäre eine nicht zu rechtfertigende Ungleichbehandlung zu sehen.

7. Teil
Schlußbetrachtung

Die vorangegangenen Ausführungen haben gezeigt, daß es durchaus möglich ist, ein Körperschaftsteuersystem zu gestalten, welches allen Anforderungen der Steuersystematik gerecht wird.

Einer EG-weiten Einführung dieses Systems stehen somit weder wettbewerbsorientierte noch steuerwissenschaftliche Bedenken entgegen.

Allein die mangelnde Bereitschaft vieler, wenn nicht gar aller Mitgliedstaaten der EG, von ihren Standpunkten zu weichen, sowie die wenig ausgeprägte Neigung zu echten Anstrengungen bei der Angleichung der Wettbewerbsbedingungen verhindern eine europäisch ausgerichtete Unternehmensteuerreform nach dem hier entworfenen Muster.

Wenn es also in absehbarer Zukunft einen Binnenmarkt geben soll, der dieser Bezeichung würdig ist, so reicht es nicht aus, die Umsatz- und Verbrauchsteuern innerhalb noch großer Bandbreiten anzugleichen. Die Einführung eines gemeinsamen Körperschaftsteuersystems wäre ein wichtiger Schritt zur Errreichung wirklich gleicher Wettbewerbsbedingungen.

Dennoch darf nicht übersehen werden, daß darüber hinaus eine große Zahl weiterer harmonisierender Maßnahmen, nicht nur im Bereich der Steuern, erforderlich ist.

Unter Beschränkung allein auf die *direkten* Steuern ist zusammenfassend folgendes zu fordern:

1. Einführung eines gemeinsamen Körperschaftsteuersystems für alle Mitgliedstaaten der EG nach dem vorstehend entwickelten Muster.

2. Daneben bedarf es zur tatsächlichen Erreichung einer gleichmäßigen Besteuerung auch der Anpassung der steuerlichen Vorschriften zur Einkommensermittlung, um eine gemeinsame Bemessungsgrundlage zu erreichen. Zwar bedeutete auch schon die Harmonisierung nur der Steuersysteme *oder* der Einkommensermittlungsvorschriften einen Fortschritt, jedoch kann von gleichen Wettbewerbsbedingungen der Anbieter und Nachfrager aus allen Mitgliedsländern erst dann

gesprochen werden, wenn abgestimmte Steuersysteme nicht mehr durch Unterschiede der Bemessungsgrundlagen kompensiert werden.

3. Sondertarife und andere Vergünstigungen steuerlicher Art zur Förderung einzelner Regionen oder Industriezweige, wie sie derzeit noch weit verbreitet sind, sollten weitgehend reduziert werden. Will ein Land aus plausiblen Gründen, zu denen z.B. die Beseitigung hoher Arbeitslosigkeit gehören könnte, nicht auf solche Maßnahmen verzichten, so ist zu erwägen, sie von der Genehmigung einer Aufsichtsbehörde abhängig zu machen, die z.B. bei der EG-Kommission angesiedelt werden könnte. Es wäre zu wünschen, daß diese die entsprechende Genehmigung jeweils nur befristet erteilt.

4. Zur Herbeiführung steuerlich unverzerrter Wettbewerbsbedingungen ist es weiter erforderlich, die über die direkten Ertragsteuern hinaus erhobenen Unternehmensteuern einander anzugleichen, da diese - auch regional verschieden - teilweise eine erhebliche Zusatzbelastung bedeuten. Hier ist sowohl an die verschiedenen Gewerbesteuern zu denken, als auch insbesondere an die ertragsunabhängigen Steuern. Sie bedeuten eine um so größere Belastung, je niedriger der Gewinn einer Unternehmung ist und müssen u.U. aus der Substanz heraus gezahlt werden.

Mit diesen vier Punkten wird deutlich, daß der Erfolg des harmonisierten Körperschaftsteuersystems nicht von diesem allein abhängt, sondern von externen Faktoren mitbestimmt wird. Damit ist die Notwendigkeit einer EG-weit angelegten, großen Unternehmensteuerreform offensichtlich. Ein Bestandteil dieser Reform könnte dieses Körperschaftsteuersystem sein.

Dessen bedeutendster Bestandteil ist zweifellos die Übernahme des Vollanrechnungssystems auf die gesamte Europäische Gemeinschaft. Dieses stellt die sachlich beste Lösung hinsichtlich der Neutralitätserfordernisse dar und fördert darüber hinaus die Anlage verfügbaren Sparkapitals in Unternehmensanteilen, besonders Aktien. Die mit anderen Lösungen zwangsläufig verbundene Schlechterstellung der Dividenden- gegenüber den Zinseinkünften ist durch nichts zu rechtfertigen und wird so vermieden.

Durch die geeignete Wahl des Steuersatzes kann auch eine Aufkommensneutralität erreicht werden.

Der von der EG-Kommission nunmehr angedeutete Verzicht auf weitere Bemühungen zur Angleichung der direkten Unternehmensteuern kann nicht befriedigen. Da Gesetzgebungsprozesse regelmäßig einige Zeit in Anspruch nehmen, wird ein "Wettbewerb der Steuersysteme" um die Ansiedlung von Unternehmungen und deren Erfolg am Markt in den einzelnen Staaten erst dann Wirkung zeigen, wenn die Symptome, die man mit einer Steuerharmonisierung verhindern will, bereits eingetreten sind. Dies ist insbesondere die Abwanderung der Produktionsstätten in die billigste Region, wobei selbstverständlich auch die Höhe der Besteuerung eine Rolle spielt. Die Gefahr solcher Migrationen ist bei vollkommen liberalisiertem Personen-, Güter- und Kapitalverkehr innerhalb der Gemeinschaft um so größer.

Die mit der subsidiären Behandlung der Körperschaftsteuer-Systemharmonisierung unmittelbar verbundenen Gefahren sind darüber hinaus aber auch in der drohenden Verzerrung des propagierten Wettbewerbs der Steuersysteme selbst zu sehen. Statt zu einer Angleichung wird es zunächst zu einem Wettbewerb mit dem Ziel der Steuersatzsenkung kommen, wobei übrige steuerliche, aber auch außersteuerliche Standortfaktoren in dem Risiko stehen, nicht ausreichend beachtet zu werden. Dies gilt in besonderem Maße für die Bemessungsgrundlagen. Die Folge ist eine abnehmende Vergleichbarkeit der Steuersysteme, hier besonders der Steuersätze.

Diese Umstände werden langfristig eher zu einer Verstärkung des Harmonisierungsdrucks und damit zum Scheitern des Systemwettbewerbs führen.

Neben den praxisbezogenen Motiven sind es aber auch theoretische, insbesondere steuersystematische und verfassungsrechtliche[1] Überlegungen, aus denen heraus der Subsidiaritätsgedanke abzulehnen ist:

Erstens aus Gründen der Gleichmäßigkeit der Besteuerung: In einem funktionierenden Binnenmarkt ist es erforderlich, auch über Staatsgrenzen hinweg eine gleichmäßige Besteuerung zu gewährleisten, zumal die Bedeutung dieser Grenzen insbesondere hinsichtlich des Kapital-, Waren- und Dienstleistungsverkehrs sinken wird. Die Gleichmäßigkeit der Besteuerung ist wesentliche Voraussetzung für die Schaffung einheitlicher Wettbewerbsverhältnisse.

1 Vgl. Lang, Joachim: Reform der Unternehmensbesteuerung auf dem Weg zum europäischen Binnenmarkt und zur deutschen Einheit, a.a.O., S. 110 ff. Hier wird u.a. Bezug auf bestimmte Grundrechte wie das der unternehmerischen Handlungsfreiheit genommen, die durch unterschiedliche Besteuerung nicht eingeschränkt werden dürfe.

Zweitens bedeutet es eine Einschränkung der Freizügigkeit und damit der Handlungsfreiheit der Unternehmen, bei der Standortwahl im heute gegebenen Umfang von steuerlichen Sachverhalten abhängig zu sein. Bei ansonsten gegebener Freizügigkeit im EG-Bereich für alle Wirtschaftssubjekte wie auch -objekte kann in dem Beharren auf den nationalstaatlichen Körperschaftsteuersystemen eine unzeitgemäße und dem Geist der Gemeinschaft entgegenstehende Einschränkung der persönlichen bzw. unternehmerischen Handlungsfreiheit gesehen werden. So ist diese Konstellation denn auch geeignet, die Unternehmensmobilität gezielt zu verringern. Gleichzeitig ist jeder Staat bestrebt, seinen Unternehmen im internationalen Wettbewerb eine günstige Position zu sichern. Dies indessen ist durchaus als eine Form des Protektionismus anzusehen, dessen Überwindung eines der Ziele des Binnenmarktes ist.

Erst nach Beseitigung der durch unterschiedliche Besteuerung verursachten Mobilitätshemmnisse kann von steuerlicher Wettbewerbsneutralität gesprochen werden. Solange aber die Systeme der Körperschaftsbesteuerung in Europa weiter auseinanderstreben und weiterhin nicht einmal Einigkeit über die der Steuer zu unterwerfenden Subjekte besteht, ist die internationale Unternehmensmobilität auf steuerlichem Gebiet noch stark beschränkt.

Die hier entwickelten Harmonisierungsziele sind realisierbar; Voraussetzung ist jedoch die erhöhte Bereitschaft aller Mitgliedstaaten, auf einen größeren Teil ihrer nationalen Souveränität und angestammte Gewohnheiten und Prozeduren zu verzichten.

Anhang

Land	Belgien	Dänemark	Deutschld.	Frankreich	Griechenl.	Großbrit.	Irland	Italien	Luxembg.	Niederlande	Portugal	Spanien
ESt-Sätze in % Min...Max 1)	25...55	19...53	19...53	5...56,8	10...63	25...40	30...63	10...50	0...56	14...72	0...35 4)	30...61 6)
KSt-Tarif A = Ausschütt.-Satz 2)	41 ab '92: 39	40 gepl.: 35	50/A: 36	37/A: 42 ab '92: 34/34	35...46	35	40	46.368 A: 36 ohne ILOR	20...36 10)	35	36 5)	35
spez. Tarif für beschränkt Steuerpflichtige			46		46				33			
KESt auf Dividenden in % der Bardividende	25	30	25	–	42...53	–	–	20	15	25	25	25
Gesamtbelastung der Dividende in % der Bruttoausschüttung 7)	51,3 ab '92: 49,7	52	40	47,8 ab '92: 40,6	40...53	48	50	40	42,2...60,2	61	51,4	57,5
Gesamtbelastung übersteugt die ESt um .... Prozentpunkte	11,3 ab '92: 9,7	12	0	0,6	0	8	10	0	20,2	21	14,2	17,5
dg. in % des ESt-Satzes	28,25 ab '92: 21,25	30	0	1,5	0	20	25	0	50,5	52,5	46,5	43,75
Gewerbesteuer 8)			Gewerbeertrag-, -kapitalsteuer	taxe professionelle				Gemeindesteuer	Gewerbeertrag-, -kapitalsteuer			Niederlassungsteuer, Gemeindesteuer
Vermögensteuer			0,6% 9), 12)						0,5% 9), 11)			

Tabelle 3: Einkommen- und Körperschaftsteuern sowie weitere Unternehmensteuern in den Mitgliedsländern der EG.

Anmerkungen zu Tabelle 3:

1) Es handelt sich jeweils um die normalen zentralstaatlichen Tarife, ohne regionale oder kommunale Zuschläge (soweit nicht anders angegeben).

2) Körperschaftsteuer-Normalsätze, ohne Einbeziehung besonderer Vergünstigungen oder Belastungen.

3) Unter Berücksichtigung der Abzugsfähigkeit der lokalen Einkommensteuer (ILOR).

4) Die portugiesische Einkommensteuer richtet sich neben der Einkommenshöhe auch nach der Einkunftsart.

5) Beinhaltet den max. örtlichen Zuschlag i.H.v. 10%.

6) Beinhaltet den durchschnittlichen örtlichen Zuschlag i.H.v. 5%.

7) Bei einer natürlichen Person als Anteilseigner (und Dividendenempfänger) mit einer durchschnittlichen Einkommensteuerbelastung von 40% (Portugal: 35%).

8) Hier werden nur Steuerarten genannt, soweit sie vorkommen. - Die Gewerbe- oder ähnlichen Steuern weisen regional sehr unterschiedliche Sätze auf.

9) Wird durch Nichtabzugsfähigkeit bei der körperschaftsteuerlichen Gewinnermittlung zur Definitivsteuer.

10) Zuzüglich Ergänzungsabgabe i.H.v. 2% der Steuerschuld.

11) Für 1991 ist in Luxemburg die Abschaffung der Gewerbekapitalsteuer geplant.

12) Die Abschaffung der Gewerbekapitalsteuer und der betrieblichen Vermögensteuer ist in Deutschland bis zum 31.12.1992 geplant; in den östlichen Bundesländern werden beide Steuern bereits mit Wirkung vom 1.1.1991 an ausgesetzt.

Beispielhafte Steuerbelastungsrechnungen

Die folgenden Belastungsrechnungen sollen für einen typischen, unterstellten Anteilseigner mit einem individuellen Steuersatz von 40% gelten. Dieser Satz wurde ausgewählt, weil er (mit Ausnahme Portugals) in allen Mitgliedstaaten der EG vorkommt und in den meisten Fällen auf eine etwas über dem Durchschnittseinkommen verdienende natürliche Person anwendbar ist. Hier soll damit auf die Gesamtsteuerbelastung des Unternehmereinkommens eines Gesellschafters einer mittelständischen Kapitalgesellschaft abgestellt werden; die gleichzeitig möglicherweise fließenden Geschäftsführergehälter bleiben unbeachtet.

Die vereinfachenden Annahmen eines in allen Ländern gleichen Steuersatzes für die individuelle Einkommensteuer und der Unterstellung eines mittleren bis gehobenen Einkommens aus den ausgeschütteten Gewinnen der jeweiligen Gesellschaft müssen aus Gründen der Vergleichbarkeit gemacht werden. Ohne unterstellen zu wollen, daß Unternehmereinkommen prinzipiell oberhalb einer gewissen Grenze anzusiedeln sind, sollen bestimmte überdurchschnittliche Einnahmen aus Gewinnen schon im Hinblick auf die Höhe des eingesetzten und durch diese Gewinne zu verzinsenden Kapitals postuliert werden.

1. Belgien

Teilanrechnungsverfahren

a) Ebene der Gesellschaft:		1991	ab 1992
Bruttodividende	bfr	1.000.000,--	1.000.000,--
darauf 41% bzw. 39% KSt	bfr	410.000,--	390.000.--
Bardividende	bfr	590.000,--	610.000,--
darauf 25% KESt	bfr	147.500,--	152.500,--
Nettoausschüttung	bfr	442.500,--	457.500,--

b) Ebene des Anteilseigners:			
Nettozufluß	bfr	442.500,--	457.500,--
zzgl. Steuergutschrift i.H.v. 50% davon	bfr	221.250,--	228.750,--
zzgl. anrechenbarer KESt	bfr	147.500,--	152.500,--
zu versteuerndes Einkommen	bfr	811.250,--	838.750,--
darauf 40% ESt	bfr	324.500,--	335.500,--
verbleibendes Nettoeinkommen	bfr	486.750,--	503.250,--

Die Gesamt-Steuerbelastung der Dividende errechnet sich wie folgt:

Bruttodividende	bfr	1.000.000,--	1.000.000,--
abzgl. Nettoeinkommen des Anteilseigners	bfr	486.750,--	503.250,--
Gesamtbelastung	bfr	513.250,--	496.750,--

Dies entspricht einer prozentualen Belastungsquote von rd. 51,3% in 1991 bzw. 49,7% ab 1992. Diesem Beispiel liegt der Normaltarif zugrunde. Die oben ausgeführten Tarifvergünstigungen sind nicht berücksichtigt.

Bezogen auf die 40%ige Einkommensteuer des Anteilseigners ergibt sich durch die Anwendung eines Teilanrechnungsverfahrens eine Mehrbelastung von ca. 11,3 bzw. 9,7 Prozentpunkten entsprechend 28,25% bzw. 24,25%. Es wird damit deutlich, daß die Senkung des Steuersatzes bei gleichbleibender auf die Nettodividende bezogener Anrechnungsquote zu einer Milderung der Mehrfachbelastung der Dividende führt.

2. Dänemark

Teilanrechnungsverfahren, bei welchem der Anrechnungsbetrag als Bruchteil der Bruttoausschüttung zu berechnen ist (z.Zt. 20%).

a) Gesellschaftsebene:

Bruttodividende	dKr	100.000,--
40% Körperschaftsteuer darauf	dKr	40.000,--
= Bardividende	dKr	60.000,--
abzgl. 30% KESt	dKr	18.000,--
= Nettoausschüttung	dKr	42.000,--

b) Gesellschafterebene:

Nettozufluß	dKr	42.000,--
zzgl. KSt-Gutschrift	dKr	20.000,--
zzgl. gezahlte KESt	dKr	18.000,--
= zu versteuerndes Einkommen	dKr	80.000,--
darauf: 40% Einkommensteuer	dKr	32.000,--
abzgl. KSt-Gutschrift	dKr	20.000,--
abzgl. gezahlte KESt	dKr	18.000,--
= Erstattung	dKr	6.000,--

Hinsichtlich der Gesamtbelastung der ausgeschütteten Dividende mit Körperschaft- und Einkommensteuer ergibt sich folgendes Bild:

Körperschaftsteuerzahlung durch die Gesellschaft:	dKr	40.000,--
zzgl. Kapitalertragsteuer	dKr	18.000,--
abzgl. Erstattung	dKr	6.000,--
Gesamtlast	dKr	52.000,--

Dies entspricht einer Gesamtbelastung von 52% der Bruttodividende. Auch bei einer nominellen Gleichheit von Einkommen- und Körperschaftsteuersatz in diesem Falle fällt die reale Belastung durch die nur teilweise Anrechnung der Körperschaftsteuer um 12 Prozentpunkte entsprechend 30% höher aus als die individuelle Einkommensteuer.

3. Deutschland

Vollanrechnungsverfahren. Für einbehaltene Gewinnteile bleibt die Tarifbelastung von 50% bestehen.

a) Gesellschaftsebene:

Bruttodividende	DM	100.000,--
darauf 50% KSt (Tarifbelastung)	DM	50.000,--
	DM	50.000,--
zzgl. KSt-Minderung zur Herstellung der Ausschüttungsbelastung von 36%	DM	14.000,--
Bardividende	DM	64.000,--
darauf 25% KESt	DM	16.000,--
Nettozufluß beim Anteilseigner	DM	48.000,--

b) Ebene des Anteilseigners:

Nettozufluß	DM	48.000,--
zzgl. anrechenbare KESt	DM	16.000,--
zzgl. anrechenbare KSt i.H.v. 9/16 der Bardividende	DM	36.000,--
= zu versteuerndes Einkommen	DM	100.000,--
darauf 40% ESt	DM	40.000,--
abzgl. anrechenbare KESt	DM	16.000,--
abzgl. anrechenbare KSt	DM	36.000,--
Erstattung	DM	12.000,--
zzgl. Nettozufluß	DM	48.000,--
= Nettodividende	DM	60.000,--

Damit entspricht die Gesamtsteuerbelastung der Dividende (ohne Berücksichtigung der Gewerbeertrag- und weiterer Steuern) im Ergebnis der Einkommensteuerbelastung des Anteilseigners i.H.v. 40%.

4. Frankreich

Teilanrechnungsverfahren, ab 1992 mit Einheitstarif 34%

a) Ebene der Gesellschaft:

Bruttodividende	FF	1.000.000,--
darauf 42%	FF	340.000,--
Bardividende	FF	660.000,--

b) Ebene des Anteilseigners:

Nettozufluß	FF	660.000,--
zzgl. Steuergutschrift i.H.v.		
50% davon	FF	330.000,--
zu versteuerndes Einkommen	FF	990.000,--
darauf 40% ESt	FF	396.000,--
verbleibendes Nettoeinkommen		
(Nettodividende)	FF	594.000,--

Die Gesamt-Steuerbelastung der Dividende errechnet sich wie folgt:

Bruttodividende	FF	1.000.000,--
abzgl. Nettodividende	FF	594.000,--
Gesamtbelastung	FF	406.000,--

Dies entspricht einer Mehrbelastung gegenüber der reinen Einkommensteuer von 0,6 ProzentPunkten entsprechend 1,5%.

5. Griechenland

Dividendenabzugsverfahren

a) Ebene der Gesellschaft:

Bruttodividende	Dr	1.000.000,--
KSt: Keine Steuererhebung, da die Dividende vom zu versteuernden Gewinn abgezogen wird.		-,--
abzgl. KESt[1]	Dr	450.000,--
Barausschüttung	Dr	550.000,--

b) Ebene des Anteilseigners:

Barzufluß	Dr	550.000,--
zzgl. anrechenbare[2] KESt	Dr	450.000,--
zu versteuerndes Einkommen	Dr	1.000.000,--
darauf 40% ESt	Dr	400.000,--
Nettodividende	Dr	600.000,--

Damit entspricht die Gesamtsteuerbelastung der Gewinnausschüttung der Einkommensteuer des Dividendenempfängers. Kommt dieser auf einen persönlichen Steuersatz von mehr als 45% oder dem jeweils zur Anwendung kommenden Satz der Kapitalertragsteuer, so erhält er einen Vorteil, wenn er jene als Definitivsteuer auf seinen Dividendeneinkünften beläßt.

1 Vgl. Abschnitt 4.7.2; es handele sich hier um Inhaberaktien einer börsennotierten Gesellschaft. Deren Gewinnausschüttungen werden mit einer 45%igen Kapitalertragsteuer belastet; für andere Gesellschaften gelten andere Steuersätze.

2 Der Anteilseigner braucht die Dividendeneinkünfte nicht im Rahmen seiner Einkommensteuer zu erklären, womit die Kapitalertragsteuer zur Definitivsteuer würde. Im vorliegenden Fall einer Einkommensteuerbelastung von 40% und einer Quellensteuer in Höhe von 45% wäre dies jedoch unvorteilhaft.

6. Großbritannien

Teilanrechnungsverfahren, bei dem die ausschüttende Gesellschaft die Differenz zwischen einer Voraus-Körperschaftsteuer auf Ausschüttungen und der Tarifbelastung zu zahlen hat.

a) Ebene der Gesellschaft:

Bruttodividende	£ 100.000,--	
darauf sind in jedem Fall 35% KSt-Regelbelastung zu entrichten	£ 35.000,--	
Es verbleiben als maximaler Ausschüttungsbetrag	£ 65.000,--	
<u>Hierauf</u> zahlt die Gesellschaft zunächst 25/75 ACT	£ 21.667,--	
Am Ende des Veranlagungszeitraumes, in dem die Ausschüttung vorgenommen wurde, ergibt sich für die Gesellschaft folgendes Bild:		
zu zahlende KSt		£ 35.000,--
bereits entrichtete ACT		£ 21.667,--
restliche zu zahlende KSt = Mainstream Corporation Tax		£ 13.333,--

b) Ebene des Anteilseigners:

Da die ACT dem zu versteuernden Einkommen des Gesellschafters hinzugerechnet wird, beträgt dieses insgesamt	£ 86.667,--
Hierauf wird nunmehr der individuelle EST-Satz von 40% angewandt	£ 34.667,--
abzgl. anrechenbare ACT	£ 21.667,--
zu zahlende ESt	£ 13.000,--

Beim Anteilseigner fallen damit folgende Zahlungen an:

Ausschüttung durch Gesellschaft	₤	65.000,--
ESt-Zahlung	₤	13.000,--
Nettodividende	₤	52.000,--

Die Gesamt-Steuerbelastung der Dividende ergibt sich damit wie folgt:

Bruttodividende	₤	100.000,--
Nettodividende	₤	52.000,--
Gesamt-Steuerlast	₤	48.000,--

Im Beispielfall ergibt sich also eine Gesamt-Ertragsteuerbelastung der Dividende in Höhe von 48%. Sie liegt damit um 8 Prozentpunkte entsprechend 20% über der reinen Einkommensteuerbelastung.

7. Irland

Teilanrechnung, entsprechend dem britischen Verfahren.

a) Ebene der Gesellschaft:

Bruttodividende	IR £	100.000,--		
tarifliche KSt (40%)	IR £	40.000,--		
Es verbleiben als maximaler Ausschüttungsbetrag (Bardividende)	IR £	60.000,--		
darauf 28/72 ACT	IR £	23.333,--		
Am Ende des Veranlagungszeitraumes, in dem die Ausschüttung vorgenommen wurde, ergibt sich für die Gesellschaft folgendes Bild:				
zu zahlende KSt			IR £	40.000,--
bereits entrichtete ACT			IR £	23.333,--
restliche zu zahlende KSt = Mainstream Corporation Tax			IR £	16.667,--

b) Ebene des Anteilseigners:

Zu versteuerndes Einkommen des Gesellschafters: Ausschüttungsbetrag + ACT	IR £	83.333,--
darauf 40% ESt	IR £	33.333,--
abzgl. anrechenbare ACT	IR £	23.333,--
zu zahlende ESt	IR £	10.000,--

Zahlungen an den /durch den Anteilseigner:

Bardividende	IR £	60.000,--
abzgl. zu zahlende ESt	IR £	10.000,--
Nettodividende	IR £	50.000,--

Die Gesamt-Steuerbelastung der Dividende errechnet sich wie folgt:

Bruttodividende	IR £	100.000,--
Nettodividende	IR £	50.000,--
Steuerlast	IR £	50.000,--

Die Gewinnausschüttung trägt damit eine Steuerlast von 50%. Sie liegt damit um 10 Prozentpunkte entsprechend 25% über der Einkommensteuer des Gesellschafters von 40%.

8. Italien

Vollanrechnungsverfahren. Es sei eine Vollausschüttung des Jahresüberschusses unterstellt; ist dies im Einzelfall nicht gegeben, so gilt die nachfolgende Rechnung für den ausgeschütteten Teil des Jahresüberschusses. Eine Körperschaftsteuerminderung oder -erhöhung nach dem Vorbild des § 27 des deutschen KStG kommt nicht in Betracht, da es in Italien nur einen Steuersatz für einbehaltene und ausgeschüttete Gewinne gibt.

a) Gesellschaftsebene:

Bruttodividende	Lit.	10.000.000,--
darauf 36% tarifliche KSt	Lit.	3.600.000,--
Bardividende	Lit.	6.400.000,--
darauf 10% KESt	Lit.	640.000,--
Nettozufluß beim Anteilseigner	Lit.	5.760.000,--

b) Ebene des Anteilseigners:

Nettodividende	Lit.	5.760.000,--
zzgl. KESt	Lit.	640.000,--
zzgl. anrechenbare KSt	Lit.	3.600.000,--
zu versteuerndes Einkommen	Lit.	10.000.000,--
darauf 40% ESt	Lit.	4.000.000,--
abzgl. anrechenbare KESt	Lit.	640.000,--
abzgl. anrechenbare KSt	Lit.	3.600.000,--
Erstattung	Lit.	240.000,--
zzgl. Nettodividende		5.760.000,--
Gesamtzufluß beim Anteilseigner		6.000.000,--

Im Ergebnis ist die Bardividende lediglich mit der individuellen Einkommensteuer belastet.

Die rechnerische Ertragsteuerbelastung der Dividende unterscheidet sich damit von der reinen Körperschaftsteuerbelastung um vier Prozentpunkte entsprechend 11%. Im Thesaurierungsfall käme die lokale Einkommensteuer ILOR hinzu. Die dadurch entstehende Gesamtlast i.H.v. 46,368% liegt um 6,368 Prozentpunkte entsprechend 15,9% höher als die Gesamtbelastung in diesem beispielhaften Ausschüttungsfall.

9. Luxemburg

Es findet keine Dividendenentlastung statt (sog. "klassisches System").

		1. niedrigster	2. höchster
		KSt-Satz	
		(20.4 %)	(33,66 %)
a) Ebene der Gesellschaft:			
Bruttodividende[3]	lfr.	100.000,--	10.000.000,--
./. KSt	lfr.	20.400,--	3.366.000,--
= Bardividende	lfr.	79.600,--	6.634.000,--
./. 25 % KESt	lfr.	19.900,--	1.658.500,--
= Nettozufluß	lfr.	59.700,--	4.975.500,--
b) Ebene des Anteilseigners:			
Nettozufluß	lfr.	59.700,--	4.975.500,--
zzgl. anrechenbare KESt	lfr.	19.900,--	1.658.500,--
zu versteuerndes Einkommen	lfr.	79.600,--	6.634.000,--
darauf 40 % ESt	lfr.	31.840,--	2.653.600,--
Nettodividende	lfr.	47.760,--	3.980.400,--
Gesamtsteuerbelastung der Dividende:			
Bruttodividende	lfr.	100.000,--	10.000.000,--
Nettodividende	lfr.	47.760,--	3.980.400,--
Steuerlast	lfr.	52.240,--	6.019.600,--

Im Falle 1 (KSt-Satz von 20 % zzgl. darauf 2 % Ergänzungsabgabe) bedeutet dies eine Gesamtsteuerlast von 52,24 %, also 12,24 Prozentpunkte oder 30,6 % mehr als die alleinige Einkommensteuer von angenommen 40 %.

Bei Zugrundelegung der Tarifobergrenze von 33 % zzgl. 2 % Ergänzungsabgabe darauf, zusammen also 33,66 % ergibt sich im zweiten Fall eine Gesamtbelastung von maximal 60,2 %, also 20,2 Prozentpunkte bzw. 50,5 % über dem angewandten Einkommensteuersatz.

---

3 Aufgrund der Tarifstaffelung sind hier unterschiedliche Beträge anzunehmen. der niedrigste Satz (20 % zzgl. Ergänzungsabgabe) kommt für Einkommen bis lfr. 400.000.-- zur Anwendung. der höchste Satz (33 % zzgl. Ergänzungsabgabe) für Einkommen oberhalb von lfr. 1.313.000.--.

10. Niederlande

Sog. "klassisches System" ohne Dividendenentlastung.

a) Ebene der Gesellschaft:		
Bruttodividende	hfl.	100.000,--
./. KSt (35%)	hfl.	35.000,--
= Bardividende	hfl.	65.000,--
./. 25% KESt	hfl.	16.250,--
= Nettoausschüttung	hfl	48.750,--
b) Ebene des Anteilseigners:		
Nettozufluß	hfl.	48.750,--
zzgl. anrechenbare KESt	hfl.	16.250,--
zu versteuerndes Einkommen	hfl.	65.000,--
darauf 40% ESt	hfl.	26.000,--
Nettodividende	hfl.	39.000,--
Gesamtbelastung der Gewinnausschüttung:		
Bruttodividende	hfl.	100.000,--
Nettodividende	hfl.	39.000,--
Gesamtsteuerlast	hfl.	61.000,--

Daraus ergibt sich eine Gesamtbelastung der Dividende i.H.v. 61%. Bezogen auf die Einkommensteuer bedeutet dies eine Mehrbelastung von 21 Prozentpunkten entsprechend 52,5%.

11. Portugal

Entlastung der Dividende durch Abzug eines Teils der effektiv gezahlten Körperschaftsteuer von der Einkommensteuerschuld des Gesellschafters ohne Einbeziehung in das zu versteuernde Einkommen.

a) Gesellschaftsebene:

Bruttodividende	Esc.	1.000.000,--
./. KSt (36,5%)[4]	Esc.	360.000,--
Bardividende	Esc.	640.000,--
./. 25% KESt	Esc.	160.000,--
Nettoausschüttung	Esc.	480.000,--

b) Ebene des Anteilseigners:

Barzufluß	Esc.		480.000,--
zzgl. anrechenbare KESt	Esc.		160.000,--
Bardividende = zu versteuerndes Einkommen	Esc.		640.000,--
darauf 35% Einkommensteuer[5]	Esc.	224.000,--	
./. 20% der auf die Barausschüttung entfallenden KSt	Esc.	72.000,--	152.000,--
Nettodividende	Esc.		488.000,--

Gesamtbelastung der Dividende:

Bruttodividende:	Esc.	1.000.000,--
Nettodividende	Esc.	488.000,--
Gesamt-Steuerlast	Esc.	512.000,--

Das Ergebnis entspricht einer Gesamtsteuerbelastung der Gewinnausschüttung von 51,2%. Daraus ergibt sich eine Mehrbelastung, bezogen auf die Einkommensteuer, von 16,2 Prozentpunkten entsprechend 46,5%.

---

4 Enthält den maximalen örtlichen Zuschlag i.H.v. 10%.

5 Der höchste Grenzsteuersatz der Einkommensteuer beträgt in Portugal 35%. Er soll hier vereinfachend als durchschnittlicher individueller Steuersatz angenommen werden.

12. Spanien

Teilentlastungsverfahren nach derselben Methode wie in Portugal.

a) Gesellschaftsebene

Bruttodividende	Ptas.	1.000.000,--
./. KSt (35%)	Ptas.	350.000,--
Bardividende	Ptas.	650.000,--
./. 25% KESt	Ptas.	162.500,--
Nettoausschüttung	Ptas.	487.500,--

b) Ebene des Anteilseigners:

Barzufluß	Ptas.		487.500,--
zzgl. anrechenbare KESt	Ptas.		162.500,--
zu versteuerndes Einkommen	Ptas.		650.000,--
darauf 40% Einkommensteuer	Ptas.	260.000,--	
./. 10% der auf die Barausschüttung entfallenden KSt	Ptas.	35.000,--	225.000,--
Nettodividende	Ptas.		425.000,--

Gesamtbelastung der Gewinnausschüttung:

Bruttodividende	Ptas.	1.000.000,--
Nettodividende	Ptas.	425.000,--
Gesamt-Steuerlast	Ptas.	575.000,--

Das Ergebnis entspricht einer Gesamtsteuerbelastung der Gewinnausschüttung von 57,5%. Bezogen auf die 40%ige Einkommensteuer bedeutet dies eine Erhöhung der Belastung um 17,5 Prozentpunkte oder 43,75%.

Literaturverzeichnis

1. Monographien, Sammelwerke, Kommentare etc.
2. Aufsätze und Artikel in Zeitungen, Zeitschriften etc.
3. Amtliche Veröffentlichungen der Europäischen Gemeinschaften, der Bundesregierung und des Bundestages
4. Länderspezifische Literatur
5. Verwendete Gerichtsurteile

---

1. Monographien, Sammelwerke, Kommentare etc.

Arbeitsgemeinschaft der deutschen Wirtschaftswissenschaftlichen Forschungsinstitute: Steuersystem und wirtschaftliche Entwicklung. Bericht über den wissenschaftlichen Teil der 49. Mitgliederversammlung der -. Berlin, 1987.

Arndt, Helmut (Hrsg.): Die Konzentration in der Wirtschaft. 2. Aufl., Berlin, 1971.

Bastert, Volker; Gräfer, Horst: Körperschaftsteuer - eine Einführung für Wirtschaftswissenschaftler. Stuttgart, 1979.

Bauer, Dietrich: Zum Problem der internen und externen Wettbewerbsverzerrungen durch unterschiedliche Besteuerung. Diss., Heidelberg, 1967.

Bellstedt, Christoph: Die Besteuerung international verflochtener Gesellschaften. 2. Aufl., Köln, 1973.

Beutler, Bengt u.a.: Die Europäische Gemeinschaft: Rechtsordnung und Politik. 3. Auflage, Baden-Baden, 1987.

Bieber, Roland u.a..: Integrationskonzepte auf dem Prüfstand. Baden-Baden, 1983.

derselbe: Institutionelle Probleme und Entwicklungstendenzen in der EG. Saarbrücken (Universität des Saarlandes), 1983.

derselbe u. *Hess, Georg (Hrsg.):* Die Dynamik des europäischen Gemeinschaftsrechts. Baden-Baden, 1987.

Boadway, Robin.; Bruce, Neil: A general proposition on the design of a neutral business tax. Kingston, 1982.

Brümmerhoff, Dieter: Finanzwissenschaft. 3. Aufl., München/Wien, 1988.

Bühler, Ottmar: Prinzipien des Internationalen Steuerrechts. Amsterdam (Internationales Steuerdokumentationsbüro), 1964.

Bundesverband der Deutschen Industrie: Thesen zur Harmonisierung der Steuern in der Europäischen Gemeinschaft o.O., 17. Januar 1989.

Burke, Richard: Harmonisierung der Steuern in Europa. (Congres Europeen des Conseils fiscaux, 1987).

Caesar, Rolf: Steuerquoten, Steuerstrukturen und Steuerharmonisierung in der EG. Köln, 1980.

Cnossen, Sijbren: Comparative Tax Studies. Essays in Honor of Richard Goode. Amsterdam/New York/Oxford, 1983.

Constantinesco, Léontin-Jean: Das Recht der Europäischen Gemeinschaften I - das institutionelle Recht. Baden-Baden, 1977.

David, René u.a.: Zusammenarbeit im Rechtswesen. Tübingen, 1955.

Ehrnsperger, Franz: Die Betriebsneutralität der Besteuerung als Grundsatz der Steuersystemkonzeption. Diss., München, 1973.

Engels, Wolfram; Stützel, Wolfgang: Teilhabersteuer. 2. Aufl., Frankfurt, 1968.

Ernst and Whinney International: Corporate Taxation: A Worldwide Guide. New York, N.Y., 1988.

Fischer, Lutz; Warneke, Perygrin: Internationale Betriebswirtschaftliche Steuerlehre. 3. Aufl., Berlin, 1988.

Förschle, Gerhart: Die steuerlichen Vorschriften des EWG-Vertrages aus der Sicht der Betriebswirtschaftslehre. Diss., Saarbrücken, 1969.

Foreign Tax Law Publishers (Hrsg.): Tax Laws of the World. Loseblattsammlung, o.O. (Florida, USA), o.J.

Fritsch, Ulrich: Mehr Unternehmen an die Börse. Bedeutung und Möglichkeiten der Publikums-Aktiengesellschaft. Köln, 1978.

Gandenberger, O.: Der Einfluß der Einkommen- und Körperschaftsteuer auf die internationalen Wirtschaftsströme. Mainz, 1985.

Ganser, Carl; Wilhelmi, Helmut (Deutscher Verein für Internationales Steuerrecht): Harmonisierung der Steuersysteme in der Europäischen Wirtschaftsgemeinschaft. Bergisch-Gladbach, o.J.

Geiger, Willi; Höhn, Ernst (Hrsg.): Der wirtschaftende Staat. Festschrift für Theo Keller. Bern/Stuttgart, 1971.

Grabitz, Eberhard (Hrsg.): Abgestufte Integration - eine Alternative zum bisherigen Integrationskonzept? Kehl a. Rh./Straßburg, 1984.

derselbe (Hrsg.): Kommentar zum EWG-Vertrag. Loseblattsammlung. München, 1983 ff.

Greif, Martin: Körperschaftsteuerreform und Anrechnungsverfahren. Diss., Mannheim, 1976.

derselbe: Die wirtschaftlichen Auswirkungen des Anrechnungsverfahrens bei der Körperschaftsteuer. Stuttgart, Wiesbaden, 1977.

Groeben, Hans von der u.a.: Kommentar zum EWG-Vertrag. 3. Aufl., Baden-Baden 1983.

derselbe; Möller, H.: Möglichkeiten und Grenzen der Europäischen Union. Bd. 3: Transnationale Kooperation und Steuerharmonisierung. Baden-Baden, 1976.

Haller, Heinz (Hrsg.): Theorie und Praxis des Finanzpolitischen Interventionismus. Festschrift für Fritz Neumark zu dessen 70. Geburtstag. Tübingen, 1970.

Haller, Heinz: Die Steuern. Grundlinien eines rationalen Systems öffentlicher Abgaben. 3. Aufl., Tübingen, 1983.

Hammers-Strizek, Gisela; Strizek, Helmut: Die Europäische Gemeinschaft. Köln 1987.

Hansmeyer, Hans-Heinrich (Hrsg.): Staatsfinanzierung im Wandel. Berlin, 1983.

Hesse, Maria-Dolores: Methoden und Möglichkeiten, die Steuern unter solchen Gesichtspunkten neu zu gliedern, die sich bei der Harmonisierung der Steuersysteme der Mitgliedstaaten der EWG ergeben. Brüssel, 1970.

Hilf, Meinhard; Petersmann, Ernst-Ulrich (Hrsg.): GATT und Europäische Gemeinschaft. Baden-Baden, 1986.

Institut für Weltwirtschaft (Hrsg.): Rechtliche Aspekte und Probleme der Vollendung des EG-Binnenmarktes. Kiel, 1988.

International Bureau of Fiscal Documentation (Hrsg.): The Taxation of Companies in Europe. Losebl., Amsterdam. 1972 ff.

dasselbe: European Taxation. Losebl., Amsterdam, 1986 ff.

Ipsen, Hans-Peter: Europäisches Gemeinschaftsrecht. Tübingen, 1972.

Jakobs, Horst-Heinrich; Knobbe-Keuk, Brigitte (Hrsg.): Festschrift für Werner Flume zum 70. Geburtstag, Bd. 2. Köln, 1978.

Kellaugh, Howard J.; McQuillan, Peter E.: Taxation of private Corporations and their Shareholders. Reihe: Canadian Tax Papers, No. 72, o.O., 1983.

Kitterer, Wolfgang: Die Effizienz- und Verteilungswirkungen des Steuersystems. Frankfurt a.M./Bern, 1986.

Klunzinger, Eugen; Behrens, Horst: Steuern vom Einkommen und vom Vermögen. 2. Auflage, München, 1977.

Kolms, Heinz: Finanzwissenschaft. Bd. I - III. 4. Auflage, Berlin, 1974.

Krämer, Hans R.: Konvergenz in der Europäischen Gemeinschaft - Instrumente zu ihrer Verwirklichung. Kiel (Institut für Weltwirtschaft), 1984.

Kratz, Werner: Probleme der Abschaffung der Steuergrenzen in der EG. Diss., Köln, 1987.

Krebs, Hans-Joachim: Überlegungen zur Vereinfachung bzw. Abschaffung der Gliederungsrechnung für das verwendbare Eigenkapital im Rahmen des Körperschaftsteuergesetzes. Hamburg (Institut für Ausländisches und Internationeles Finanz- und Steuerwesen), 1987 (Reihe: Hefte zur internationalen Besteuerung, H. 26).

Maenner, Günter: Grundfragen des körperschaftsteuerlichen Anrechnungsverfahrens. Diss., München, 1983.

Mann, Hugo: Theorie und Politik der Steuerreform in der Demokratie. Frankfurt/M., 1987

Mendes, A.J. Marques: Economic Integration and Growth in Europe. London, 1987.

Mennel, Annemarie: Steuern in Europa, USA, Kanada und Japan. Losebl., Herne, 1981 ff.

Metze, Ingolf: Steuerharmonisierung in einer Wirtschaftsgemeinschaft. Hamburg, 1969.

Musgrave, Richard A.: Finanztheorie. Deutsch von Lore Kullmer. 2. Aufl., Tübingen, 1969.

Neumark, Fritz: Wirtschafts- und Finanzprobleme des Interventionsstaates. Tübingen, 1961.

derselbe: Grundsätze gerechter und ökonomisch rationaler Steuerpolitik. Tübingen, 1970.

derselbe (Hrsg.): Handbuch der Finanzwissenschaft. Unter Mitarbeit von Norbert Andel u.a., 3. Aufl., Bde. I - IV, Tübingen, 1983.

Nicolaysen, Gert: Europäisches Gemeinschaftsrecht. Stuttgart, 1979.

Organization for Economic Co-operation and Development (OECD): Reihe "Economic Surveys", Ausgaben 1989/90. Paris (OECD), 1989.

dieselbe: OECD Revenue Statistics. Paris, 1985.

Ossenbühl, Klaus-Hermann: Die gerechte Steuerlast. Prinzipien der Steuerverteilung unter staatsphilosophischem Aspekt. Heidelberg, 1972.

Popp, Michael: Die Steuern des Unternehmens, Bd. 1. München/Wien, 1983.

Pott, Hans-Michael: Die Kollision unterschiedlicher Formen der Gesellschaftsbesteuerung im internationalen Steuerrecht. Diss., Köln, 1982.

Predöhl, Andreas: Weltwirtschaft und Europäische Integration. Münster, 1960.

Rasenack, Christian A.: Die Theorie der Körperschaftsteuer. Berlin, 1974.

Raupach, Arndt: Der Durchgriff im Steuerrecht. Reihe "Steuerrecht und Rechtsstaat", H. 8, München, 1968.

Rieger, Horst: Prinzipien des internationalen Steuerrechts als Problem der Steuerplanung in der internationalen Unternehmung. Berlin, 1987.

Roskamp, Karl u.a. (Hrsg.): Reforms of tax systems. Taormina, 1979,

Royal Commission on Taxation: Report of the -, Vol. IV (1967), Reprint: Ottawa, 1969.

Schmeder, Winfried: Die Rechtsangleichung als Integrationsmittel der Europäischen Gemeinschaften. Köln u.a., 1978.

Schmölders, Günter: Organische Steuerreform. Vorarbeiten, Gesetzentwürfe. Berlin/Frankfurt a.M., 1953.

derselbe: Finanzpolitik. 3. Aufl., Heidelberg/Berlin/New York, 1970.

derselbe und Hansmeyer, Karl-Heinrich: Allgemeine Steuerlehre. 5. Aufl., Berlin, 1980.

Schröder, Wolfgang: Eigenkapitalrentabilität, finanzielles Risiko und Kapitalkosten als Bestimmungsfaktoren der optimalen Kapitalstruktur. Diss., Braunschweig, 1977.

Shoup, Carl S. (Hrsg.): Fiscal Harmonization in Common Markets. Bde. I und II, New York/London, 1967.

Steuerreformkommission: Gutachten der - . Schriftenreihe des Bundesministeriums der Finanzen, H. 17, Bonn, 1971.

Strickrodt, Georg; Wöhe, Günter u.a. (Hrsg.): Handwörterbuch des Steuerrechts und der Steuerwissenschaften. 2. Aufl., München, 1981.

Tempel, A.J. van den: Körperschaftsteuer und Einkommensteuer in den Europäischen Gemeinschaften. Studien der Kommission der EG, Reihe Wettbewerb - Rechtsangleichung Nr. 15, Brüssel, 1971.

Thompson, Margaret C.: Political integration. A survey of theories. Amsterdam, 1968.

Tindemans, Leo: Die Europäische Union. Bericht an den Europäischen Rat. Brüssel, 1979.

Tipke, Klaus; Lang, Joachim: Steuerrecht. Ein systematischer Grundriß. 12. Aufl., Köln, 1989.

Touche-Ross International (Hrsg.): Completing the internal market. London, 1986.

Tretner, C.-H.: Wettbewerbsneutrale Besteuerung. Köln/Opladen, 1963.

Weichert, Ronald: Probleme des Risikokapitalmarktes in der Bundesrepublik. Ursachen, Auswirkungen, Lösungsmöglichkeiten. Tübingen, 1987.

Werner, Pierre: Bericht an Rat und Kommission der Europäischen Gemeinschaften über die stufenweise Verwirklichung der Wirtschafts- und Währungsunion in der Gemeinschaft (sog. Werner-Bericht). Brüssel, 8.10.1970. In: Amtsblatt der EG, Nr. C 136/1 v. 11.11.1970, S. 1 ff.

Wilke, Kay-Michael: Lehrbuch des Internationalen Steuerrechts. 2. Aufl., Herne/Berlin, 1985.

Wissenschaftlicher Beirat beim Bundesministerium der Finanzen (1967): Gutachten zur Reform der direkten Steuern (Einkommensteuer, Körperschaftsteuer, Vermögensteuer, Erbschaft- und Schenkungsteuer) in der Bundesrepublik Deutschland. Bonn-Bad Godesberg (Schriftenreihe des Bundesministeriums der Finanzen, H. 9), 1967.

derselbe (1987): Stellungnahme zur Tarifstruktur der Körperschaftsteuer. Schriftenreihe des Bundesministeriums der Finanzen, Heft 39, Bonn, 1987.

Wöhe, Günter: Einführung in die Allgemeine Betriebswirtschaftslehre. 16. Aufl., München, 1986.

derselbe: Betriebswirtschaftliche Steuerlehre. Band I, 2. Halbband, 6. Aufl., München, 1986; Band II, 1. Halbband, 4. Aufl., München, 1982.

derselbe; Bilstein, Jürgen: Grundzüge der Unternehmensfinanzierung. 3. Aufl., München, 1984.

2. Aufsätze und Artikel in Zeitungen und Zeitschriften

Bayer, Hermann-Wilfried: Das System des Steuerrechts. In: BB, 30. Jg. (1975), H. 13, S. 569 - 577.

Bellstedt, Christoph: Europäisches Gesellschafts- und Steuerrecht nach 1992. In: RIW, 34. Jg. (1988), H. 11, S. 883 - 887.

Bhatica, Kul B.: Corporate Taxation, retained earnings, and capital formation. In: Journal of Public Economics, 11. Jg. (1979), S. 123 - 134.

Binswanger, Hans-Christoph: Allgemeine Theorie der Integration. In: Weltwirtschaftliches Archiv, Bd. 90, Hamburg, 1963, S. 317 - 349.

Boadway, Robin: Bruce, Neil; Mints, Jack: On the Neutrality of Flow-of-Funds Corporate Taxation. In: Economica, 50.Jg. (1983), Nr. 197, S. 49 - 61.

Boettcher, Carl; Binder, Odilo u.a. (Betriebsteuerausschuß der Verwaltung der Finanzen): Bericht und Gesetzentwürfe zur Betriebsteuer. In: StuW, 26. Jg. (1949), Sp. 929-1066.

Christophersen, Henning: Anspruch und Wirklichkeit der Europäischen Gemeinschaft. In: Europa-Archiv, 41. Jg. (1986), S. 43 ff.

Debatin; Schink: Die Harmonisierung der Unternehmensbesteuerung im Gemeinsamen Markt. In: Kölner Schriften für Europarecht Nr. 14, 1972.

Deutsche Juristentage:
a) *53. - , München, 1980:* Zusammenfassung der Diskussion und Beschlüsse. In: NJW 1980, H. 46, S. 2508 (Steuerrechtliche Abteilung).
b) *57. - , München, 1988:* dto. In: NJW 1988, H. 47, S. 3005 ff.

Eiden, Christoph: Abgestufte Integration in der EG: Risiken für die Rechtsangleichung. In: Europa-Archiv, 39.Jg. (1984), S. 365 ff.

Elschen, Rainer; Hüchtebrock, Michael: Steuerneutralität in Finanzwissenschaft und Betriebswirtschaftslehre - Diskrepanzen und Konsequenzen. In: FA 1983, S. 253-280.

Esser, Klaus: Standortfaktor Unternehmensbesteuerung - Notwendigkeit und Möglichkeiten einer Verbesserung. In: ZfbF Kontaktstudium, 42. Jg. (1990), H. 2, S. 157 - 192.

Fischer, Lutz: Die Finanzierungsneutralität der Besteuerung als Forderung der Betriebswirtschaftslehre. In: ZfB, 40.Jg. (1970), S. 313 ff.

derselbe: Die ertragsunabhängige Besteuerung der Unternehmen - Eine Spezialität des deutschen Steuersystems? In: DB, 42. Jg. (1989), H. 8, S. 389 - 396.

Flume, Werner: Die Betriebsertragsteuer als Möglichkeit der Steuerreform. In: DB, 24. Jg. (1971), S. 692 ff.

Friauf, Karl Heinrich: Die Teilhabersteuer als Ausweg aus dem Dilemma der Doppelbelastung von Körperschaftsgewinnen. In: FR, 24. Jg. (1969), H. 2, S. 27 ff.

Goldsworth, John: EEC Commission Adopts a New Approach to Company Taxation. In: Tax Notes International, 2. Jg. (1990), H. 6, S. 550 f.

Goudie, A.W.: Corporation tax and the cost of dividends. In: Oxford Bulletin of Economics and Statistics, 44. Jg. (1982), H. 1, S. 59 - 78.

Groeben, Hans von der: Zur Politik der Rechtsangleichung in der EWG. In: Zeitschrift für Rechtsvergleichung, 1967, S. 129 ff.

derselbe: Die Politik der Europäischen Kommission auf dem Gebiet der Rechtsangleichung. In: NJW 1970, S. 359 ff.

derselbe: Vorschläge zur Europäischen Union. In: Wirtschaftsdienst, 55. Jg. (1975), S. 459 ff.

Gruhler, Wolfram: Die Eigenkapitalausstattung der deutschen Unternehmen - Fakten, Auslandsvergleich, Ursachen und Folgerungen. In: Die Aktiengesellschaft, 22. Jg. (1977), H. 3, S. 73 - 76.

Harnier, O.: Die Europäische Wirtschaftliche Interessenvereinigung. In: IWB F. 5 (Europäische Gemeinschaften), Gr. 3, S. 71

Heidinger, Gerald: Die österreichische Steuerreform 1988 - Ein Beitrag zur Annäherung an die EG. In: StuW, 66. (19.) Jg. (1989), H. 1, S. 90 ff.

Herzig, Norbert: Die Vereinfachung der Gliederungsrechnung wird vertagt - Eine vertane Chance zur Steuervereinfachung. In: DB 42. Jg. (1989) S. 495 ff.

derselbe: Nationale und internationale Aspekte einer Reform der Körperschaftsteuer. In: StuW, 67. (20.) Jg. (1990), H. 1, S. 22 - 39.

Höppner, Horst-Dieter: Die EG-Steuerharmonisierung. In: EuR 1977 H. 4, S. 122 ff..

Hrbek, Rudolf; Läufer, Thomas: Die Einheitliche Europäische Akte. In.: Europa-Archiv, 41.Jg. (1986), S. 173 ff.

Huppert, Walter: Systematik der Integration. In: Schmollers Jahrbuch, 85. Jg., H.4, Berlin, 1965, S. 449 - 475.

Irsch, Norbert; Zimmermann-Trapp, Astrid: Die Eigenkapitalausstattung und Investitionstätigkeit der Unternehmen in der Bundesrepublik Deutschland. In: Wirtschaft und Studium, 15. Jg. (1986), H. 6, S. 315 - 317.

Isard, Peter: Corporate Tax Harmonization and European Monetary Integration. In: Kyklos, 43. Jg. (1990), H. 1, S. 3 - 24.

Jacobs, Otto H.: Das unterkapitalisierte deutsche Unternehmen - Eigenkapitalbildung und Steuern. In: Steuerberaterkongreß-Report 1985, München, 1985; S. 51 - 67.

Kimbrough, Kent P.: The corporation Income tax in the open economy. In: International Economic Review, 25.Jg. (1984), S. 391 ff.

Klein, Franz: Die nationale Besteuerung als Faktor des internationalen Wettbewerbs. In: StuW, 67. (20.) Jg. (1990), H. 4, S. 390 - 396.

Krause-Junk, Gerold: Überlegungen zu einem künftigen europäischen Körperschaftsteuersystem. In: Konjunkturpolitik, 34. Jg (1988), H. 5/6, S. 268 - 290.

Krebs, Hans-Joachim: Die Harmonisierung der direkten Steuern für Unternehmen in der EG. In: BB, 45. Jg. (1990), H. 28, S. 1945 - 1951.

Lang, Joachim: Reform der Unternehmensbesteuerung. In: StuW, 66. (19.) Jg., (1989), H. 1, S. 3 - 17.

derselbe: Reform der Unternehmensbesteuerung auf dem Weg zum europäischen Binnenmarkt und zur deutschen Einheit. In: StuW, 67. (20.) Jg. (1990), H. 2, S. 107 - 129.

Leibfritz, Willi: Die Unternehmensbesteuerung im internationalen Vergleich. In: Zeitschrift für angewandte Wirtschaftsforschung, H. 33, Berlin, 1987, S. 101 ff.

derselbe: Unternehmensteuerreform: Ein Überblick über Ziele, Probleme und Möglichkeiten. In: Ifo-Schnelldienst, 42. Jg. (1989), H. 12/13, S. 22 - 33.

derselbe; Parsche, Rüdiger, Nam, Chong Woon: EG-Binnenmarkt 1993: Gefährdet stärkere Integration den Föderalismus? In: Ifo-Schnelldienst, 42. Jg, (1989), H. 7, S. 11 - 15.

Lindeiner, Hans-Christoph von: Vergleich des bestehenden Körperschaft- und Einkommensteuersystems mit dem von der Steuerreformkommission vorgeschlagenen Anrechnungssystem. In: StuW, 48. (1.) Jg. (1971), H. 3, S. 247 - 252.

Lipfert, Helmut: Theorie der optimalen Unternehmensfinanzierung. In: ZfbF, 17. Jg. (1965), S. 60 ff.

Lochner, M.: Was bedeuten die Begriffe Harmonisierung, Koordinierung und gemeinsame Politik in den Europäischen Verträgen? In: Zeitschrift für die gesamte Staatswissenschaft, Bd. 118 (1962), S. 35 ff.

Loewenheim, Ulrich: Die Rechtswirkung europäischer Richtlinien. In: IWB F. 5 (Europäische Gemeinschaften), Gr. 1, S. 9.

Mayer, Colin: Corporate tax, finance and the cost of capital. In: Review of Economic Studies, Bd. 53 (1986), S. 93 ff.

Melvin, James R.: The corporate income tax in an open economy. In: Journal of public Economics, Bd. 17 (1982), S. 393 ff.

Mennel, Annemarie: Körperschaftsteuern im internationalen Vergleich. In: IWB F. 10, Gr. 2, S. 635 - 640.

Meyer-Landrut, Andreas: Europäische Wirtschaftliche Interessenvereinigung (EWIV). In: RIW, 32. Jg. (1986), H.2, S. 107 - 111.

Mikulitsch, Werner: Übersicht über den Inhalt der Einheitlichen Europäischen Akte. In: Wirtschaftspolitische Blätter, 34. Jg. (1987), S. 529 ff.

Mösbauer, Hans Heinz: Das Steuerrecht - Auf der Suche nach dem System. In: DStR, 13. Jg. (1975), H. 24, S. 679-688.

Mössner, Jörg-Manfred: Selbständigkeit juristischer Personen und Kapitalgesellschaften im internationalen Steuerrecht. In: RIW 32. Jg. (1986), H. 3, S. 208 - 213.

Pick, Hartmut: Die Zukunft der Europäischen Gemeinschaft. In: Orientierungen zur Wirtschafts- und Gesellschaftspolitik, 24. Jg. (1985), Nr. 2, S. 49 ff.

Poterba, James M.; Summers, Lawrence H.: Dividend Taxes, Corporate Investment and "Q". In: Journal of Public Economics, Bd. 22 (1983), Nr.2, S. 135 - 167.

Rädler, Albert J.: Struktur der Körperschaftsteuer-Systeme aus deutscher Sicht. In: Europäische Steuerzeitung (jetzt: Intertax), 1970, H. 42, S. 103 - 113.

Rasch, Harold: Der Stützel-Plan. In: ZfgK 1968, H. 18, S. 870-872.

Ritter, Wolfgang: Entwicklungstendenzen des internationalen Steuerrechts. In: BB, 39. Jg. (1984), H. 6, S. 353 - 360.

derselbe: Steuerharmonisierung als Voraussetzung eines EG-Binnenmarktes. In: BB, 44. Jg. (1989), H. 2, S. 77 - 83.

derselbe: Reform der Unternehmensbesteuerung aus der Sicht der Wirtschaft. In: StuW, 66. (19.) Jg. (1989), H. 4, S. 319 - 327.

Roloff, Otto: Unternehmensbesteuerung im Europäischen Binnenmarkt 1992. In: WSI-Mitteilungen, 42. Jg. (1989), H. 6, S. 326 - 334.

Rübel, Markus: Verbundene Unternehmen in Sinne des Dritten Buches des HGB. In: DBW, 49. Jg. (1989), H. 6, S. 751 - 760.

Ruppert, W.: Standort Bundesrepublik im Urteil des verarbeitenden Gewerbes. In: ifo-Schnelldienst, 42. Jg. (1989), H. 4, S. 22 - 28.

Sass, Gert (1970): Zu den steuerlichen EWG-Richtlinienentwürfen für Mutter- und Tochtergesellschaften und für internationale Fusionen um Gemeinsamen Markt. In: AWD, 16. Jg. (1970), H. 12, S. 533 - 539.

derselbe (1977): Zum Richtlinienvorschlag zur Harmonisierung der Körperschaftsteuersysteme in der EG. In: DStZ A 1977, S. 43 ff, 59 ff.

Schlecht, Otto: Die Vollendung des Europäischen Binnenmarktes - Ziele, Voraussetzungen und Chancen. In: Konjunkturpolitik, 33.Jg. (1987), S. 303 ff.

Schneider, Dieter: Körperschaftsteuerreform und Gleichmäßigkeit der Besteuerung. In: StuW, 52. (5.) Jg. (1975), H. 2, S. 97 - 112.

derselbe: Reform der Unternehmensbesteuerung aus betriebswirtschaftlicher Sicht. In: StuW, 66. (19.) Jg. (1989), H. 4, S. 328 - 339.

Sielaff, Meinhard: Das Bilanzrichtliniengesetz zur Durchführung der vierten EG-Richtlinie und Steuern. In: Betriebswirtschaftliche Forschung und Praxis, 33.Jg. (1981), S. 580 ff.

Sivaprakasam, C.: Proposals for the Harmonization of Company and Dividend Taxation among EEC Countries. In: European Taxation, 16. Jg. (1976), S. 328 ff.

Swoboda, Peter: Einflüsse der Besteuerung auf die Ausschüttungs- und Investitionspolitik von Kapitalgesellschaften. In: ZfbF, 19. Jg. (1967), S. 1 ff.

Tipke, Klaus: Steuerrecht - Chaos, Konglomerat oder System? In: StuW, 48. (1.) Jg. (1971), S. 2 - 17.

VerLooren van Themat, Joan: Probleme der Rechtsangleichung im Gemeinsamen Markt. In: BB, 37. Jg. (1982), S. 113 ff.

VerLoren van Themaat, Pieter: Die Steuerharmonisierung in der EWG. In: DB, 19.Jg. (1966), S. 834 - 840.

Vodrazka, Karl: Die Körperschaftsbesteuerung der Kapitalgesellschaften - Argumente und Folgerungen. Referat, gehalten vor dem Fachinstitut der Steuerberater, Köln, am 14.6.1971. Veröffentlicht in StuW, 48. (1.) Jg. (1971), H. 3. S. 235 - 246.

Vogelaar, Thoedore W.: Steuerharmonisierung in der Europäischen Gemeinschaft. In: AWD, 16.Jg. (1970), S. 198 ff.

derselbe: The approximation of the laws of the Member States under the Treaty of Rome. In: Common Market Law Review 1975, S. 211 ff.

Wägenbaur, Rolf: Das Verbot steuerlicher Diskriminierung nach dem EWG-Vertrag im Lichte der Rechtsprechung des Gerichtshofs. In: EuR 1969, S. 20 ff.

derselbe: Zur Wirkung von Entscheidungen und Richtlinien des EWG-Rates. In: AWD, 16.Jg. (1970), S. 481 ff.

Weimar, Robert; Delp, Ulrich A.: Die Europäische wirtschaftliche Interessenvereinigung (EWIV) in rechtlicher und steuerlicher Sicht. In: WPg, 42. Jg. (1989), H. 4, S. 89 - 99.

Wiesner, Peter M.: Stand des Europäischen Gesellschaftsrechts. In: Die Bank, 1986, S. 313 ff.

Wingert, Karl-Dieter: Der XLIII. Kongreß der International Fiscal Association in Rio de Janeiro vom 10.-15.9.1989. In: IWB, F. 1, S. 1255 ff.

Wittstock, Wilfried; Klein, Hans-Dieter: Körperschaftsteuerliche Tarifabsenkung und Ausschüttungspolitik nach dem Steuerreformgesetz 1990. In: DStR, 27. Jg. (1989), H. 6, S. 155 - 159.

Wysocki, Klaus v.: Zur Frage der angemessenen Eigenkapitalausstattung aus betriebswirtschaftlicher Sicht. In: *derselbe u.a.:* "Fremdfinanzierung" von Kapitalgesellschaften durch Anteilseigner im deutschen und ausländischen Körperschaftsteuerrecht. München, 1982; S. 1 - 11.

Zschiegener, Hans; Habert, Ulrike: Die US-Steuerreform 1986. In: DB, 39.Jg. (1986), H. 46, S. 2351 - 2356.

Zuber, Barbara: Die US-amerikanische Steuerreform 1986. In: WiSt, 16. Jg. (1987), H. 6, S. 299 - 302.

o.V.: A common European System of Corporate / Shareholder Taxation? In: European Taxation, 16.Jg. (1976), S. 41 ff.

o.V.: Limits and problems of taxation. In: Scandinavian Journal of Economics, 86. Jg. (1984), S. 99 ff.

o.V.: Die EG-Kommission besteht auf der Europa-AG. In: Frankfurter Allgemeine Zeitung Nr. 71 v. 25. März 1989, S. 13.

o.V.: ifo-Institut: Zinstrend und DM-Entwicklung beeinflußt / Quellensteuer erweist sich als Bumerang für den Staat. In: HB, Nr. 64 v. 3. April 1989, S. 8.

o.V.: Quellensteuer / Regierungskoalition einig: § 34 EStG wird geändert. In: HB Nr. 81 vom 26. April 1989, S. 1.

o.V.: Verzicht auf Grenzkontrollen nur bei angeglichener Mehrwertsteuer. In: DW Nr. 235 vom 9. Oktober 1989, S. 11.

o.V.: Aus der Industrie kommt die Forderung nach einer erweiterten Betriebsteuer. In: HB Nr. 196 v. 10. Oktober 1989, S. 3.

o.V.: EG-Kommission für mehr Flexibilität bei der Besteuerung der Unternehmen. In: HB Nr. 77 v. 20.April 1990, S. 8.

o.V.: Ertragslage und Finanzierungsverhältnisse der westdeutschen Unternehmen im Jahr 1989. In: Monatsberichte der Deutschen Bundesbank, 42. Jg. (1990), Nr. 11 (November 1990), S. 16 - 31.

o.V.: Dokumentation Koalitionsvereinbarungen. In: HB Nr. 12 vom 17.1.1991 S. 4 und 6.

3. Amtliche Veröffentlichungen der Europäischen Gemeinschaften, der Bundesregierung und des Bundestages

Bundesministerium der Finanzen: Informationsdienst zur Finanzpolitik des Auslands Nr. 1/89 vom 17. Oktober 1989.

Bundesregierung: Entwurf und Begründung eines Aktiengesetzes. Bundestagsdrucksache Nr. IV/171.

dieselbe: Entwurf eines Dritten Steuerreformgesetzes (einschließlich Begründung). Bundestagsdrucksache Nr. 7/1470.

dieselbe: Bericht über die Integration in den Europäischen Gemeinschaften. Bundestagsdrucksache Nr. 11/201.

dieselbe: Entwurf und Begründung eines Ausführungegesetzes zur Europäischen Wirtschaftlichen Interessenvereinigung. Bundestagsdrucksache Nr. 11/352.

Europäisches Parlament: Bericht im Namen des Haushaltsausschusses über den Vorschlag der Kommission für eine Richtlinie des Rates zur Harmonisierung der Körperschaftsteuersysteme und der Regelungen der Quellensteuer auf Dividenden (sog. *Arlssen*-Bericht). In: Sitzungsdokumente 1977-78, Dok. 291/77, S. 1 ff.

dasselbe: Entschließung zur Harmonisierung der Körperschaftsteuer und der Regelungen der Quellensteuer auf Dividenden. In: Amtsblatt der Europäischen Gemeinschaften Nr. C 140 v. 5.6.1979, S. 1 ff.

dasselbe: Zwischenbericht über die Harmonisierung der Körperschaftsteuersysteme und der Regelungen der Quellensteuer auf Dividenden. In: Sitzungsdokumente 1979-80, Dok. 104/79, S. 1 ff.

Kommission der Europäischen Gemeinschaften: Bericht des Steuer- und Finanzausschusses (sog. *Neumark*-Bericht) o.O., 1962.

dieselbe: Vorschlag einer Richtlinie für ein gemeinsames Steuersystem in der Gemeinschaft für Mutter- und Tochtergesellschaften. In: Amtsblatt der Europäischen Gemeinschaften Nr. C 39 v. 22.3.1969, S. 7 ff.

dieselbe: Steuerhoheit in den Mitgliedstaaten der EG. Brüssel, 1969.

dieselbe: Entwurf für ein Statut der Europäischen Aktiengesellschaft. In: Bulletin der EG, Beilage 8 / 70.

dieselbe: Zweiter Entwurf für ein Statut der Europäischen Aktiengesellschaft. In: Bulletin der EG, Beilage 4 / 1975.

dieselbe: Vorschlag einer Richtlinie des Rates zur Harmonisierung der Körperschaftsteuersysteme und der Regelungen der Quellensteuer auf Dividenden (von der Kommission dem Rat vorgelegt am 1.8.1975). In: Amtsblatt der Europäischen Gemeinschaften Nr. C 253/2 vom 5.11.1975.

dieselbe: Vorschlag einer Richtlinie des Rates zur Harmonisierung der Körperschaftsteuersysteme und der Regelungen der Quellensteuer auf Dividenden (Erklärungsmemorandum). KOM 75 392 endg.

dieselbe: Vorschlag einer zehnten Richtlinie des Rates über die grenzüberschreitende Verschmelzung von Aktiengesellschaften. In: Bulletin der EG, Beilage 3 / 1985.

dieselbe: Bericht an den Rat über die Aussichten für eine Angleichung der Steuersysteme in der Gemeinschaft. In: Bulletin der EG 1980, Beilage 1.

dieselbe: Steuerharmonisierung in der Gemeinschaft. In: Stichwort Europa, Nr. 7/81, S. 6 ff.

dieselbe: Vollendung des Binnenmarktes. Weißbuch der Kommission an den Europäischen Rat. Brüssel, 1985.

dieselbe: Vorschlag einer Richtlinie des Rates zur Vervollständigung des Umsatzsteuersystems und zur Änderung der Richtlinie 77/388. In: Amtsblatt der Europäischen Gemeinschaften Nr. C 250/87 vom 18.9.1987.

dieselbe: Statut der Europäischen Aktiengesellschaft. In: Bulletin der EG, Beilage 3 / 1988 (KOM (88) 320 endg.).

dieselbe: Neuer Ansatz der Kommission im Bereich der Unternehmensbesteuerung. Pressemitteilung Nr. P-22, Brüssel, den 18.4.1990.

Rat der Europäischen Gemeinschaften: Entschließung des Rates und der Vertreter der Regierungen über die stufenweise Verwirklichung der Wirtschafts- und Währungsunion in der Gemeinschaft. In: Amtsblatt der Europäischen Gemeinschaften Nr. C 28 v. 27.3.1971.

derselbe: Entscheidung des Rates vom 18. Februar 1979 zur Erreichung eines hohen Grades an Konvergenz der Wirtschaftspolitik der Mitgliedstaaten der Europäischen Wirtschaftsgemeinschaft (sog. Konvergenzentscheidung) Amtsblatt der EG Nr. L 63.

derselbe: Verordnung (EWG) Nr. 2137/85 vom 25. Juli 1985 über die Schaffung einer Europäischen wirtschaftlichen Interessenvereinigung (EWIV).

derselbe: Einheitliche Europäische Akte und Schlußakte. Luxemburg, 1986. In: Amtsblatt der EG Nr. L 69 vom 29. Juni 1987.

derselbe: Richtlinie über das gemeinsame Steuersystem der Mutter- und Tochtergesellschaften verschiedener Mitgliedstaaten. In: Amtsblatt der EG Nr. L 225 vom 20.8.1990, S. 6 - 8.

4. Länderspezifische Literatur

4.1 Belgien

De Broe, Luc: Das belgische Steuerrecht. In: IWB F. 5 (Belgien), Gr. 2, S. 139 ff.

Deloitte, Haskins & Sells.: Taxation in Belgium. New York, N.Y. 1984.

Spruyt, Andrè J.J.: The Belgian Tax Reform 1988 - Highlights - What does it mean for the business and corporate taxpayer? In: Intertax Nr. 1/1989, S. 21 ff.

Tiberghien, Albert (Deutsch-Belgisch-Luxemburgische Handelskammer): Die belgischen Steuern. Köln, 1982.

derselbe: Belgian Taxation: An Outline. Deventer, 1987.

Wibraat, Serge: A model of tax reform for Belgium. In: Journal of public economics (Amsterdam), Vol. 32 (1987), H. 1, S. 53 - 77.

o.V.: Belgien: Senkung des Körperschaftsteuersatzes. In: IWB, F. 1 (Kurzmitteilungen), S. 342.

4.2 Dänemark

Alstesd, Peter: Gesellschaftsrecht in Dänemark. In: IWB F. 5 (Dänemark), Gr. 3, S. 55 - 62.

Hauser, Wolfgang; Das Steuerrecht Dänemarks. In: IWB F. 5 (Dänemark), Gr. 2, S. 91 - 100.

Lin, Xueling: Denmark/Finance Act. In: World Tax Report (Financial Times business informaton), Nr. 1 (Januar) 1990, S. 9 f.

4.3 Frankreich

Tillmanns, Wolfhard: Das Steuerrecht Frankreichs. In: IWB F. 5 (Frankreich), Gr. 2, S. 701 - 745.

Viegener, Johannes: Die französische Gewerbesteuer. In: IWB F. 5 (Frankreich), Gr. 2, S. 545 - 550.

derselbe: Konsolidierte Besteuerung im französischen Konzern. In: IWB, F. 5 (Frankreich), Gr. 2, S. 687 - 696.

4.4 Griechenland

Arthur Andersen & Co.: Tax and Trade Guide Greece. Chicago, 1978.

ETRA (Griechische Bank für Industrielle Entwicklung): Investitionsanreize. Gesetz Nr. 1262/1982 zur Schaffung von Anreizen zur Förderung der wirtschaftlichen und regionalen Entwicklung. Athen, 1982.

Funck, Götz (Bundesstelle für Außenhandelsinformation): Griechenland Investitionsführer. Köln, 1980.

derselbe (Deutsch-Griechische Handelskammer): Grundzüge des griechischen Steuerrechts. Athen, 1981.

derselbe: Das Steuerrecht Griechenlands. In: IWB, F.5, (Griechenland), Gr. 2, S. 93 ff.

Krabbe, Helmut: Die steuerliche Behandlung der griechischen GmbH. In: RIW, 22. Jg. (1976), H. 4, S. 192 - 194.

Paschos, Panagiotis G.: Das Einkommensteuersystem Griechenlands. Köln (Finanzwissenschaftliches Institut der Universität zu Köln), 1983.

Patsouratis, Vassilis A.: Development aspects of corporate taxation. The case of Greece. In: Public Finance, Vol. 39, N°. 1, Den Haag, 1984. S. 119 - 132.

Spanakakis, Georgios: Die Einkommens-, Substanz- und Umsatzbesteuerung in Griechenland. München (ifo-Institut), 1981.

Touche Ross International: Tax & Investment Profile: Greece. New York, N.Y., 1987.

4.5 Großbritannien

Butterworth's Yellow Tax Handbook, 25th edition 1987/88, London, 1987

Butterworth's UK Tax Guide, 6. Auflage 1987/88, London, 1987.

Grotherr, Siegfried: Steuerrechtsänderungen in Großbritannien und Nordirland. In: IWB F. 5 (Großbritannien), Gr. 2, S. 257 ff.

Homer, Arnold; Burrows, Rita: Tolley's Tax Guide 1987/88, Croydon, 1987.

Kay, John Alexander; King, Marvin A.: The British tax system. 5. Auflage, New York, 1990.

Rothenberg, W.D.; Mohr, K.: Die steuerliche Behandlung von Verlusten bei Kapitalgesellschaften in Großbritannien. In: IWB Fach 5, (Großbritannien) Gruppe 2, S. 221 ff.

Simon's Taxes, Losebl, 3. Auflage, London (Butterworth), 1984 ff.

o.V.: British Master Tax Guide 1986/87, Bicester, 1986.

4.6 Irland

Brennan, Frank; Moore, Paul: Corporation Tax. 2. Auflage, Dublin (The Institute of Taxation in Ireland), 1983.

The Commission on Taxation: First Report - Direct Taxation. Dublin, 1982.

dieselbe: Second Report - Direct Taxation. The Role of Incentives. Dublin, 1984.

Coons, Terry; McLaughlin, Jim, Taggart, Paschal: Taxation Summary 1987/88. Dublin (The Institute of Taxation in Ireland), 1987.

Cooke, Kleran: Income tax reduced in Irish budget. In: Financial Times v. 1.2.1990, S. 2.

Graham-Wood, A.: Ireland / Budget 1990. In: World Tax Report (Financial Times business information) Nr. 3 (März) 1990, S. 8 f.

Grotherr, Siegfried: Unternehmensbesteuerung in der Republik Irland. In: IWB F. 5 (Irland), Gr. 2, S. 33 ff.

Industrial Development Authority: Guide to Taxes and Reliefs in Ireland. Dublin, 1984.

Newth, John; Saunders, Glyn: Tolley's Taxation in the Republic of Ireland 1987-88, Croydon, 1987.

O'Reilly, Michael F.; Carrol, Brian A.: Carrol's Tax Planning in Ireland. London, 1986.

4.7 Italien

Alegi, Peter C.; Gronen, Peter: Die Reform der italienischen Einkommensbesteuerung. In: RIW, 21. Jg. (1975), H. 9, S. 449 - 457.

dieselben: Die internationalen Aspekte der italienischen Einkommensteuerreform. In: RIW, 21. Jg. (1975), H. 10, S. 559 - 563.

Arthur Andersen & Co.: Tax and Trade Guide Italy. 2. Aufl., Chicago, 1978.

Banco di Roma: Company income tax in Italy. With taxation on dividends, interest, royalties and other forms of income. Rom (um 1979).

Bianchi, Silvio: Die Kapitalgesellschaften in der italienischen Steuerreform. In: Die Aktiengesellschaft, 18. Jg. (1973), H. 11, S. 370 - 375.

Drüke, Helmut: Italien - Wirtschaft, Gesellschaft, Politik. Opladen, 1986.

Fantozzi, Augusto: Steuerharmonisierung und Steuerreform aus italienischer Sicht. In: Perspektiven für die Steuerharmonisierung im Gemeinsamen Markt. Berlin, 1971, S. 163 - 180.

Hahn, Wolfgang: Die Besteuerung deutscher Unternehmenstätigkeit in Italien. Zur Gesamtsteuerbelastung verschiedener Rechts- und Beteiligungsformen. In: RIW, 26. Jg. (1980), H. 10, S. 705 - 709.

King, Russel: Western Europe Economic and Social Studies: Italy. London, 1987.

Mayr, Siegfried (Bundesstelle für Außenhandelsinformation): Besteuerung der Unternehmen in Italien. Köln, 1979.

Rantozzi, Auguste: Das neue italienische Körperschaftsteuerrecht. München, 1979.

Wilcke, Erdmann: Überblick über das italienische Anrechnungsverfahren bei der Körperschaftsteuer. In: RIW, 24. Jg. (1978), H. 8, S. 516 - 520.

4.8 Luxemburg

Borggreve, Carlo H.: Steuern in Luxemburg. In: IWB F. 5 (Luxemburg), Gr. 2, S. 45 - 70.

Tutt, Nigel: Far-reaching Proposals from EEC. In: World Tax Report (Financial Times business information), Nr. 2 (Februar) 1990, S. 10 f.

4.9 Niederlande

Gotzen, P.; Neuemans, Mr. C.: Das Steuerrecht der Niederlande. In: IWB F. 5 (Niederlande), Gr. 2, S. 173 - 189.

4.10 Portugal

Deutsch-Portugiesische Industrie- und Handelskammer: Das portugiesische Steuersystem. Lissabon, 1981.

dieselbe: Die Körperschaftsteuer. Unveröffentlichte Abhandlung, Lissabon, 1989.

Lane, Daniel Luis Barata (Touche Ross International): Tax Investment Profile Portugal. New York, N.Y., 1987.

Molpricht, Christine: Das portugiesische Steuerrecht. In: IWB, F. 5 (Portugal), Gr. 2, S. 41 - 48.

4.11 Spanien

Selling, Heinz-Jürgen: Die Einkommensermittlung aufgrund der Steuerbilanz spanischer juristischer Personen. In: RIW, 32. Jg. (1985), H. 7, S. 552 ff.

derselbe: Steueränderungen in Spanien 1989/90. In: IWB, F. 5 (Spanien), Gr. 2, S. 167-174.

derselbe: Spanische Konzernbesteuerung aufgrund konsolidierter Jahresabschlüsse. In: RIW, 34. Jg. (1987), H. 4, S. 291 ff.

Smith, Diana: Protests over new Business Tax. In: World Tax Report (Financial Times business information), Nr. 5 (Mai) 1990, S. 7 f.

5. verwendete Gerichtsurteile

Bundesverfassungsgericht:

Urteil vom 24. Januar 1962	I BvR 845/58	BStBl. 1962 I S. 500.
Beschluß des Ersten Senats vom 2. Oktober 1968	I BvF 3765	BStBl. 1968 II S. 762.

Tabellarischer Lebenslauf

Geburtsdatum:	12. Juni 1960
Geburtsort:	Hamburg
Eltern:	Vater: Dr. Harald Wisser, Zahnarzt Mutter: Christa Wisser geb. Kunath, Hausfrau

Ausbildungsgang:

8/1971 bis 8/1980	Heilwig-Gymnasium, Hamburg-Alsterdorf Abiturprüfung: Juni 1980
9/1980 bis 12/1980	Praktikum MacPherson, Train & Co., London
2/1981 bis 1/1983	Ausbildung zum Bankkaufmann Commerzbank AG, Hamburg
Sommersemester 1983 bis Wintersemester 1987/88	Studium der Betriebswirtschaftslehre an der Universität Hamburg Schwerpunkte: – Betriebswirtschaftliche Steuerlehre – Recht der Wirtschaft – Wirtschaftsenglisch
Seit Sommersemester 1988	Promotion am Institut für Ausländisches und Internationales Finanz- und Steuerwesen der Universität Hamburg
daneben seit 3/1988	Teilzeitbeschäftigung als Revisionsassistent in einer Wirtschaftsprüfer- und Steuerberatersozietät